AF590175

GÉNÉALOGIE HISTORIQUE
DE LA MAISON
DE CHASTEIGNER,
EN POITOU;

DRESSÉE SUR LES PIECES JUSTIFICATIVES, insérées en l'Histoire de cette Maison, faite par ANDRÉ DU CHESNE, *Géographe du Roi, & imprimée à Paris, en 1634;*

sur plusieurs autres Chartes anciennes; & ramenée jusqu'ici, d'après les Titres originaux, Monumens & Documens autentiques:

Par M. CLABAULT, *Auteur, en 1764, du Tableau Généalogique, seul complet,*
DE L'AUGUSTE MAISON ROYALE DE FRANCE.

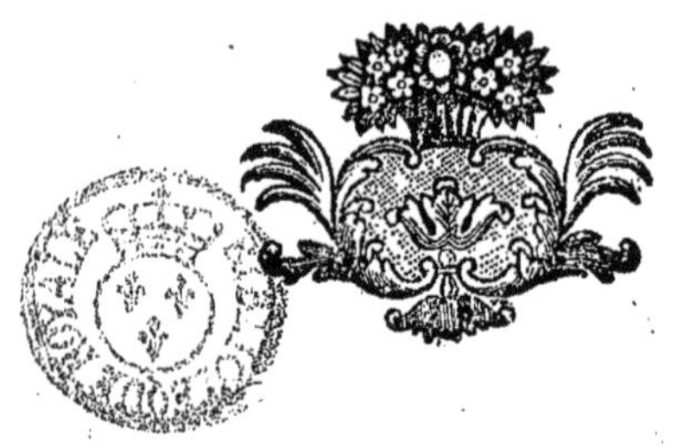

A PARIS,
De l'Imprimerie d'AUGUSTIN-MARTIN LOTTIN, l'aîné, Imprimeur du Roi & de la Ville.

M. DCC. LXXIX.

ARMES DE LA MAISON
DE CHASTEIGNER.

D'or, au Lion posé de sinople, armé & lampassé de gueules. L'ECU, *sommé d'une couronne de Marquis.* SUPPORTS : *Deux Sauvages de carnation, ceints de feuillages de sinople, tenant chacun d'une main, l'Ecu; & de l'autre, une massue élévée sur l'épaule.* CIMIER : *Un demi Lion naissant, aussi de sinople, armé & lampassé de gueules.*

TABLE

DES CHAPITRES, OU PARAGRAPHES,

Contenant les détails Généalogiques & Historiques de chaque Branche.

N^a La Table des Alliances se trouve à la fin de l'Histoire.

AVERTISSEMENT.

L'HISTOIRE de la Maison de CHASTEIGNER, donnée au Public en 1634, par M. Du Chesne, avec les Pieces justificatives, a servi de base à celle-ci, ainsi que les faits dont ce célebre Auteur n'a pu faire état dans ses preuves. On a cependant cru devoir négliger toutes les recherches Genéalogiques qu'il y a jointes indistinctement, touchant une grande partie des Maisons alliées avec celle de CHASTEIGNER, à un degré plus ou moins éloigné; ces épisodes volumineuses interrompant trop souvent le narré historique du sujet principal. Mais loin de priver la Maison de CHASTEIGNER des avantages que les recherches de M. Du Chesne pouvoient lui procurer, du côté des Alliances; on a au contraire inséré, aux endroits convenables, une note sur chacune, dégagée du texte, & comprenant en substance tout ce qu'a rapporté cet Auteur: &, ce qu'il n'a point fait, on a compris dans des Tables particulieres, en forme de Quartiers Paternels & Maternels, rapportées à la fin de la nouvelle Histoire, toutes les Alliances capables de montrer, par leurs Ascendances, la plus grande illustration du Sang, en ligne directe.

On a d'ailleurs refondu, dans le Texte, les additions considérables jointes à l'Histoire de M. Du Chesne: & celle actuelle est devenue d'autant plus penible, qu'on a voulu se conformer à ce celebre Ecrivain, autant qu'il a été possible; desirant sur-tout de la rendre, dans un ordre plus clair, & dans un stile plus concis. Le supplément des Degrés de filiation, provenus depuis l'année 1634, jusqu'ici, n'a été également fait que sur les Titres originaux.

La Ligne aînée des SEIGNEURS DE LA CHASTEIGNERAYE, traitée par M. Du Chesne, ayant paru moins *appuyée de preuves, dans sa succession, on a fait à cet égard quelque legere correction, que la Chronologie a naturellement indiqué; & on a rétabli sur Titres originaux, les fautes qui ont échappé à cet Auteur, touchant les deux Filles restées seules héritieres de tous les biens de la Branche de ces Seigneurs de la Chasteigneraye.*

Enfin on a toujours rendu raison, dans le Texte de l'Histoire actuelle, des additions, ou corrections, qui ont été faites: & c'est avec la plus grande circonspection & l'attention la plus réfléchie, qu'en restituant aux premiers Degrés de la Maison de CHASTEIGNER, *une ancienne Charte, dont M. Du Chesne n'avoit pas eu connoissance, l'on a aussi fait usage de plusieurs autres Actes anciens, nouvellement recouvrés, & également inconnus à cet Historien, pour asseoir quelques Degrés omis, ou restés incertains, & assigner le rang de quelques Individus de cette Maison, qu'il avoit laissé indecis, faute de connoissances ultérieures: de maniere que l'on est demeuré convaincu d'avoir rencontré, en ce point, toute la succession exacte.*

Quant aux citations en marge, tenant lieu ici de Pieces justificatives, qu'on a jugé inutile de réimprimer, on a toujours renvoyé le Lecteur à l'Histoire de la Maison de CHASTEIGNER, *par M. Du Chesne. On s'est borné à citer également en marge, les Actes anciens & autres munimens, que cet Ecrivain n'a pas connus; de même que les Titres originaux, concernant les Degrés postérieurs à son Ouvrage.*

La Table actuelle des Alliances de la Maison de CHASTEIGNER *est aussi construite d'une maniere qui a paru aussi nouvelle, que plus juste: c'est-à-dire que l'on n'a point confondu les Alliances des Mâles, avec celles des Filles. On a cru, en effet, que la rédaction de ces Alliances en deux Tables différentes, étoit d'autant plus néceſſaire & véritablement inſtructive, que l'illuſtration des Alliances, en* Ligne directe Maſculine, *devient tout-à-fait étrangere à l'illuſtration collatérale, procurée par l'Alliance des Filles. L'une coule dans le Sang; & conſtitue, en ce genre, l'illuſtration proprement dite de la Maiſon; & l'autre n'a qu'un intérêt momentané de réfraction, ſi l'on peut s'exprimer ainſi: intérêt qui ne peut balancer, & encore moins concourir réellement à la nobleſſe du Sang, qui provient & s'accroit, par les Alliances* directes Maſculines. *On eſt encore, ainſi, plus à portée de concevoir & d'apprécier la parenté, naiſſante de ces diverſes Alliances.*

On a placé auſſi à la fin de l'Hiſtoire, pour en faciliter l'intelligence, une Table Généalogique-Somaire, de la Maiſon de CHASTEIGNER, qui montre la diviſion & ſéparation de toutes ſes Branches, tant ſubſiſtantes, qu'éteintes, avec indication des divers Paragraphes, où elles ſont traitées.

CORRECTIONS ET ADDITIONS.

Page 13, *en marge du IX. Degré, ajoutez :* DE LA GUIERCHE.

Page 61, *en marge du XIV. Degré, ajoutez :* DE MONLEON. *de gueules, au lion passant d'argent.*

Page 77, *ligne* 3, *du XV. Degré, après Chevalier,* effacez la virgule.

Page 113, *en marge du XVIII. Degré, après* GUINAUDEAU-DE-MONTIGNY, ajoutez : *d'azur, à* 7 *losanges d'or, posées* 3, 3 & 1.

Page 193, *en marge*, DE FRANCS, *lisez :* DES FRANCS.

Page 201, *ligne* 10, *en* 17 . . . . *lisez :* en 1739.

GÉNÉALOGIE

GÊNÉALOGIE HISTORIQUE
DE LA MAISON
DE CHASTEIGNER,
EN POITOU.

POUR avoir une idée exacte de l'ancienneté & de la grandeur de la Maiſon de CHASTEIGNER, il ſuffit de conſulter la ſçavante Préface, en tête de l'Hiſtoire qu'en a fait imprimer, en 1634, le fameux André du Cheſne, qui met cette Maiſon, à ſi juſte titre, au rang des plus notables de la Province de Poitou. Elle a produit, dans tous les temps, d'illuſtres Capitaines, qui ſe ſont diſtingués par leurs ſervices importans, & dont un nombre aſſez conſidérable ont été tués à la Guerre, en combattant généreuſement pour le Roi, la Religion & la Patrie. Pluſieurs auſſi ont été décorés du collier de l'Ordre du Roi ; & *Louis* Chaſteigner, fut fait Chevalier du Saint-Eſprit, à la Promotion du 31 Décembre 1583. Il mourut en 1595 ; laiſſant une poſtérité très-nombreuſe, qui s'éteignit rapidement, dans ſes enfans & petits-enfans. Enfin on retrouve, dans toutes les Alliances nobles de cette Maiſon, des veſtiges continuels de l'ancienne Chevalerie ; & Elle n'eſt pas moins célébre par les perſonnes de conſidération & de mérite, que ſes Branches cadettes ont produites, comme on le verra dans les détails de la Généalogie qui va ſuivre.

I.

GISLEBERT CHASTEIGNER, Ier du nom, Chevalier, vivoit ſous le régne de *Philippe I.* qui monta ſur le Thrône, en l'an 1060 ; & ſouſcrivit avec *Guy*, fils de *Guy* de Montlhery, *Gautier* fils de *Guideric*, *Hubert* de Palaiſeau, & autres Seigneurs, à la fondation du Prieuré de Saint-Chriſtophe de Châteaufort, dépendant de l'Abbaye de Bourgueil, qui fut confirmé par le même Roi, l'an 1068 (*a*) : « Et bien que par » icelle, dit Ducheſne (*b*) GISLEBERT ſoit nommé en Latin, » GISLEBERTUS *Caſtanei*, néantmoins nul ne peut douter » raiſonnablement que ce ne ſoit CHASTEIGNER. Car les » Anciens, ajoute-t-il, écrivoient CHASTAIGNIÉ, & » CHASTEIGNER indifféremment ; teſmoins le ſceau de » THIBAUT Chaſteigner, V^e du nom, Sire de la Chaſteigneraye, rapporté dedans les preuves (page 7) en l'inſcription » duquel il eſt appellé CHASTAIGNIÉ, d'où a eſté fait le mot » Latin *Caſtanei*. Il y a auſſi grande aparence, continue cet » Auteur, que le ſuſdit GISLEBERT fuſt de noſtre Maiſon

(a) Cartul. de l'Ab. Bourgueil, f° 81 108.

(b) Hiſt. de Chaſteigner, page 6.

„ de la Chasteigneraye, tant à cause que ce nom de GISLEBERT
„ y fut depuis fréquent & ordinaire, comme l'on verra par la
„ suite de l'Histoire, que *pour ce qu'il n'y a eû aucune autre Famille,*
„ *en France, laquelle ait porté le surnom de* CHASTEIGNER ».

On ignore le nom de sa femme : mais par une suite de l'assertion de M. Du Chesne, qui n'a point connu la posterité de GISLEBERT I, il paroît qu'il eut nécessairement pour fils :

1 FOUCAUD CHASTEIGNER, qui suit.

II.

FOUCAUD CHASTEIGNER fut contemporain des Rois *PHILIPPE I.* & *LOUIS VI*, dit *le Gros*, & vivoit encore en l'an 1115, suivant une Charte de *Guillaume*, Evêque de Périgueux, datée du 15 des Calendes de Mai (c'est-à-dire le 17 Avril) premier jour de la Lune (*Luna* 1ª) Epacte IV. * de cette année, concernant la Fondation & Dotation de l'Abbaye de Sainte-Marie de Ligueux, où il est nommé CHASTANER, & repris au nombre des Bienfaiteurs actuels de cette Abbaye, avec ses enfans (*a*), qui furent :

(*a*) Mss. de D. Etiennot. Antiq. Bénéd. Petrag. nº. 556, p. 176.

1 HELIE CHASTEIGNER, Ier du nom, qui suit.

2 ARNAUD CHASTEIGNER, florissant en l'an 1115.

3 PIERRE CHASTEIGNER, nommé avec ses Freres, dans la Charte de Fondation & Dotation de l'an 1115, mentionnée ci-dessus.

---

* On pourroit croire qu'il faudroit lire 1116. En effet Pâques tomba, en l'an 1116, (selon l'*Art de vérifier les dates*) le 2 Avril ; le 1er jour de la Lune fut le 17 Avril (qui revient au 15 des Calendes de Mai) ; & le nombre des Epactes étoit IV : mais cela dépend des manieres fort diverses de compter les années, dans ces temps reculés.

III.

HELIE CHASTEIGNER, Ier du nom, est nommé avec *Foucaud* Chasteigner, son pere, *Arnaud* & *Pierre* Chasteigner, ses freres, dans la même Charte de Dotation & Fondation de l'Abbaye de Ligueux, en Périgord, du 15 des Calendes de Mai 1115 (*a*). Le nom d'HELIE qu'il portoit, étoit encore ordinaire dans la Maison de Chasteigner, au milieu du XIVe siécle, que vivoit *Helie* Chasteigner, Seigneur de Saint-Georges-de-Rexe.

(*a*) Mss. de D. iennot, Antiq. néd. Petrag. n° 6, p. 176.

Le nom de sa femme est inconnu; mais on a lieu de croire, suivant M. Du Chesne (*b*), qu'il eut pour enfans :

(*b*) Tables Généal. la Maison de Chasteigner, en tête de Histoire, où M. Du hesne donne en effet *Thibaut* Chasteigner I, pour Bisayeul, *isleberr* Chasteigner, hevalier, vivant en 068.

1 THIBAUT CHASTEIGNER, Ier du nom, Seigneur de la Chasteigneraye, qui suit.

2 GUILLAUME CHASTEIGNER est nommé dans un Titre de l'Abbaye de l'Absie, avec *Guillaume* Jaifart, Chevalier, contemporain de l'Abbé *Guillaume IIe* du nom, gouvernant en 1136 & 1140 (*c*).

(*c*) Hist de Chast. . 8, & aux preuv. . 179.

3 PIERRE CHASTEIGNER, nommé parmi les témoins d'une Fondation faite, avant l'an 1168, par *Jean* Gestin, en faveur des Religieux de l'Abbaye de l'Absie, & de *Regnier*, leur Abbé (*d*), est cru, avec assez de fondement, l'Auteur des *SEIGNEURS de HAUT-CASTEL*, *de LOUBEJAC*, *de CASSEMARTIN*, *de STE-FOY*, & autres subsistans encore en Querci & ailleurs, suivant la Généalogie de cette Maison, rédigée sur les Mémoires de M. l'Abbé Chasteigner, Archidiacre & Vicaire-Général du Diocèse de Lombez.

(*d*) Cartul. de l'Ab. le l'Absie, f° 4.

IV.

SEIGNEURS DE LA CHASTEIGNERAYE.

THIBAUT CHASTEIGNER, Ier du nom, Seigneur de la Chaſteigneraye, (Terre & Seigneurie avec Juriſdiction haute, moyenne & baſſe, à deux lieues de Vouvent, relevante à hommage-lige, de la Baronnie de Mervent, en bas Poitou, & qui fut depuis un gros Bourg, ou Ville non fermée, bâtie ſur une large & ſpacieuſe colline) étoit contemporain du Roi *LOUIS VII*, dit *le Jeune.* Il conſentit, ainſi que *Sebrand* (que Ducheſne croit être *Sebrand* Chabot, Seigneur de Vouvent) au don fait, vers l'an 1140, à *Guillaume*, Abbé de l'Abſie & à ſes Religieux, par *Aimery* Bodin, de quelques terres & vignes ſituées à Lauge-Fougereuſe, qu'il tenoit en Fief, partie de THIBAUT Chaſteigner, partie du même *Sebrand* (*a*); & fut encore témoin, avec *Aimery* Jaifart, & *Sebrand* de la Motte, d'un autre don fait, vers l'an 1160, à *Regnier*, Abbé de l'Abſie, ſucceſſeur de l'Abbé *Guillaume*, & à ſon Abbaye, par *Aimery*, Seigneur de Chantemerle, *Pierre* & *Guy* de Chantemerle, ſes freres, de tous les droits qu'ils avoient au Moulin de Chabirant (*b*). Il mourut avant l'an 1186.

(*a*) Cartul. de l'Ab. de l'Abſie, f° 4.

(*b*) Cartul. de l'Ab. de l'Abſie, f° 18.

Le nom de ſa femme n'eſt pas connu; mais il eut pour enfans:

1 THIBAUT CHASTEIGNER, IIe du nom, Seigneur de la Chaſteigneraye, qui ſuit.

2 JEAN CHASTEIGNER, Ier du nom, Seigneur de la Chaſteigneraye, après ſon frere aîné, fut auſſi Seigneur de Réaumur, & Auteur des *SEIGNEURS de La MELLERAYE* & *de SAINT-GEORGES-DE-REXE*, rapportés ci-après, avec lui, au §. I.

3 GUILLAUME CHASTEIGNER, Chevalier, fut la souche des *SEIGNEURS DE BOUGON, DE LA BERLAIRE, & DU BREUIL-DE-CHALANS*, rapportés ci-après, au §. XVI.

4 PIERRE CHASTEIGNER, que Du Chesne ajoute ici, sans preuve certaine, paroît avoir été confondu avec son oncle, ou son neveu, du même nom.

V.

THIBAUT CHASTEIGNER, IIe du nom, Seigneur de la Chasteigneraye, &c. né vers 1140, florissoit en l'an 1186, qu'il confirma & amortit, en faveur de *Regnier III*, Abbé de l'Absie, & de ses Religieux, le don qui leur avoit été fait, par *Papot* Emenard, de quelques Héritages tenus de lui en Fief, à la charge de la taille de morte main & des loyaux aides : cet Acte, passé au Château de la Chasteigneraye, sous condition que ces Religieux prieroient Dieu, *pour le salut de l'âme de sa femme, naguere décédée*, fut suivi d'un autre, du même jour, par lequel le Seigneur de la Chasteigneraye leur remit encore la taille qu'il avoit sur le Lieu de la Trolliere (*a*). Il mourut avant l'an 1212.

(*a*) Hist. de Chast. p. 11, & aux Preuv. p. 4.

Il avoit épousé N..... laquelle étoit morte, lors de la Fondation faite pour elle, par son mari, avant l'an 1186, énoncée ci-dessus. Elle eut pour enfans :

1 THIBAUT CHASTEIGNER, IIIe du nom, Seigneur de la Chasteigneraye, qui suit.

2 GUILLAUME CHASTEIGNER, Chevalier, Seigneur de la Chasteigneraye, après la mort de son frere aîné, suivant le droit de retour, ou viage, usité en l'ancienne

Coutume de Poitou, ne pouvoit gueres avoir plus de douze ans, lorsque, vers l'an 1186, il confirma les donations faites par son père, à l'Abbaye de l'Absie (*a*). Il avoit aussi fait don à la même Abbaye, de ses marais de Mouzeil, sous certaines conditions, suivant ce qui est rapporté dans une Charte de l'an 1214, par laquelle *Guillaume*, Evêque de Poitiers, confirma la Transaction faite entre l'Abbé de l'Absie & *Hugues* Charruz, Chevalier, fils de *Pierre*, qui avoit donné, aux mêmes conditions, ses marais d'entre les villes de Langon & de Vouillé, à cet Abbé de l'Absie, & à celui de Saint-Michel-en-l'Herm (*b*): & dans une autre Charte de l'an 1217, de *Pierre* de Volvire, Seigneur de Chaillé, d'*Harois* de Volvire, Chevalier, & de *Pierre* de Volvire, Valet, ses enfans, touchant les marais de Langon, de Langlée & autres, il est aussi parlé des marais relevans de *Hugues* d'Ozay, Seigneur d'Ozay (près de Fontenay) & de ceux mouvans en fief de *Guillaume* Chasteigner, *Chevalier* (*c*); lequel est encore titré *Chevalier*, dans l'hommage qu'il rendit, au mois de Mars 1237 *, pour son fief de Paillez, à *Hugues* de Moir, Chevalier (*d*). Il est aussi qualifié *Sire de la Chasteigneraye*, dans le don que *Thibaut* Chasteigner IV, son neveu, octroya en 1246, à *Perroquet* Jousseaume, mari d'*Ænor* Chasteigner, cousine germaine du Donateur, & fille de *Guillaume* Chasteigner (*e*).

(*a*) *Ibid.* p. 44, & aux preuv. p. 5.

(*b*) *Ibid.* aux additions de la page 44.

(*c*) *Ibid.* p. 44. preuv. p. 23 & 24.

(*d*) *Ibid.* preuves, page 188.

(*e*) *Ibid.* page 44 preuves p. 25.

Le nom de sa femme est inconnu; ses enfans furent:

1 JEAN CHASTEIGNER, Chevalier, est dit fils de *Guillaume* Chasteigner, Chevalier, dans plusieurs Chartes, du Samedi après *Invocavit me*, & du Lundi après *Reminiscere*, 1244, par lesquelles, du consentement de *Gislebert* Chasteigner, son frère, de leurs sœurs, & les

* Mal daté de 1267, dans le texte de l'Histoire de Chasteigner, page 575.

époux de celles-ci, ils confirmerent les donations faites en faveur de l'Eglise de Sainte-Marie de l'Absie, par *Haude*, veuve de *Guillaume* Armenjo, Chevalier, *Hugues* d'Ozay, un nommé *Bridier* & *Julianne*, sa femme, prédécesseurs de la même *Haude*, des grands marais de Langlée, clos & non clos, cultivés & non cultivés, circonstances & dépendances, avec toute Jurisdiction (*a*): d'où l'on peut juger qu'ils avoient droit, tant en la Seigneurie de Langon, que sur la Maison des Nohiers, dépendant de l'Abbaye de l'Absie (*b*). C'est tout ce que l'on sçait de *Jean* Chasteigner.

(*a*) Originaux. Hist. de Chast. p. 45, preuves p. 24 & 25.

(*b*) *Ibid.* Additions de la page 45.

2 GISLEBERT CHASTEIGNER, Chevalier, est nommé, avec son frère & ses sœurs, dans la Charte du Lundi après *Reminiscere*, 1244, mentionnée ci-dessus.

3 ARSENT CHASTEIGNER, fut mariée à JEAN de Montfaucon, Chevalier, avec lequel elle est nommée dans les mêmes Chartes de 1244, confirmatives du don des marais de Langlée, à l'Abbaye de l'Absie. Ils laisserent de leur mariage :

1 JEAN de Montfaucon, IIe du nom, Chevalier, Seigneur de Saint-Mesmin, près Bressuire, florissoit en l'an 1286 (*c*); & comme arbitre entre *Airois* de Chasteaumur, Dame de Chantemerle, & *Thibaud* Chabot, Valet, d'une part; la Dame de Chasteaumur, & *Ebles* de Rochefort, d'autre part, il transigea, en l'an 1301, pour raison de la succession de *Sebrand* Chabot, Chevalier, sous la garantie de *Guy* Chasteigner, *Robert* de Cérisay, *Robert* Guischard, & *Hardouin* de la Porte, Chevalier (*d*). Il est aussi nommé avec *André* Jousseaume, son cousin germain, dans un

(*c*) Hist. de Chast. p. 45 & 47.

(*d*) *Ibid.* preuves, p. 8.

un échange fait entre le même *Guy* Chasteigner, & l'Abbé & Couvent de Moreilles, par Acte du Vendredi après la S. Georges 1302 (*a*).

(*a*) *Ibid.* preuv. p. [illegible] & 19.

4 ÆNOR CHASTEIGNER étoit mariée à PIERRE (*aliàs Perroquet*) Jousseaume *, fils d'*André* Jousseaume, Seigneur de Pousauges, lors de la confirmation faite, par les Chartes ci-dessus de l'an 1244, en faveur de l'Abbaye de l'Absie, du don des marais de Langlée, dans lesquelles elle stipula avec son mari (*b*) ; qui est aussi nommé avec *André* Jousseaume, son père, & sa femme, dans la donation que leur fit, en 1246, *Thibaut* Chasteigner, Chevalier, leur cousin germain (*c*). Ils eurent pour fils :

(*b*) Originaux.

(*c*) Hist. de Chast. p. 46, preuv. p. 5 & 25.

1 ANDRÉ Jousseaume, IIe du nom, nommé avec *Jean* de Montfaucon, son cousin germain, dans l'échange ci-dessus, fait en 1302, entre *Guy* Chasteigner & l'Abbaye de Moreilles.

3 JEAN CHASTEIGNER est nommé le troisiéme parmi les enfans de *Thibaut* Chasteigner, dans la confirmation qu'ils firent, vers l'an 1187, de certaines tailles que leur père avoit données aux Abbé & Religieux de l'Absie, dont il est ci-dessus parlé.

4 GISLEBERT CHASTEIGNER est aussi nommé avec ses frères, & son père, dans la même confirmation faite vers l'an 1187.

---

* La Maison de Jousseaume étoit alliée de celles de Parthenay, de Beaumont-Bressuire, de Volvire & autres.

VI.

THIBAUT CHASTEIGNER, IIIe du nom, Seigneur de la Chasteigneraye, après *Jean* Chasteigner, Seigneur de Reaumur, son oncle, vers l'an 1225, avoit confirmé avec ses frères, vers l'an 1187, la donation des tailles & loyaux aides, faite par *Thibaut* Chasteigner leur père, en faveur des Religieux de l'Abbaye de l'Absie, mentionnée ci-devant (*a*). Il mourut avant l'an 1246, laissant pour fils :

(*a*) Hist. de Chast. p. 12, preuv. p. 5.

1 THIBAUT CHASTEIGNER, IVe du nom, Seigneur de la Chasteigneraye, qui suit.

VII.

THIBAUT CHASTEIGNER, IVe du nom, Chevalier, Seigneur de la Chasteigneraye, de la Motte, &c. n'eut aussi la Seigneurie de la Chasteigneraye, qu'après la mort de *Guillaume* Chasteigner, son oncle, qui la possédoit encore en 1246. Il est dit fils de *Thibaut* Chasteigner, Seigneur de la Chasteigneraye, & qualifié *Chevalier*, dans la donation qu'il fit, en présence de *Thibaut* Chabot, Seigneur de Rochecerviére, par Acte de l'an 1246, à *Pierre* Jousseaume, mari d'*Ænor* Chasteigner, sa cousine germaine, fille de *Monsr Guillaume* Chasteigner, Seigneur de la Chasteigneraye, son oncle (*b*). Il a aussi le titre de *Chevalier*, dans le Testament de l'an 1250, de *Raoul* de Mauleon, Sire de Talmont & de Chastelaillon, qui le fit son Exécuteur Testamentaire avec *Monsr Hugues* du Bois, oncle du Testateur, l'Abbé de S. Michel-en-l'Herm, & l'Abbé de Thalmont (*c*). Il fit la foi-hommage-lige, à ALPHONSE de France, Comte de Poitou, pour son Hôtel de la Motte, vulgairement dit Château-Gaillard, avec la moitié du fief de

(*b*) *Ibid.* page 13, preuv. p. 5.

(*c*) *Ibid.* p. 14, preuv. p. 5.

Griçay, & la moitié des hommes du Puy-Saint-Martin, dont l'autre moitié appartenoit à *Monsr Thibaut* Chabot. Cet hommage se trouve transcrit dans les Registres des Fiefs de la Comté de Poitou, que le même Prince fit dresser en 1259 & 1260 (*a*). Dans un rôle des Seigneurs qui payerent, en ce temps-là, certaines aides pour la Croisade de la Terre-Sainte, *Thibaut* Chasteigner y est compris, comme l'un des plus grands & notables de sa Province; puisque sa part de l'imposition y monte à 10 liv., tandis que *Hugues* de Saint-Gelais n'y fut taxé qu'à 7 liv. 10 s.; *Guy* de Laval à cent sols; & *Guy* de Rochefort, Seigneur de Villiers, à 50 sols, quoique ces Seigneurs fussent chefs de Familles fort illustres & renommées (*b*).

Le nom de sa femme est aussi ignoré. Il laissa pour enfans:

1 AIMERY CHASTEIGNER, Seigneur de la Chasteigneraye, qui suit.

2 THIBAUT CHASTEIGNER, Ve du nom, Seigneur de la Chasteigneraye, après son frère aîné, suivant l'ancien droit de Retour de la Coutume de Poitou, dont on a parlé, fut l'un des principaux Seigneurs Poitevins qui, en l'an 1269, traiterent avec ALPHONSE de France, Comte de Poitou, frère du Roi S. Louis, pour régler les rachats des Fiefs à Mercy, qui furent fixés à une année de revenu. Le sceau de *Thibaut* Chasteigner, parmi les autres pendans à cette Charte, représente les Armes de Chasteigner, comme elles existent encore, *brisées d'un lambel de 4 piéces:* ce qui prouve qu'il étoit puîné (*c*). Il paroît encore qu'il fut le même *Thibaut* Chasteigner, auquel le Pape *Gregoire X.* écrivit touchant les deniers levés pour le recouvrement de la Terre-Sainte, après le Concile général convoqué à Lyon, en 1274 (*d*).

(*a*) *Ibid.* page 14, preuv. p. 5 & 6.

(*b*) *Ibid.* p. 14 & 15, preuv. p. 6.

(*c*) *Ibid.* page 15, preuv. page 7.

(*d*) *Ibid.* page 17, preuv. page 7.

VIII.

AIMERY CHASTEIGNER, Chevalier, Seigneur de la Chasteigneraye, eut ordre, suivant des Lettres d'ALPHONSE de France, Comte de Poitou, adressées à *Jean* de Sors, Chevalier, Sénéchal de Saintonge, datées du jour de la Pentecôte 1263, de se rendre auprès de la personne de ce Prince, le Mardi après la quinzaine de la même Fête de Pentecôte (*a*). Le Comte de Poitou le députa ensuite, avec *Gilles* d'Avesnes, Chevalier, pour décider un grand débat qui subsistoit entre *Eustache* de Beaumarchais, Chevalier, & les siens, d'une part ; *Henri*, fils du Comte de Rhodez, *Dieudonné* de Cardaillac, & leurs gens, d'autre part ; leur ordonnant de s'assembler à cet effet au lieu de Nonete, en Auvergne, quinze jours après la Fête de Noël : mais cette assignation fut prolongée, suivant d'autres Lettres écrites à *Aimery* Chasteigner, en 1266, par le même Prince ; qui, par des Lettres datées de l'Hôpital, près Corbeil, le Jeudi après la Fête de la Madeleine, le chargea encore de s'informer s'il avoit droit de rachat sur les Châteaux de Chizay, de Suiré & autres, que le Comte d'Eu tenoit de lui en fief, à cause de sa Comté de Poitou (*b*). Il mourut avant l'an 1300.

(*a*) Hist. de Chast. p. 17, preuve, p. 6.

(*b*) *Ibid.* p. 17 & 18, preuv. p. 6.

Le nom de sa femme est inconnu ; mais il eut pour enfans:

1 GUY CHASTEIGNER, Chevalier, Seigneur de la Chasteigneraye & de l'Isleau *, est qualifié *Chevalier*, *Seigneur de la Chasteigneraye*, dans l'hommage que lui rendit, le Mercredi après la Fête de l'Assomption de la Vierge 1300, *Jean* Bertaut, Clerc, pour certaines choses données à ce

* Hôtel noble assis à Nalliers sur le marais, avec un beau fief en Châtellenie, mouvant de la Baronnie de Luçon.

dernier, par *Renaud*, Seigneur de Brachechien, & tenues du Seigneur de la Chasteigneraye (*a*). Il fut appellé en garantie, avec *Robert* de Cérizay, *Robert* Guischard, & *Hardouin* de la Porte, Chevalier, de la Transaction passée en l'an 1301, touchant la succession de *Sebrand* Chabot, Chevalier, ci-devant énoncée (*b*); & fit par Lettres du Vendredi après la Fête S. Georges 1302, où il est qualifié seulement *Seigneur de l'Isleau*, un échange de divers Héritages, avec *Domitian*, Abbé de Moreilles, & frère *Lucas* du Four, Procureur de cette Abbaye (*c*). Il est aussi titré *Chevalier*, dans un Arrêt du Parlement de l'an 1307 (*d*).

(*a*) Hist. de Chast. p. 19, preuv. p. 8.

(*b*) *Ibid.*

(*c*) *Ibid.*

(*d*) Reg. du Parlem. olim 3, f° 87. r°.

2 THIBAUT CHASTEIGNER, VIe du nom, Seigneur de la Chasteigneraye, qui suit:

IX.

THIBAUT CHASTEIGNER, VIe du nom, Chevalier, Seigneur de la Chasteigneraye, de l'Isleau, du Pastis *, &c. paroît plutôt avoir été frère, ou neveu de *Guy* Chasteigner, Seigneur de la Chasteigneraye, que son fils, comme M. du Chesne le suppose; à quoi la Chronologie semble absolument répugner. *Guy* Chasteigner est mis sans preuve, au rang des enfans d'*Aimery*, dans l'Histoire de Chasteigner; & quoiqu'on se soit conformé ici en ce point, à l'opinion de l'Auteur de cette Histoire, on pense cependant que *Guy* Chasteigner fut un des frères d'*Aimery*, & l'un des oncles de *Thibaut VI*; lequel ainsi auroit eu pour père *Aimery*, & non *Guy* Chasteigner. Ce qui confirmeroit ce sentiment est que de *Thibaut* Chasteigner IIe du nom, né suivant du Chesne, vers 1140,

* Terre tenue du Château de Fontenay-le-Comte.

ou 1145, à *Marie* Chaſteigner, fille de *Thibaut VI*[e] du nom, née vers 1322, ſuivant des Lettres originales du 27 Avril 1335, dont on fera ci-après mention, il y auroit, en ſuppoſant *Thibaut VI*, fils de *Guy* Chaſteigner, ſept degrés de génération accomplis, dans un eſpace de 175 ans, qui paroît bien court. D'ailleurs *Thibaut VI*, époux de *Jeanne* de la Guierche, & *Simon* Chaſteigner, Seigneur de Saint-Georges-de-Rexe, mari de *Letice* de la Guierche, ſœur de *Jeanne*, doivent donc être ſuppoſés à-peu-près du même âge : & cependant *Simon* Chaſteigner ſe trouveroit n'être qu'au 4me degré de la même ſouche ; tandis que *Thibaut VI* en ſeroit éloigné au 6me degré. Quoi qu'il en ſoit THIBAUT Chaſteigner, & *Jeanne* de la Guierche ſa femme, par Contrat du Samedi, Fête S. Barnabé Apôtre, 1323, aſſignérent ſur leur Bourg & Château de Tigné, certaines rentes, à *Iſabeau* de la Guierche, ſœur germaine de *Jeanne* de la Guierche, & à *Hardouin* de la Porte, ſon mari (*a*). Il tranſigea auſſi en 1326, avec *Guillaume* Chabot, Chevalier, & *Guillaume* d'Appelvoiſin (*b*) ; & mourut avant le 27 Avril 1335, qu'il fut traité du mariage de ſes deux filles (*c*). Il eſt encore fait mention de lui, dans des Lettres du Mardi après la S. Martin d'hiver 1342, d'*Olivier* Sire de Cliçon, Chevalier, touchant l'abandon que celui-ci fit à *Macé* Garnier, Valet, « de toutes les choſes » héritels (ce ſont les termes de l'Acte) qui furent jadis à » *Monſieur* THIBAUT Chaſteigner, & *Alain* de la Foreſt, en » la Châtellenie de Cliçon, tant en terres arables & non ara- » bles, bois, rentes & deniers en bled, qu'en toutes autres » choſes » : ce qui préſume un échange d'héritages antérieur, fait entre THIBAUT Chaſteigner & *Olivier* de Cliçon (*d*).

(*a*) Hiſt. de Chaſt. p. 20, preuves p. 9 & 10.

(*b*) *Ibid.* p. 21.

(*c*) Original.

(*d*) Hiſt. de Chaſt. p. 21, preuves, p. 10.

Il avoit épouſé JEANNE de la Guierche *, Dame de la

* La Maiſon de la Guierche, l'une des plus anciennes du Poitou, étoit iſſue de *Geofroy* de la Guierche, qui fut l'un des Seigneurs qui accompagnerent *Raimond* de Poitiers, frere de *Guillaume*, Comte de Poitiers, au voyage qu'il fit en Terre-Sainte, vers l'an 1136 (du Cheſne, Hiſt. de Chaſteigner, page 79.)

Guerche & de Tigné, fille aînée & principale héritiere de *Geofroy*, Seigneur de la Guierche ; & sœur de *Letice* de la Guierche, femme de *Simon* Chasteigner, Seigneur de Saint-George-de-Rexe ; & d'*Isabeau* de la Guierche qu'épousa *Hardouin* de la Porte, Valet, fils d'*Hardouin* de la Porte, Chevalier, Seigneur de Vezins (*a*). Elle mourut aussi avant l'an 1335, & laissa de son mariage:

(*a*) Hist. de Chast. p.20, preuv. p.9 & 10.

1 MARIE CHASTEIGNER, Dame de la Chasteigneraye, de la Guierche, du Pastis, de Tigné, &c. dont du Chesne n'a pas bien connu l'Histoire, étoit âgée de 12 ans en 1335, que, par Lettres du 27 Avril, faites, tant pour elle, que pour *Marguerite* Chasteigner, sa sœur, « *Jean* Chasteigner, leur appartenant de lignage, y est » il dit, de par leur pere ; & *Etienne* de Souday, *Huet* » & *Guyot* Malemosche, & *Jean* Marconay, leur appar- » tenant de lignage de par leur mere » traitérent de leur mariage, avec SAVARY de Vivonne, fils aîné de *Savary* de Vivonne, Chevalier Sire de Thors, & de *Mahaud* de Clisson, Dame des Essars, & *Guillaume* de Vivonne, son frere : ce traité ne pouvant avoir lieu cependant, qu'en tant que *Marie* & *Marguerite* Chasteigner le voudroient tenir & accomplir (*b*). Elle fut en effet mariée, peu de temps après, 1° au même SAVARY de Vivonne, IVe du nom, qui vécut peu d'années avec elle ; & laissa de son premier mariage pour fils unique :

(*b*) Original.

1 RENAUD de Vivonne, Ier du nom, Seigneur de Thors, des Essars, d'Aubigny, &c. Sénéchal de Poitou, vivant encore en 1390, étant alors Curateur de sa mere, suivant un Arrêt du Parlement de cette date (*c*) ; & qui de CATHERINE d'Ancenis, sa femme, eut entre autres enfans :

(*c*) Reg. du Parlem. jugés 37, f° 73.

1 SAVARY de Vivonne, V[e] du nom, Seigneur de Thors & des Essars, tué à la bataille de Nicopolis, en 1396, laissant postérité.

2 RENAUD de Vivonne, IIe du nom, Seigneur d'Aubigny, puis des Essars, &c. qui fut Tuteur des enfans de son frere aîné, en 1396, & eut aussi la curatelle de *Marie* Chasteigner, Dame de la Chasteigneraye, son ayeule paternelle, suivant un Arrêt du Parlement de Paris, de l'an 1409 (*a*).

(*b*) Reg. du Parlem. intitulés après dîners vol. 1, f° 284 & 285.

MARIE CHASTEIGNER, Dame de la Chasteigneraye, fut mariée, 2° à AIMAR d'Archiac, Chevalier, Seigneur d'Archiac, de l'une des plus grandes & plus anciennes Maisons de Chevalerie du pays de Saintonge; duquel elle étoit aussi veuve dès l'an 1351, que, suivant un Arrêt du Parlement, elle plaidoit comme ayant la tutelle de ses enfans du second lit (*b*). Elle est qualifiée *Dame d'Archiac & de la Chasteigneraye*, dans un autre Arrêt du Parlement du 26 Juillet 1357 (*c*). Etant parvenue dans un âge avancé, *Renaud* de Vivonne, Seigneur de Thors, son fils du premier lit *, eut l'administration de ses biens, par Lettres du dernier Avril 1389 (*d*), & elle étoit encore sous sa curatelle, en 1390, suivant un Arrêt du Parlement, dont il est fait mention ci-dessus. Cependant après la mort de celui-ci, elle reçut l'aveu que *Jean* Bovin, Ecuyer, Seigneur des Bovinieres, lui rendit le 13 Avril 1400, pour son hebergement de la Peyratte, assis à Fontenay-le-Comte, tenu d'elle à cause de sa Seigneurie du Pastis (*e*). Elle rendit aussi, de son chef, aveu de cette Seigneurie du Pastis, à JEAN, Duc de Berry,

(*b*) Reg. du Parlem. jugés 12, f° 56.

(*c*) Jugés 15, f° 339.

(*d*) Hist. de Chast. p. 26, preuv. p. 178.

(*e*) *Ibid.* page 26, preuv. p. 11.

* Et non son Neveu, comme dit du Chesne.

Comte

Comte de Poitou, à cause de son Château de Fontenay-le-Comte, le 15 Août 1403 (*a*); &, par un autre aveu du 2 Octobre suivant, elle reconnut aussi tenir son Lieu, Fort, & Forteresse de la Chasteigneraye, appartenances & dépendences, de *Jean* Larchevêque, Seigneur de Parthenay, à cause de sa Baronnie de Mervent (*b*). Il paroît néanmoins, par l'Arrêt du Parlement de l'an 1409, cité ci-dessus, que *Renaud* de Vivonne, IIe du nom, Seigneur d'Antigny, son petit-fils, avoit aussi été son Curateur. Elle mourut vers l'an 1407, étant fort âgée, laissant sa succession en proie à divers différends & débats, entre ses héritiers; & ayant eu de son second mariage:

(*a*) *Ibid.* page 27, preuves, p. 12.

(*b*) *Ibid.* page 27, preuv. p. 12 & 179.

1 AIMAR d'Archiac, Seigneur d'Archiac, qui étoit sous la tutelle de sa mere, en 1351, (*c*), & qui mourut, sans enfans, avant l'an 1374.

(*c*) Reg. du Parlem. jugés 12, f° 56.

2 JEANNE d'Archiac, mineure & sous la tutelle de sa mere, en 1351, mourut aussi sans lignée.

2. MARGUERITE * CHASTEIGNER, est nommée avec sa sœur aînée, & sont toutes deux dites filles de feu *Monsieur Thibaut* Chasteigner, dans les Lettres d'accord ci-dessus énoncées, du 27 Avril 1335, touchant son mariage avec GUILLAUME de Vivonne, frere germain du mari de sa sœur (*d*), qu'elle épousa en effet, par Contrat

(*d*) Original.

* Et non *Marie*, comme l'appelle du Chesne.

du 3 Mai suivant (*a*). Elle mourut sans postérité. *Jacques* de Surgeres, Seigneur de la Flocéliere, la dit aussi, dans un Arrêt du Parlement de l'an 1414, tante de *Renaud* de Vivonne, Seigneur de Thors, pere de *Marguerite* de Vivonne, son épouse (*b*).

(*a*) Hist. des gr. Off. de la Couron. t. VIII. p. 764, où l'on a copié quelques erreurs de du Chesnes, qu'on vient de rectifier.

(*b*) *Ibid.* & Hist. de Chast. p. 28, preuv. p. 18.

§. I.

SEIGNEURS DE REAUMUR, DE LA MELLERAYE, ET DE SAINT-GEORGES-DE-REXE.

V.

JEAN CHASTEIGNER, Ier du nom, Chevalier, Seigneur de la Chasteigneraye, après *Thibaut* Chasteigner II, son frere aîné, suivant le droit de retour, ou de viage accordé aux puînés, par l'ancienne Coutume de Poitou (second fils de *Thibaut* Chasteigner I, Seigneur de la Chasteigneraye, ci-devant mentionné sous le IV. degré) fut aussi Seigneur de Reaumur, à cause de sa femme. Il est qualifié *Chevalier*, dans un titre de l'an 1207, par lequel *Hugues* le Brun, Comte de la Marche, & *Hugues* son fils, déclarerent, en sa présence, pardonner aux Habitans de la ville de Dorat, qui avoient abatu leur Château, durant une guerre élevée entr'eux & leurs voisins (*a*.) Il paroît aussi, par un Catalogue des Chevaliers Bannerets de France, dressé sous le régne de PHILIPPE *Auguste*, (& où il est nommé le 4me, immédiatement après les Comtes d'Eu & de la Marche, & *Geofroy* de Lesignem) que le droit de retour sur la Seigneurie de la Chasteigneraye lui étoit échu, vers l'an 1212 (*b*). Il est nommé avec sa femme, & qualifié *Sire de la Chasteigneraye*, dans des Lettres de l'an 1220, scellées de ses Armes représentant un *Lion*, touchant certain différend qui s'étoit meu entre *Jean*, Prieur de Reaumur, & lui, touchant leurs fiefs assis à Reaumur (*c*); & mourut peu de temps après.

DE REAUMUR.

(*a*) Hist. de Ch[…] addition de la p. […] preuv. p. 27.

(*b*) *Ibid.* preuv. p. 26.

(*c*) *Ibid.* p. […] preuv. p. 28.

Il avoit épousé ARSENT de Reaumur, Dame de Reaumur, Fief tenu de la Baronnie de Vouvent. Elle est nommée avec son mari, dans les Lettres de l'an 1220, dont on vient de parler; & vivoit encore veuve en 1246, qu'elle transigea avec *Jean* Jousseaume, Prieur de Reaumur, lui abandonnant, sous certaines conditions, la Terre de la Gonbaudiere, certains prés, & une haye, à la charge aussi par ce Prieur & ses successeurs de célébrer à perpétuité son Anniversaire, & celui de feû *Jean* Chasteigner, *son Seigneur & Espoux* (a).

(a) Hist. de Chast. p. 60, preuv. p. 28 & 29.

Elle laissa de son mariage:

1 JEAN CHASTEIGNER, IIe du nom, Chevalier, Seigneur de Reaumur, de Cérisay, de Bourneau, &c. consentit à l'accord ci-dessus, fait entre sa mere, & le Prieur de Reaumur, par Acte de 1246, & y apposa son scel. Il est qualifié *Chevalier*, *Seigneur de Cérisay*, dans une Transaction qu'il passa avec l'Abbé de St-Florent, en 1250, touchant une Terre appellée la Gasche, assise en la Paroisse de Sainte Radegonde-de Sirieres, qui étoit tenue de lui en fief (b).

(b) *Ibid.* Additions de la page 61. preuv. page 29.

Il avoit épousé OLIVE de Cerisay, Dame de Cerisay & de Bourneau, près la Meilleraye, fille & héritiere de *Benoît* de Cerisay, Chevalier, Seigneur des mêmes Terres. Par des Lettres de la veille de S. Luc, Evangéliste, 1260, où son pere, & son mari sont nommés, elle déclara que, pour récompenser ce dernier des grands frais qu'il avoit faits, pour remettre ses biens en bon état, elle lui donnoit à vie, sa Terre de Bourneau (c); & eut de son mariage:

(c) *Ibid.* page 61, preuves, p. 29.

1 JEAN CHASTEIGNER, IIIe du nom, lequel est nommé avec ses pere & mere, dans les Lettres ci-dessus de 1260, par lesquelles sa mere voulut que

la Terre de Bourneau lui retournât, après la mort de son pere. Il mourut sans postérité, du vivant même de celui-ci, & selon d'autres en 1290; & fut enterré au Cimetiere de l'Eglise de la Chasteigneraye (*a*).

(*a*) Hist. de Chast. page 62.

2 GISLEBERT CHASTEIGNER, IIe du nom, Seigneur de la Melleraye, qui suit.

VI.

GISLEBERT CHASTEIGNER, IIe du nom, Chevalier, Seigneur de la Melleraye, de la Laudiere, &c. est nommé avec *Jean* Chasteigner, son frere, & *Arsent*, Dame de Reaumur, leur mere, dans l'accord qu'elle fit au mois de Décembre 1246, avec *Jean* Jousseaume, Prieur de Reaumur, dont on a déjà parlé, & auquel il consentit. Il rendit aveu en 1259, à cause de sa femme, pour sa Terre de la Laudiere, à *Bernard* de Nouaillé (*b*); & *Hugues* Larchevêque, Seigneur de Parthenay & de Vouvent, avec *Valence*, sa femme, lui firent don & à ses Héritiers, en l'an 1261, en augmentation de son hommage, de toute la Justice haute, moyenne & basse qui leur appartenoit, sur tous les hommes de la Melleraye (*c*): ce qui prouve que cette Seigneurie relevoit alors de Vouvent, quoiqu'elle soit tenue aujourd'hui du Roi, à cause de son Château de Fontenay-le-Comte. *Hugues* Larchevêque, & *Valence* sa femme, lui octroyerent aussi, par Acte du Lundi avant l'Assomption N. D. 1262, tous leurs revenus du fief de Ranconneis, assis en la Paroisse de S. Jean-de-Fontenay, au Fauxbourg des Loges, & la moitié de leur Four en la ville de Fontenay, avec la permission de prendre du bois de chauffage en leur Forêt de Mervent, moyennant certaines charges & un

(*b*) *Ibid.* page 64 preuv. p. 30.

(*c*) *Ibid.* page 64 preuves, p. 30 & 31

(a) Hiſt. de Chaſt. p. 65, preuv. p. 31.

(b) *Ibid.*

Epervier de ſervice, à mutation de Seigneur (*a*). Il eſt encore nommé parmi les Seigneurs qui, en 1269, traiterent avec ALPHONSE de France, Comte de Poitou, pour le rachat des fiefs à merci (*b*).

Il avoit épouſé N.... Dame de la Laudiere, dont il eſt fait mention dans l'hommage rendu, à cauſe d'Elle, pour cette Terre, par ſon mari, en 1259. Elle laiſſa entr'autres enfans :

1 JEAN CHASTEIGNER, Chevalier, Seigneur de la Melleray *en tout*, & de la ville de Reſſe *en partie*, ſuivant l'expreſſion d'un titre original, du Jeudi avant la Fête de la Nativité N. S. 1313, par lequel le Juge de la Cour de la ville de Rexe « remit & reſtitua à *Huguet* Morca, » *Jeanne* ſa femme & autres, certains biens qui avoient » été donnés à *Jean* Chaſteigner, par Jean Bariller » a été inconnu à M. du Cheſne, en ſon Hiſtoire de Chaſteigner, qui y dit en effet (page 66) « qu'il n'a pas » trouvé le nombre entier des enfans de *Giſlebert* Chaſ- » teigner, Seigneur de la Melleraye » qu'il compte Ier du nom en ſucceſſion. *Jean* Chaſteigner doit être néceſſairement fils de ce même *Giſlebert ;* & le *Jean* Chaſteigner, Seigneur de la Melleraye, que cet Auteur appelle l'*aîné*, & place comme tel, ſans preuve (page 74) au rang des enfans de *Giſlebert* Chaſteigner, & de *Jeanne* Barrabin ; laquelle par conſéquent n'auroit été auſſi que Dame de Rexe *en partie* *. Il ſuit encore de cet Acte original de 1313, dont du Cheſne n'a pas eu connoiſſance, que *Giſlebert* Chaſteigner, mari de *Jeanne* Barrabin, n'auroit

* Cela eſt ſi probable, qu'encore en 1439 *Pierre* Chaſteigner, Seigneur de S. Georges-de-Rexe, avoit pluſieurs Seigneurs *Parſonniers* de cette Seigneurie (du Cheſne, Hiſt. de Chaſt. p. 168, preuv. p. 76 & 77.)

hérité de la Terre de la Melleraye, qu'après la mort de *Jean* Chasteigner, son frere aîné, sans enfans.

2 GISLEBERT CHASTEIGNER, IIIe du nom, Seigneur de la Melleraye, de Réaumur & de Saint-Georges-de-Rexe, qui suit.

3 GUILLAUME CHASTEIGNER, Ier du nom, Auteur des SEIGNEURS DE LA BLOUERE, DE TENNESSUE, DE ROUVRE & DE MALLEVAULT, dont sera fait mention ci-après avec lui, au §. XIII.

VII.

GISLEBERT CHASTEIGNER, IIIe du nom, Chevalier, Seigneur de la Melleraye, Paroisse de S. Michel-le-Cloux, de Réaumur, par le décès de *Jean* Chasteigner son cousin germain, de S. Georges-de-Rexe, &c. étoit mort, dès le Mercredi après l'Epiphanie 1318, que ses enfans partagerent sa succession (*a*). BARRABIN.

(*a*) Hist. de Chast. p. 66, preuv. p. 34.

Il avoit épousé, après l'an 1271, JEANNE Barrabin, Dame de S. Georges-de-Rexe, d'Amuré, & autres fiefs situés à Masins, Naitré, Benet, &c. fille de *Guillaume* Barrabin, Chevalier, d'une très-noble & ancienne Maison, & de *Marie* de Rexe, Dame de Saint-Georges-de-Rexe & d'Amuré. Elle n'étoit pas encore mariée, lorsqu'elle fut instituée héritiere avec *Guillaume* & *Petronille* Barrabin, ses frere & sœur, par le Testament du mois d'Avril 1271, de *Marie* de Rexe, leur mere, veuve alors de *Guillaume* Barrabin, & remariée à *Jean* de Parençay, Chevalier (*b*). JEANNE Barrabin étoit issue, par sa mere, de *Raimond* de Rexe, à qui *Burgonne* de Rancon, Dame de Lezignem, veuve de *Hugues*, Sire de Lezignem,

(*b*) *Ibid.* page 68 & 69.

Geofroy, *Guy* & *Aimery* de Lezignem, ses enfans, firent don, en l'an 1170, de tout ce qu'ils possédoient à Benet (*in terra & in insulis, & in aqua quæ vocatur de* BENAICO) entre Danvis & Maillé, c'est-à-dire les cens & coutumes sur les terres & marais assis sur la riviere de Sévre, (*id est census & consuetudines quæ sunt in clusis & in exclusis quæ sunt in aqua quæ vocatur* SEVERIS, *& in maresiis*) (*a*). Elle mourut aussi avant l'an 1318.

(*a*) *Ibid.* page 67, preuv. p. 32.

Leurs enfans furent :

1 SIMON CHASTEIGNER, Ier du nom, Seigneur de la Melleraye & de S. Georges-de-Rexe, qui suit.

2 GISLEBERT CHASTEIGNER, Ecuyer (*valetus*) est nommé avec ses deux freres, en l'Acte de partage qu'ils firent en 1318, des biens de la succession de leurs pere & mere, par lequel il eut, pour sa portion, des héritages à Réaumur, à la Chasteigneraye, à Antigny, Paroisse de Vouvent, & à la Ré, avec 60 liv. de rente sur la Terre de Naitré (*b*). Il assista, en 1327, au Contrat de mariage de *Jeanne* Chasteigner, sa niéce (*c*). Du Chesne, en son Histoire, ajoute qu'il mourut sans aucune lignée ; mais ce fait n'est prouvé nulle part.

(*b*) *Ibid.* page 74, preuv. p. 34.

(*c*) *Ibid.* p. 74, preuv. p. 37.

3 JEAN CHASTEIGNER, Ecuyer, (*valetus*) eut, par le partage avec ses freres, en 1318, des biens assis dans les mêmes lieux que *Gislebert* Chasteigner, son frere : c'est tout ce qu'on trouve de certain de lui.

4 MARGUERITE CHASTEIGNER fut mariée avec PIERRE Barriere, Chevalier, Seigneur de Saveilles en Angoumois, fils de *Guillaume* Barriere, Chevalier, Seigneur de

de Saveilles. Son mari, fit hommage en 1333, pour raison de ses dîmes, assises en la Paroisse de Villefaignan, à *Fortius* d'Aux, Evêque de Poitiers. Ils eurent de leur mariage ;

1 JEAN Barriere, Seigneur de Saveilles, qui rendit aussi hommage à Aimery de Mons, Evêque de Poitiers, pour raison des mêmes dîmes, en 1363 ; & qui eut pour fille :

1 JEANNE Barriere, Dame de Saveilles, femme de JEAN de Montalembert, Chevalier, qui, comme tuteur de *Jean*, *Marguerite* & *Juliotte* de Montalembert, leurs enfans, reçut en 1378, de *Jean* Chasteigner, Chevalier, Seigneur de Saint-Georges de Rexe, 12 liv. de rente, provenantes de partie de la dot de MARGUERITE Chasteigner, leur bisayeule maternelle (*a*).

(*a*) Hist. de Chast. p. 75.

VIII.

DE LA GUIERCHE.

SIMON CHASTEIGNER, Ier du nom, Ecuyer (*valetus*) Seigneur de la Melleraye, Paroisse de Saint-Michel-le-Cloux, de Saint-Georges de Rexe, de la Salle d'Aistré, &c. fit partage avec ses freres, en présence de *Thibaut* Chasteigner, Chevalier, des biens de la succession de leurs pere & mere, par acte du Mercredi après l'Epiphanie 1318 : & par cet acte il eut les Terres de la Melleraye, de Saint-Georges de Rexe & de la Salle d'Aistré (*alias Naitré*) (*b*). Il rendit homage au Comte de la Marche, à cause de sa Seigneurie de Frontenay-l'Abatu, pour raison de sa Terre de Saint-

(*b*) *Ibid.* p. 78, Preuv. p. 34.

(a) Après l'an 1313. Hist. de Chast. p. 81, preuv. p. 36.

Georges de Rexe, le Vendredi avant Pâques fleuries 13 ... (a) *Etienne* & *Barthelemi* Saucelli, qui le qualifient *Noble homme*, reconnurent, par acte, du Samedi après *Lætare* 1327, lui devoir 9 boisseaux froment & un chapon de rente, en sa maison de Rexe; & par autre du Mardi avant l'Annonciation N. D. de la même année 1327, Pierre de Fossegrée déclara aussi lui devoir 8 boisseaux froment & deux chapons de rente, pour raison de ses héritages situés à la Nohe, près du chemin de Rexe, à Vanneau (b). Il mourut en la même année 1327.

Ibid.

Il avoit épousé bien avant l'an 1318, LETICE de la Guierche *, fille de *Geoffroy* de la Guierche, Chevalier, Seigneur de la Guierche & de Tigné, & sœur de *Jeanne* de la Guierche, femme de *Thibaut* Chasteigner VI. du nom, Seigneur de la Chasteigneraye. Elle consentit avec son mari, au partage que celui-ci fit avec ses freres, en 1318 (c).

(c) *Ibid.* p. 81, preuv. 34 & 37.

Ils eurent de leur mariage :

1 JEAN CHASTEIGNER, IIe du nom, Seigneur de Saint-Georges de Rexe, qui suit.

2 SIMON CHASTEIGNER, IIe du nom, Seigneur de Reaumur, fit la branche des *SEGNEURS DE REAUMUR*, rapportés ci-après au §. XII.

3 GISLBERT CHASTEIGNER, fit partage avec *Jean* Chasteigner, son frere aîné, seulement en 1365 : & par cet acte il eut, entre autres choses, l'*Hebergement de la*

---

* Elle étoit d'une très-ancienne Maison de Poitou, descendue de *Geoffroy* de la Guierche, florissant en 1136. (Duchêne, Hist. de Chasteig. p. 79.

Melleraye, assis à la Chasteigneraye, qui avoit appartenu à feû *Monsieur Jean* Chasteigner, leur oncle, *aliàs* grand-oncle (*a*).

(*a*) Hist. de Chast. p. 82, preuv. p. 40.

4 JEANNE CHASTEIGNER, est dite fille de *Simon* Chasteigner, Ecuyer, & de *Letice* de la Guierche, dans son contrat de mariage avec *Guillaume* Rogre, Ecuyer, fils de *Guillaume* Rogre, Chevalier, Seigneur de Rouvre, près Cherveux; & de *Jeanne* Poupart, passé à Saint-Maixent le Vendredi après la Fête des Apôtres Saint Pierre & Saint Paul 1327, en présence de *Monsieur Thibaut* Chasteigner, de *Gislebert* Chasteigner, & d'autres Gentilhommes (*b*). Il paroît qu'elle fut mariée en secondes noces avec *Charles* de Liniers, Ecuyer, avant 1348 (*c*).

(*b*) *Ibid.* p. 83, preuv. p. 37.

(*c*) *Ibid.* p. 84.

IX.

JEAN CHASTEIGNER, IIe du nom, *dit le jeune*, Chevalier, Seigneur de Saint-Georges de Rexe, de la Melleraye, de la Salle d'Aitré, d'Amuré, de Masins, &c. n'étoit encore qu'Ecuyer en 1328, que *Pierre* Durand, Clerc, lui rendit aveu d'un Fief tenu à hommage plein, de la Seigneurie de la Melleraye (*d*). Il prend le titre de *Chevalier*, dans l'accord qu'il fit le Samedi après la Pentecôte 1348, avec *Charles* de Liniers, Ecuyer, & *Jeanne* Chasteigner, sa femme, touchant leurs droits en la succession de feû *Monsr Jean* Chasteigner, Chevalier, *l'aîné*, jadis Seigneur de Reaumur (*e*); & a aussi la qualité de *Chevalier*, dans la transaction qu'il fit à cause d'*Isabeau* de Gourville, sa femme, le dernier Mai 1351, avec *Fouques* de Lumagne, Chevalier, héritier de feû *Gauvain* Chenin, Chevalier, premier mari de la même *Isabeau* de Gourville,

DE GOURVILLE. *d'or au lion de gueules couronné, & lampassé d'argent.*

(*d*) *Ibid.* p. 87 preuv. p. 39.

(*e*) *Ibid.* p. 88 preuv. p. 39.

au ſujet de 20 liv. de rente qu'il reclamoit ſur la Chaſtellenie de Bouteville, en Angoumois (*a*). Il reçut au mois de Mars 1353, l'aveu que lui rendit *Jean* Bigot, valet, pour ſon Fief de Barca, mouvant de la Melleraye; & en 1354, celui de *Pierre* de la Garde, valet, pour raiſon de ſon Fief de la Flocellerie, près de Sevigné (*b*). Il plaidoit en la même année 1354, & encore en 1365, aux Aſſiſes de Saint-Maixent, contre le Prieur de Saint-Jean-de-Jeruſalem, en Aquitaine, ſuivant pluſieurs actes originaux; eſt nommé, comme habitant de la Rochelle, parmi les autres Chevaliers qui prêterent ſerment au Roi d'Angleterre, en 1361, lors de la délivrance de diverſes Places du Poitou, par le Maréchal de Bouciquault, au nom du Roi JEAN, à *Jean* Chandos, Commiſſaire d'*Edouard III*, Roi d'Angleterre, en vertu du Traité de paix conclu entre ces deux Princes (*c*). *Guillaume* Sicart & *Pierre* Baraut lui rendirent encore deux aveux en 1362, à cauſe de deux Fiefs tenus de la Melleraye (*d*); & par acte du Samedi après la N. D. Vierge 1368, *Helie* Braſſart, valet, lui fit auſſi aveu pour ſon Fief de Tineau, enclos au Fief de Maſins (*e*). Il plaidoit vers le même temps, comme Seigneur Haut-Juſticier de Rexe, contre *Ithier* Orry, Chevalier, à cauſe d'*Iſabeau* Jouſſerand, ſa femme, Dame en partie de Saint-Georges de Rexe (*f*). S'étant trouvé engagé, à cauſe de ſa Seigneurie de Rexe, dans la guerre qui ſe raluma en Saintonges, contre les Anglois, en 1369, il ſervit, l'eſpace de trois mois, ſous le Prince de Galles, Duc d'Aquitaine, comme les autres Gentilshommes du pays, en qualité de Chevalier, ayant à ſa ſuite un autre Chevalier & ſept Ecuyers : mais JEAN de France, Duc de Berry, s'étant approché de la Saintonge, il fut l'un des premiers à rentrer ſous l'obéiſſance du Roi CHARLES V; & Sa Majeſté, pour le récompenſer des pertes qu'il avoit ſouffertes, lui permit d'établir en ſa ville de Saint-Georges, un Marché tous les

(*a*) Hiſt. de Chaſt. p. 92, preuv. p. 39.

(*b*) *Ibid.* preuv. p. 40.

(*c*) Arch. de la Tour de Londres. Expéd. autent.

(*d*) Hiſt. de Chaſt. p. 92, preuv. p. 40.

(*e*) *Ibid.* p. 94, preuves, p. 43.

(*f*) *Ibid.* p. 94.

lundis de chaque semaine, & trois Foires par trois divers jours en l'année, par Lettres du 2 Janvier 1372, que JEAN, Duc de Berry, comme Comte de Saintonge, ratifia & confirma, par autres Lettres du 22 Juillet 1373 : ce qui n'eut lieu néanmoins, à cause de l'opposition que les habitans de Saint-Jean-d'Angeli & de Frontenay-l'Abatu y formerent, qu'au mois de Septembre 1375, que le Roi Charles V. lui octroya de nouvelles Lettres (*a*). Il plaidoit au Parlement conjointement avec sa femme, en 1376 (*b*); & *Jean* Boutou, Seigneur de la Bougifiere, lui rendit aveu pour son Fief de la Carreliere, tenu de la Melleraye, par acte du Jeudi Fête de la Madelaine 1378 (*c*). Il rendit lui-même aveu, pour sa Terre & Seigneurie de Saint-Georges de Rexe, à *Tristan* Rouault, Vicomte de Thouars, vers la même année 1378 (*d*). Cet aveu est sans date ; mais comme *Tristan* Rouault ne fut Vicomte de Thouars qu'en 1378, il n'a pu précéder cette année : il mourut avant le 17 Mai 1384.

(*a*) *Ibid* p. 95 & suiv. preuv. p. 44 & 45.

(*b*) Jugés 25 fol. 40, v°.

(*c*) Hist. de Chast. p. 98, preuv. p. 47.

(*d*) *Ibid.*

Il avoit épousé ISABEAU de Gourville *, Dame de Lindois, veuve de *Gauvain* Chenin, Chevalier, & fille de *Helie* de Gourville, Chevalier, Seigneur de Gourville, de Lindois, &c. & de *Marquise* d'Archiac, fille d'*Aimar* d'Archiac, Chevalier, Seigneur d'Archiac, issu de *Foucaud* d'Archiac, Chevalier, vivant en 1095 (*e*). Elle est nommée avec son mari, dans l'accord fait avec *Fouques* de Lumagne, le dernier Mai 1351, & dans un Arrêt du Parlement, de l'an 1376, ci-dessus énoncés. Elle fit hommage, étant veuve, pour

(*e*) *Ibid.* p. 88 & aux additions de la p. 23.

* ISABEAU de Gourville, issue d'une noble & ancienne Maison d'Angoumois, avoit pour trisayeul paternel *Helie* de Gourville, Chevalier, Seigneur de Gourville & de Lindois, florissant en l'an 1238, & descendu d'autre *Helie* de Gourville, Chevalier, Seigneur de Gourville, vivant en 1125, qui avoit pour ayeul *Arnaud* de Gourville, Chevalier, Seigneur de Gourville, florissant au XIe siécle. (Hist. de Chasteigner, p. 88 & 89.

(a) Hiſt. de Chaſt. preuv. p. 48.

(b) Jugés 47, fol. 121, v°.

(c) Hiſt. de Chaſt. preuv. p. 48.

ſon Fief de Lindois, au Seigneur de Montberon, en 1387 (*a*); plaidoit auſſi étant veuve, au Parlement, en 1401 (*b*); & vivoit encore en 1405, qu'elle tranſigea pour ſon douaire, à cauſe de ſon premier mariage (*c*).

Elle laiſſa pour enfans :

1 HELIE CHASTEIGNIER, IIe du nom; Seigneur de Saint-Georges de Rexe, qui ſuit.

2 SIMON CHASTEIGNER, IIe du nom, Seigneur de la Melleraye, ſera rapporté avec ſa poſtérité ci-après, au §. XI.

(d) Ibid. p. 99, & additions de la page 100.

(e) Ibid. p. 101.

3 ISABEAU CHASTEIGNER, fut mariée à JACQUES de Saint-Gelais, Ecuyer, Seigneur du grand Hôtel de Saint-Gelais, dit des Ravardieres, fils de *Leſtrange* de Saint-Gelais, Chevalier, & d'*Agnès* de Chaunay, ſa premiere femme (*d*). Elle quitta à *Helie* & *Simon* Chaſteigner, ſes freres, tous ſes droits en la ſucceſſion de défunt *Jean* Chaſteigner, Chevalier, & d'*Iſabeau* de Gourville, leurs pere & mere, par acte du 3 Janvier 1385; mais ſon mari & elle ayant voulu revenir contre cet accord en 1396, ils tranſigerent enfin avec *Iſabeau* de Gourville, moyennant une ſomme d'argent, par acte du 18 Avril 1397. Il donna auſſi des quittances pour la dot d'*Iſabeau* Chaſteigner, ſa femme, à *Geoffroy* Chaſteigner, Seigneur de Saint-Georges de Rexe, en 1402 & 1406 (*e*), & eut de ſon mariage :

1 JACQUES de Saint-Gelais, mort ſans poſtérité.

2 HELIOT de Saint-Gelais, mort auſſi ſans enfans.

3 GUILLEMETTE de Saint-Gelais, Dame du grand Hôtel de Saint-Gelais, dit des Ravardieres, fut mariée à LOUIS des Prez, Seigneur de Jaunay, de Fonteniou-Roland, &c. fils de *Roland* des Prez & de *Jacquette* d'Apelvoisin; lequel rendit aveu pour le grand Hôtel de Saint-Gelais, à cause de sa femme, en 1451. Elle avoit transigé pour tous ses droits, du chef d'*Isabeau* Chasteigner, sa mere, par acte du mois de Mars 1427, avec *Louise* de Preuilly, veuve de *Geoffroy* Chasteigner, Seigneur de Saint-Georges de Rexe; & laissa entre autres enfans de son mariage:

1 CONSTANTIN des Prez, Seigneur de Jaunay, & du grand Hôtel de Saint-Gelais, qui ne vivoit plus en 1477 (*a*).

(*a*) Hist. de Chast. p. 102.

4 JEANNE CHASTEIGNER, Dame de Saint-Mars en Gastine, fut la seconde femme de LOUIS d'Appelvoisin, Chevalier, Seigneur de Chaligné, Paroisse Saint-Amant, de Puigné, de Guyraize, de Pierre-Fitte, de Boisbaudran, &c. fils de *Jean* dit *Guillaume* d'Appelvoisin, Chevalier, Seigneur de la Girardiere, de Chaligné, Boisbaudran, &c. & d'*Heliotte* de Coloigne, Dame de Puigné; & petit-fils de *Guillaume* d'Appelvoisin, Chevalier, Seigneur d'Appelvoisin, &c. qui testa en 1354. Elle est nommée avec son mari, & *Marie* Chasteigner, Dame de la Chasteigneraye, sa proche parente, dans un Arrêt du Parlement du 6 Juillet 1406, plaidant alors contre *Renaud* de Vivonne, Seigneur des Essars, Chevalier, & autres (*b*). LOUIS d'Appelvoisin rendit aveu en 1407, au Seigneur d'Argenton, pour son Hôtel de la Forêt; & JEANNE Chasteigner, sa femme, ayant

(*b*) Jugés 25, fol. 93, v°.

obtenu de la Dame de la Chaſteigneraye, une donation des Terres de la Guierche, de Tigné, & du Paſtis, ils eurent encore procès au Parlement, contre *Renaud* de Vivonne, en 1408, dont *Louis* d'Appelvoiſin reprit les erremens après la mort de ſa femme en 1409, comme tuteur de leurs enfans mineurs (*a*), qui furent :

(*a*) Jugés 56, fol. 101, verſo.

1 JACQUES d'Appelvoiſin, Chevalier, Seigneur de Chaligné, de Puigné, de la Guyraize, &c. qui laiſſa poſtérité de JEANNE de la Jumeliere, ſa femme, fille de *Guillaume*, Seigneur de la Jumeliere.

2 MARGUERITE d'Appelvoiſin fut mariée en 1416, à GUYART de Beaumont, Ecuyer, Seigneur de Glenay, fils de *Miles* de Beaumont des Seigneurs de Breſſuire, & de *Philippe* Beau ; duquel elle laiſſa poſtérité.

3 GUILLEMETTE d'Appelvoiſin, Dame de Boisbaudran, fut mariée à *Pierre* Meſnart, Ecuyer, Seigneur de Toucheprais, fils de *Jean* Meſnart, Seigneur de Toucheprais & de *Catherine* de Couſtigny ; duquel elle laiſſa auſſi poſtérité (*b*).

(*b*) Hiſt. de Chaſt. p. 104 & ſuiv.

X.

DE LA ROCHEFATON. *de gueules à trois fleurs-de-lys d'or.*

HELIE CHASTEIGNER, IIe du nom, Chevalier, Seigneur de Saint-Georges de Rexe, de la Salle-d'Aitré, la Rochefaton, &c. ſe dit fils de *Jean* Chaſteigner, Chevalier, dans un Arrêt du Parlement de Paris du 17 Mai 1384, rendu ſur le procès qu'il avoit repris, au nom de ſon pere, contre les Religieux de l'Hôpital de Saint-Jean-de-Jeruſalem, &

& commencé devant le Sénéchal de Poitou dès l'an 1353 (*a*). Il est qualifié *Seigneur de la Rochefaton*, dans un homage que lui avoit rendu, à cause de sa femme, le 29 Janvier 1377, *Jean* Bairac-de-la-Caillarde, pour plusieurs Terres assises à Aubigny & Orons (*b*); & a le titre de *Chevalier*, dans des Lettres du 5 Mars, que l'on comptoit encore 1384, par lesquelles le Roi CHARLES VI le dispensa, pour trois ans, de faire en personne la garde de quarante jours, qu'il devoit chacun an, à la Rochelle, à cause de sa Terre de la Salle d'Aitré, attendu que son Château & Forteresse de Saint-Georges étoient en l'obéissance de Sa Majesté, en pays de frontiere, & l'aspect des Anglois: & pour que ces Lettres fussent mises à exécution, il obtint en la Chambre des Comptes de Paris, le 14 du même mois de Mars, un Mandement adressé au Receveur de Saintonge (*c*). Il fit partage avec *Simon* Chasteigner, son frere, le 24 Février 1388, & lui céda la Seigneurie de la Melleraye; & le 1er Février 1389, il composa pour le douaire de *Philippe* de la Rochefaton, sa femme, avec *Jean* d'Argenton, Chevalier, Seigneur de Heriçon, frere de *Louis* d'Argenton, premier mari de *Philippe* de la Rochefaton (*d*). Il est encore dit *fils aîné* de feu *Monsieur Johan* Chasteigner, *jadis Chevalier*, dans l'exponse, ou abandonnement qui lui fut fait, le 28 Novembre 1391, de certaines Terres assises au Fief *Séneschau*, & de deux prés, situés près la riviere d'Amuré, que *Jean* Chasteigner, son pere, avoit arrentés (*e*); & le Roi CHARLES VI lui accorda, le 29 Mai 1394, des Lettres touchant certains droits appellés *Vestures*, *Saisines* & *Houdremens*, que ses Vassaux & Sujets de Saint-Georges refusoient de lui payer (*f*). Il mourut vers la fin de l'année 1395.

(*a*) Rgistre du Parlement, Conseil 5, fol. 91, verso Expéd. autent.

(*b*) Hist. de Chast. p. 121, preuv. p. 49.

(*c*) *Ibid.* p. 121, 122, preuv. p. 49.

(*d*) *Ibid.* p. 12 preuv. 50.

(*e*) *Ibid.*

(*f*) *Ibid.*

Il avoit épousé, avant le 29 Janvier 1377, PHILIPPE de la

Rochefaton *, Dame de la Rochefaton, de la Motte-de-Boisragon, d'Angeternant, & de la Vergne-Samoyau, veuve, sans enfans, de *Louis* d'Argenton, Seigneur de Heriçon, & fille & héritiere de *Pierre* de la Rochefaton, Chevalier, Seigneur de la Rochefaton, de la Vergne-Samoyeau, &c. & de *Jeanne* Rataut, Dame de Diflay (*a*). Créée Tutrice de ses enfans, avec *Isabeau* de Gourville, leur ayeule paternelle, par Sentence du Sénéchal de Parthenay, du 17 Avril 1396, elles impétrerent, en cette qualité, le 25 Octobre suivant, des Lettres de Complainte, contre celles que *Jacques* de Saint-Gelais, à cause d'*Isabeau* Chasteigner, sa femme, avoit obtenues (*b*). *Jean* des Mottes, Paroissien de S. Georges-de-Rexe, lui fit cession & à ses enfans, par Acte du 23 Décembre 1398, de certains héritages (*c*); & elle transigea, ainsi qu'*Isabeau* de Gourville, mere de son mari, avec *Jean* de Montalembert, Ecuyer, le 8 Octobre 1401, au sujet d'une rente donnée en dot à feû *Marguerite* Chasteigner, ayeule paternelle de *Jeanne* Barriere, mere de *Jean* de Montalembert, lors de son mariage avec *Pierre* Barriere (*d*). Elle plaidoit au Parlement, jointe à elle *Isabeau* de Gourville, en la même année 1401; & encore en 1411, pour raison de son douaire, à cause de son premier mari, contre *Jean* d'Argenton, Chevalier, Seigneur de Hériçon (*e*). Elle fit son Testament le 17 Février 1423, en présence de *Geofroy* Chasteigner, son fils aîné, par lequel, entre autres choses, elle donna à la Fabrique de la Paroisse de Lomoye, *sa coupe d'argent doré, pour faire un vaisseau à porter & mettre le Corps de J. Ch., à la Fête du Sacre*, & ordonna d'autres Fondations pieuses (*f*).

(*a*) Hist. de Chast. [p.] 118.

(*b*) *Ibid.* page 124, [pr]euv. p. 55 & 56.

(*c*) Original.

(*d*) Original.

(*e*) Jugés 47, f° 121. [&] jugés 58, f° 134.

(*f*) Hist. de Chast. p. 124, preuv. p. 56 & 57.

---

* La Maison de la Rochefaton étoit ancienne, & sortoit de *Guy* de la Rochefaton, vivant en l'an. 1200, avec N.... Dame de Beaurepaire, sa femme. (Du Chesne, Hist. de Chasteigner, page 118.)

Ils laissérent de leur mariage :

1 GEOFROY CHASTEIGNER, Seigneur de S. Georges-de-Rexe, qui suit.

2 PHILIPPE CHASTEIGNER, Chevalier, Seigneur d'Amuré, qu'il obtint par partage, est nommé avec son ayeule paternelle, ses pere & mere, & ses freres & sœurs, dans la Sentence de leur tutelle, du 17 Avril 1396; ainsi qu'avec *Geofroy* Chasteigner & *Mathe* Chasteigner, ses frere & sœur, dans une Transaction du 8 Octobre 1401, où il stipula comme majeur (*a*). Il a le titre de *Chevalier*, & la qualité *de Seigneur d'Amuré*, dans des Lettres du 6 Mai 1411, faites en présence de *Geofroy* Chasteigner, Seigneur de Saint-Georges-de-Rexe, son frere aîné, par lesquelles *Louis* Chenin, Chevalier, Seigneur de l'Isle-Bapaume, lui céda cent sols de rente annuelle, avec tout droit de Seigneurie, dûs par les héritiers de *Robert* de Chasteauneuf, de qui il les avoit acquis; moyennant que *Philippe* Chasteigner lui fit remise de la 12me partie de la dixme *ez fiez* de Vignes, appellés les *Fiez de l'Isle & de la Chaignée*, & de la dixme du Verger, appellé *le Verger des Bouteilles*, assis au même lieu de l'Isle-Bapaume (*b*) : & par Acte du 13 Février 1416, il fit cession de ces cent sols de rente, à *Geofroy* Chasteigner, son frere, qui, en échange, lui donna un Bois assis en la Paroisse d'Amuré, & un Moulin, avec cinq Chapons de cens (*c*). Il fit son Testament le 16 Novembre 1428, par lequel, entre autres choses, il donna à perpétuité, au Couvent & Chapitre de Saint-Georges-de-Rexe, deux boisseaux froment de rente; & mourut sans postérité de MARIE de Rougemont, sa femme, que l'on croit avoir

(*a*) Origi

(*b*) Origin

(*c*) Hist. de p. 148, preu

été fille de *Guillaume* de Rougemont, Chevalier, vivant en 1386 & 1390 (*d*).

(*a*) Hist. de Chast. p. 125, preuv. p. 62.

3 SIMON CHASTEIGNER, nommé avec ses freres, dans la Sentence de tutelle, énoncée ci-dessus, du 17 Avril 1396, & dans l'ordre qu'on leur assigne ici (*a*), que M. du Chesne a méconnu, fut, suivant cet Auteur (*b*), Religieux en l'Abbaye de S. Juin-de-Marnes; & mourut avant le 28 Mai 1450 (*c*).

(*b*) Original.

(*c*) *Ibid.* p. 125.

(*d*) *Ibid.* page 126.

4 HELIE CHASTEIGNER, IIIe du nom, en ligne directe, Seigneur de la Vergne-Samoyau, d'Avaux, &c. a fait la Branche des SEIGNEURS D'AVAUX, & de SAINT-VINCENT-SUR-JARD, rapportés ci-après, au §. X.

5 JEAN CHASTEIGNER, Religieux de S. Michel-en-l'Herm, est aussi nommé avec ses freres, dans la Sentence de Tutelle, du 17 Avril 1396, mentionnée ci-dessus; & mourut avant le 28 Mai 1450 (*d*).

(*e*) *Ibid.*

6 PIERRE CHASTEIGNER, Ecuyer, Seigneur de Laleu, Paroisse S. Christophe-sur-Roch, & de Thelouse-sur-Saivre, Paroisse de Sainte-Pezaine, rappellé avec ses freres, dans la même Sentence de tutelle, du 17 Avril 1396, eut 40 liv. de rente en partage, sur la cense de la Réole, qui avoit appartenu à *Helie* Chasteigner, son pere, & que lui assigna *Geofroy* Chasteigner, Chevalier, son frere aîné, par Acte du 28 Octobre 1418 (*f*). Il mourut vers l'an 1426.

(*f*) Original.

Il avoit épousé JEANNE Buffeteau, Dame de Laleu, &c. fille de *Jean* Buffeteau, Seigneur de Laleu, & de *Jeanne* de Nucheze (*a*). Elle étoit remariée dès l'an 1429, à *Louis* Chabot, dont elle eut trois fils & une fille ; & mourut vers l'an 1471 (*b*), laiſſant de ſon premier mariage :

(*a*) Hiſt. de Chaſt. page 157.

(*b*) *Ibid.*

1 HELIE CHASTEIGNER, mort en bas âge, étant ſous la tutelle de ſa mere.

2 PIERRE CHASTEIGNER étoit ſous la tutelle de *Jeanne* de Nucheze, ſon ayeule maternelle, en 1437 ; & eut l'Hôtel de la Vergne-Samoyau, & une rente ſur le lieu dit du Verger, par partage, fait le 22 Juillet 1449, avec autre *Pierre* Chaſteigner, Seigneur de S. Georges, ſon couſin germain. Il plaidoit au Parlement contre *Artus*, *Guillaume* & *Louis* Chabot, ſes freres utérins, touchant les Terres de Laleu, & de Thelouze, au mois d'Avril 1476 ; & mourut ſans poſtérité (*c*).

(*c*) *Ibid.* page 158.

7 Autre JEAN CHASTENIER, eſt auſſi rappellé avec ſes freres, en la Sentence de tutelle, du 17 Avril 1396, & mourut avant le 28 Mai 1450.

8 CATHERINE CHASTEIGNER fut mariée, par contrat du 17 Juin 1395, avec CONSTANTIN Aſſe, Chevalier, Seigneur d'Augé, du Pleſſis, de Sazay, &c. fils de *Conſtantin* Aſſe, Chevalier, & de *Jeanne* de Saint-Gelais, remariée alors à *Gauvain* Chenin, Chevalier, Seigneur d'Augé, à cauſe d'elle (*d*). Son mari fut préſent à l'accord fait, entre *Geoffroy* Chaſteigner, Seigneur de Saint-Georges de Rexe, & *Helie* Chaſteigner, Seigneur d'Avaux, ſes beaux-feres, au mois de Mars 1412 (*e*) ; & comparut auſſi à la Sentence de tutelle des enfans mineurs du même *Geoffroy* Chaſteigner, du 2 Septembre

(*d*) *Ibid.* page 125, preuv. p. 59.

(*e*) *Ibid.* p. 148 preuv. p. 60 & 61.

(a) Original.

1432 (*a*) : mais elle le survecut, & fit son testament, au Plessis, en la Paroisse d'Augé, le 11 Février 1435, par lequel, entre autres choses, elle élut sa sépulture près son défunt mari, en l'Eglise d'Augé, en la Chapelle de Saint-Martin, & ordonna divers legs pieux (*b*). Ils eurent de leur mariage, entre autres enfans:

(b) Hist. de Chast. addition de la p. 126.

1 CONSTANTIN Asse, Ecuyer, Seigneur de Sazay, d'Augé, de Petouffles, &c. fut nommé avec son frere, exécuteur du testament de leur mere, du 11 Février 1435; transigea aussi conjointement avec *Jean* Asse, son frere, le 28 Mai 1450, au sujet de 10 liv. de rente promises à *Catherine* Chasteigner leur mere; des *Eschoites*, de *Jean* & *Simon* Chasteigner, Religieux de Saint Benoît; de feû autre *Jean* Chasteigner, frere de ceux-ci; & touchant leurs droits en la succession de *Philippe* Chasteigner, Seigneur d'Amuré, & en celle d'*Isabeau* de Gourville, leur bisayeule maternelle (*c*). Il s'allia avec JEANNE de Saumur, fille de *Helie* de Saumur, Chevalier, & de *Jeanne* Paute (*d*).

(c) *Ibid.* p. 126; preuves, p. 79.

(d) *Ibid.* Additions de la page 126.

2 JEAN Asse, Ecuyer, Seigneur du Plessis, Paroisse d'Augé, &c. fut aussi l'un des exécuteurs du testament de sa mere, du 11 Février 1435; stipula dans la transection ci-dessus, du 28 Mai 1450; & fut conjoint avec SUSANE Eschallard (*e*).

(e) *Ibid.*

9 MATHE CHASTEIGNER est nommée avec ses freres, dans la Sentence de tutelle ci-dessus rapportée, du 17 Avril 1396; & stipula, comme majeure, avec *Geoffroy* & *Philippe* Chasteigner, ses freres, à un accord fait le 8 Octobre 1401, avec *Jean* de Montalembert, Ecuyer,

leur parent (*a*). Elle fut mariée, 1° à GUILLAUME de Nucheze, Chevalier, Seigneur de Nucheze, fils de *Guillaume* de Nucheze, Chevalier, Seigneur de Nucheze, de la Rochevineuse, &c. & de *Jeanne* de Magné. Elle en étoit veuve, & tutrice de leurs enfans en 1423; & reprit alliance, 2° avec GUILLAUME Chausson, Ecuyer, Seigneur des Isles sur Sevre, qui, à cause d'elle, comparut à la Sentence de tutelle des enfans mineurs de *Geoffroy* Chasteigner, Seigneur de Saint-Georges, frere aîné de sa femme, du 2 Septembre 1432, ci-dessus énoncée; & qui plaidoit, conjointement avec sa femme, au Parlement, comme appellans du Juge de Saint-Maixent, en 1454 (*b*). Par acte du 28 Novembre de la même année 1454, ils quitterent à *Pierre* Chasteigner, Seigneur de Saint-Georges, leur neveu, la rente annuelle de 30 liv. qu'il leur devoit, à cause des successions d'*Helie* Chasteigner, Chevalier, & *Philippe* de la Rochefaton sa femme, & d'*Isabeau* de Gourville, pere, mere & ayeule de *Mathe* Chasteigner, & de leurs droits en celle de *Philippe* Chevalier, frere de cette derniere (*c*).

(*a*) Original.

(*b*) Jugés 82, f° 58.

(*c*) Hist. de Chast. page 129, preuv. page 61 & 80.

XI.

DE PREUILLY. *d'or. à trois aigles éployées d'azur.*

GEOFFROY CHASTEIGNER, Chevalier, Seigneur de Saint-Georges de Rexe, de la Salle d'Aistré, de la Rochefaton, &c. est dit fils aîné de défunt *Helie* Chasteigner, Chevalier, & avoit passé l'âge de 14 ans, dans une Sentence de tutelle, rendue, en la Sénéchaussée de Parthenay, le 17 Avril 1396, par laquelle *Philippe* de la Rochefaton, sa mere, & *Isabeau* de Gourville, son ayeule paternelle, furent nommées ses Curatrices (*d*). Il rendit hommage de sa Sei-

(*d*) Origianl.

gneurie de Saint-Georges, à *Perenelle*, Vicomtesse de Thouars, à cause de sa Terre & Seigneurie de Frontenay-l'Abatu, par acte du 3 Septembre 1397 (*a*) ; & stipula, comme majeur, en un accord passé le 8 Octobre 1401, avec *Jean* de Montalembert, Ecuyer, à l'occasion d'une rente que celui-ci reclamoit, à cause de *Marguerite* Chasteigner, ayeule de sa mere (*b*). Il rendit un autre hommage, pour sa Terre de Saint-Georges, le pénultième Septembre 1406, à *Ingerger* d'Amboise, Seigneur de Rochecorbon, & de Frontenay-l'Abatu (*c*) ; & a le titre de *Chevalier*, dans le partage qu'il fit le 28 Octobre 1418, avec *Pierre* Chasteigner, Ecuyer, son frere, auquel il assigna 40 liv. de rente à prendre sur la cense de la Réole (*d*). Les Officiers du Roi CHARLES VI, ayant saisi sa Terre & Seigneurie de la Salle-d'Aistré, faute d'hommage, quoiqu'il soutint l'avoir rendu, & que l'acte s'en étoit perdu dans l'incendie de l'Hôtel de la Rochefaton, que les Gensdarmes de Parthenay, tenant le parti contraire, avoient brûlé ; il obtint le 14 Décembre 1420, des Lettres de CHARLES, fils du Roi, Dauphin de Viennois, & Régent alors du Royaume, adressées au Gouverneur de la Rochelle, & au Procureur de Sa Majesté, par lesquelles la main-levée de cette Terre fut ordonnée, pourvu que, de nouveau, il prêtât serment de fidélité au Roi, ès mains de ce Gouverneur : & cette main-levée lui fut enfin accordée par Sentence du Juge de la Rocelle, du 28 Janvier 1421 (*e*). Il fut présent au testament de *Philippe* de la Rochefaton, sa mere, le 17 Février 1423 (*f*) ; & mourut le 29 Octobre 1424 (*g*).

(*a*) Hist. de Chast. p. 134, preuv. p. 60.
(*b*) Original.
(*c*) Hist. de Chast. page 135, preuv. page 60.
(*d*) Original.
(*e*) Hist. de Chast. p. 148, preuv. p. 61.
(*f*) *Ibid.* page 124, preuv. page 56.
(*g*) *Ibid.* page 149.

Il avoit épousé, vers l'an 1410, LOUISE de Preuilly *,

* Cette Branche de la Maison de Preuilly, issue des anciens & illustre Barons de Preuilly, reportoit son origine à *Eschivat* de Preuilly, premier du nom, Seigneur de Preuilly & de la Rochepozay, vivant encore en l'an 1109 ; qui avoit pour frere

Dame

Dame de la Rochepozay, & d'Andonville en Beausse, fille & héritiere d'*Eschivat* de Preuilly, VIe du nom, Seigneur de Preuilly & de la Rochepozay, & de *Sarrasine* de Prie, Dame d'Andonville, sa troisieme femme (*a*). Etant veuve & tutrice de ses enfans, elle transigea avec *Guillemette* de Saint-Gelais, femme de *Louis* Desprez, Seigneur de Jaunay, & leur assigna 70 liv. de rente sur plusieurs Terres, pour les prétentions qu'avoit *Guillemette* de Saint-Gelais, à cause d'*Isabeau* Chasteigner, sa mere, femme de *Jacques* de Saint-Gelais, sur la succession de défunt *Jean* Chasteigner, Chevalier, & *Isabeau* de Gourville, sa femme (*b*); & reçut aussi, au nom de ses enfans mineurs, le 12 Août 1429, la foi-hommage de *Jean* Martinet, Prêtre, Curé de la Ferriere, pour ses héritages assis à la Rochefaton (*c*). S'étant mariée en secondes noces, par contrat du 18 Août 1432, à LOUIS Bonenfant, Chevalier, Seigneur de Vaux & de Queteville, Chambellan du Roi CHARLES VII, & Maître d'Hôtel de JEAN Duc d'Alençon, dont elle fut aussi la seconde femme (*d*), elle remit la tutelle de ses enfans encore mineurs & au-dessous de l'âge de 14 ans; & par Sentence du Juge de Niort, du 2 Septembre de la même année, où elle est nommée avec son second mari, cette tutelle fut déférée, sur

(*a*) Hist. de Chast. page 148.

(*b*) *Ibid.* page 149; preuv. page 62.

(*c*) Original.

(*d*) Hist. de Chast. page 149, preuv. page 62.

Geoffroy de Preuilly, dit *Jourdain*, Comte de Vendôme, par *Euphrosine*, Comtesse de Vendôme, sa femme, mort en l'an 1102: desquels vinrent, en ligne directe, CATHERINE Comtesse de Vendôme, mariée en 1364, à JEAN de Bourbon, premier du nom, Comte de la Marche, l'un des Auteurs de l'Auguste Maison de France, regnante.

Eschivat I. Seigneur de Preuilly, & *Geoffroy* de Preuilly, Comte de Vendôme, dont on vient de parler, avoient pour pere, *Geoffroy II.* du nom, Seigneur de Preuilly & de la Rochepozay, tué à Angers, le Jeudi-Saint 1066, avec *Renaud* de Château-Gonthier, & *Geraud* de Montreuil-Bellay, comme Chefs du parti de FOUQUES, dit *Rechin*, Comte d'Anjou & de Touraine, contre GEOFFROY d'Anjou, dit le Barbu, son frere. *Geoffroy II*, Seigneur de Preuilly, étoit petit fils de *Erfroy*, Seigneur de Preuilly, Chevalier, florissant du temps de HUGUES *Capet*, & ROBERT, son fils, Rois de France; & qui fit construire, en l'an 1001, l'Abbaye de Saint-Pierre, en la ville de Preuilly, où il fut inhumé. (Duchesne, Hist. de Chast. p. 135 & suiv.)

l'avis & consentement des plus proches parens de ces mineurs, à *Heliot* Chasteigner, leur oncle (*a*). Elle plaidoit au Parlement, avec son second mari, en 1434, contre *Pierre* Frottier & *Marguerite* de Preuilly, sa femme, pour la possession & saisine des Château & Chastellenie de la Rochepozay, qui avoient appartenu à *Antoine* de Preuilly, ses freres; mais ils transigerent à ce sujet, le 26 Juin 1441, en présence des Abbés de Saint-Jouin & de Foncombaut; & elle a dans cet accord, la qualité de *Dame de la Rochepozay* (*b*). LOUIS Bonenfant, son second mari, ne pouvant plus, à cause de la foiblesse de sa personne, gouverner les biens de sa femme, consentit, par acte du 3 Avril 1445, « qu'elle leveroit » dorénavant les deux parts de la Seigneurie de la Roche- » pozay, & des acquêts de feüe *Sarrazine* de Prie, sa mere, » pour entretenir son état, en disposant à sa volonté; qu'elle » jouiroit du revenu de la Terre d'Andonville, & de son » douaire sur les héritages de feû *Geoffroy* Chansteigner, son » premier mari, sauf les arrérages d'une rente de 20 liv., » qui resteroient à ses enfans du premier lit (*c*) ». Elle étoit aussi veuve de LOUIS Bonenfant, son second mari, le 27 Août 1448, que *Françoise* Bonenfant, sa belle-fille, autorisée de *Jean* Chaudrier, Ecuyer, Seigneur de Cirieres, son mari, promit de l'acquitter & garantir de toutes dettes mobiliaires de LOUIS Bonenfant, son pere. *Jean* Ysoré, Chevalier, Seigneur de Pleumartin, lui rendit aussi hommage de sa Terre de Boisgarnaut, tenue d'elle, à cause de sa Chastellenie de la Rochepozay, par acte du 20 Janvier 1450; & elle étoit âgée de 90 ans, le 30 Septembre 1471, qu'à sa requête il fut fait information contre *Pregent* Frottier, Seigneur de Preuilly *, qui, avec cinquante hommes de la

(*a*) Original.

(*b*) Hist. de Chast. page 149 & 150, preuves, page 63.

(*c*) *Ibid.* page 150, preuves, page 63.

* Son petit neveu, fils aîné de *Pierre* Frottier & de *Marguerite* de Preuilly, niéce de *Louise* de Preuilly, Dame de la Rochepozay.

Tour de la Rochepozay, étoit venu, le 19 Novembre précédent, briser ses coffres, & lui enlever toutes ses richesses en argent, joyaux & meubles notables; action qu'il avoit exécutée, muni de certain Mandement du Roi, par lequel Sa Majesté lui avoit accordé la Garde de la Ville & du Château de la Rochepozay, & qu'il avoit obtenu, sous le faux prétexte que les enfans de *Pierre* Chasteigner, Chevalier, Seigneur de Saint-Georges de Rexe, fils aîné de LOUISE de Preuilly, étoient passés au service du Duc de Guyenne, frere du Roi; tandis qu'ils avoient toujours bien & loyalement servi Sa Majesté, sans prendre, ni tenir autre parti que le sien: aussi y eut-il décret de la Cour de Parlement, pour apréhender au corps *Pregent* Frottier, avec cinq ou six de ses plus notables complices, & faire saisir tous leurs biens. Mais *Pregent* Frottier, ayant fait évoquer le procès au Grand Conseil du Roi, par la faveur qu'il avoit auprès de CHARLES d'Anjou, lors Comte de Guise, il y fut cependant ordonné que la Rochepozay seroit remise entre les mains de LOUISE de Preuily, & de ses enfans; & que pour les biens qu'elle avoit perdus, elle en seroit crue sur son serment. *Tristan* l'Hermite, Grand Prevôt de l'Hôtel du Roi, eut commission de Sa Majesté, par Lettres datées de Tours, le 15 Mai 1472, pour l'exécution de cet Arrêt, qu'il différa néanmoins, par son affinité avec *Pregent* Frottier, pour obliger LOUISE de Preuilly à un accommodement auquel elle consentit, & dont ses enfans se firent depuis relever (*a*). Elle avoit fait son testament, le 7 Juillet 1466, par lequel elle fonda trois Messes, chaque semaine, en l'Abbaye de la Mercy-Dieu, où elle élut sa sépulture, en la Chapelle de Preuilly (*b*); mourut le 25 Février, que l'on comptoit encore 1474, âgée de 93 ans; & fut inhumée, comme elle l'avoit ordonné, en l'Abbaye de la Mercy-Dieu, fondée par ses prédécesseurs, où se voit son Epitaphe (*c*).

(*a*) Hist. de Chast. pages 151 & 152, preuv. p. 64 & 65.

(*b*) *Ibid.* p. 151, preuves, page 63.

(*c*) *Ibid.* page 155

Elle avoit eu de ſon premier mariage :

1 GUYON CHASTEIGNER, mort jeune & ſans alliance, avant le 2 Septembre 1432.

2 PIERRE CHASTEIGNER, Seigneur de la Rochepozay, & de Saint-Georges de Rexe, qui ſuit.

3 JACQUES CHASTEIGNER, Ier du nom, Seigneur d'Izeure, du Breuil près la Rochepozay, & d'Andonville en Beauſſe, a formé la Branche des *SEIGNEURS DU VERGER*, d'*IZEURE*, & d'*ANDONVILLE*, rapportés ci-après, au §. VI.

4 FRANÇOIS CHASTEIGNER, Ecuyer, Seigneur de Bourdigalle, étoit au-deſſous de l'âge de 14 ans, le 2 Septembre 1432, que, par Sentence du Juge de Niort, il lui fut nommé un nouveau tuteur (*a*). Il plaidoit au Parlement, conjointement avec *Pierre* Chaſteigner, Seigneur de Saint-Georges, ſon frere aîné, le 12 Mai 1455 (*b*); ſtipula avec lui & *Jacques* Chaſteigner, leur autre frere, au partage qu'ils firent le 11 Septembre 1460, avec leur couſins-germains, enfans d'*Helie* Chaſteigner, fils d'autre *Helie* Chaſteigner, & de *Philippe* de la Rochefaton (*c*); fit un voyage en Allemagne, où il ſéjourna environ un an, & mourut ſans poſtérité, le jour de la mi-carême 1471, âgé de 50 ans, ou environ (*d*). Il eſt encore fait mention de lui dans un acte de *Pierre* Chaſteigner, ſon frere aîné, du 11 Décembre 1474, où il eſt qualifié *Ecuyer, Seigneur de Bourdigalle* (*e*).

(*a*) Original.

(*b*) Jugés 83, f° 37.

(*c*) Original.

(*d*) Hiſt. de Chaſt. pages 153 & 154.

(*e*) Original.

Il avoit épouſé ISABEAU de Couhé, fille de *Jean*

de Couhé, Seigneur de la Rocheaguet, de Chastillon, &c. & d'*Ithiere* Berland. Etant restée veuve, elle reçut en pur don, de *Pierre* Chasteigner, son beau-frere, une vigne & une maison assise à la Rochepozay, hors le Château, où elle demeuroit; & se remaria depuis avec *Jean* Berland, Ecuyer, Seigneur de Charlée, près de Châtellerauld; duquel elle eut des enfans (*a*).

(*a*) Hist. de Chast. page 154.

XII.

DE VAREZE. *Ecartelé au 1 & 4 d'or, au 2 & 3 de gueules.*

PIERRE CHASTEIGNER, Chevalier, Seigneur de la Rochepozay, de Saint-Georges de Rexe, de la Salle-d'Aistré, de la Rochefaton, de Lindois, &c. étoit encore au-dessous de l'âge de 14 ans, le 2 Septembre 1432, que par Sentence rendue en la Justice de Niort, où il est nommé avec ses freres & leurs pere & mere, il fut mis sous la tutelle d'*Heliot* Chasteigner, leur oncle (*b*). Il rendit hommage au Roi, pour raison de sa Terre & Seigneurie de la Salle-d'Astré, par acte du 25 Août 1436; & s'accorda, par autre acte du pénultieme Octobre 1439, passé sous l'autorité de son curateur, avec *Hardouin* de Maillé, Seigneur de Maillé & de Beaussay, à cause de *Perenelle* d'Amboise, sa femme, & *Jean* de Puy-du-Fou, Chevalier, comme curateur de ses petites niéces, au sujet du différend qu'ils avoient tous repris, & qui s'étoit élevé entre défunts *Pierre* d'Amboise, Vicomte de Thouars, *Geoffroy* Chasteigner, & autres co-Seigneurs de Saint-Georges de Rexe, touchant certains Marais sur la riviere de Sévre. Il étoit encore sous la curatelle de *Louis* des Francs, Seigneur des Francs, Paroisse de Cherveux, le 11 Juillet 1441, que, voulant aller au service du Roi, conformément à la publication de l'arriere-ban, il vendit à *Guillaume* Chausson,

(*a*) Original.

Seigneur des Isles, pour le prix de 150 liv. tournois, 15 liv. de rente sur tous ses biens, qu'il racheta depuis, par Lettres du 4 Septembre 1444 (*a*) ; & transigea le 22 Juillet 1449, avec *Pierre* Chasteigner, Ecuyer, fils de défunt *Pierre* Chasteigner, Chevalier, son oncle, touchant la succession de *Philippe* de la Rochefaton, leur ayeule ; ainsi que le 28 Mai 1450, avec *Constantin* Asse, Ecuyer, Seigneur d'Augé, & *Jean* Asse, Ecuyer, Seigneur du Plessis, freres, tant sur la dot de *Catherine* Chasteigner, mere de ceux-ci, qu'au sujet des successions de *Jean* & *Simon* Chasteigner, Religieux de l'Ordre de Saint-Benoît, & de *Jeannot* Chasteigner (*b*). Il transigea encore, tant en son nom, que comme ayant droit & transport de *Louise* de Preuilly, sa mere, avec *Berthomé* & *Guillaume* Mousures, freres, au sujet de certaine rente à prendre sur des héritages assis au village de Montfaucon, par acte du 29 Décembre de la même année 1450 (*c*). Il termina aussi, le 12 Mars suivant, que l'on disoit encore 1450, un grand procès qu'il avoit contre *Aymar* de la Rochefoucault, Seigneur de Montbason, & *Jeanne* de Martreuil, sa femme, à cause de 20 liv. de rente, que feû *Jean* d'Argenton, Seigneur de Heriçon, ayeul de *Jeanne* de Martreuil, avoit assigné sur tous ses biens, à *Philippe* de la Rochefaton, veuve de *Helie* Chasteigner, Chevalier : s'acquitta le 28 Novembre 1454, de 30 liv. de rente, qu'il devoit à *Guillaume* Chausson, Ecuyer, Seigneur des Isles, & à *Mathe* Chasteigner, sa femme, pour tous leurs droits dans les successions, tant d'*Helie* Chasteigner & de *Philippe* de la Rochefaton, pere & mere de *Mathe* Chasteigner, que d'*Isabeau* de Gourville, son ayeule paternelle, & de *Philippe* Chasteigner, Seigneur d'Amuré, son frere : s'accorda encore, par acte du 26 Avril 1458, avec *Jacques* & *François* Chasteigner, ses freres, au sujet du partage égal entr'eux, des meubles & acquêts de *Louise* de Preuilly, leur mere, qui y

(*a*) Hist. de Chast. pages 168 & 169, preuv. page 76.

(*b*) *Ibid.* pages 279 & 280, preuv. p. 79.

(*c*) Original.

consentit (*a*) : & lui & ses freres, firent aussi partage le 11 Septembre 1460, avec *Pierre*, *Jean*, *Louis* & *Catherine* Chasteigner, leurs cousins-germains, enfans de défunt *Helie* Chasteigner, fils d'autre *Helie* Chasteigner, & de PHILIPPE de la Rochefaton, au sujet des biens de la succession de ces derniers, & d'*Isabeau* de Gourville, leur bisayeule commune (*b*). Il a le titre de *Chevalier*, dans l'hommage qu'il rendit le 24 Mars 1461, pour raison de sa Seigneurie de Saint-Georges de Rexe, à *Hardouin* de Maillé, comme Seigneur de Frontenay-l'Abatu (*c*); ainsi que dans un Arrêt du Parlement, rendu le 5 Décembre 1465, entre lui, *Artus* de Vivonne, Ecuyer, & *Thomas* de Vivonne, Chevalier (*d*). *Mathurin* Berland, Ecuyer, Seigneur des Places, lui rendit aveu, le 28 Mai 1469, pour son hebergement de Rouvre, & autres héritages, assis en cette Paroisse (*e*). CHARLES de France, Duc de Guyenne, frere du Roi, comme Seigneur de la Rochelle, lui accorda des Lettres de relief pour sa Seigneurie de la Salle-d'Aistré, le 15 Juillet suivant; & le dernier jour de Mai 1470, *Jean* Accarie, Seigneur du Fié, à cause de *Gillette* du Puy-du-Fou, sa femme, lui fournit aussi aveu de son Hôtel du Puy-du-Fou, en Saint-Georges de Rexe. Il rendit lui-même deux aveux, en 1471; l'un de son Hôtel de Lindois, à CHARLES, Comte d'Angoulême, Seigneur de Montberon; l'autre au Comte du Maine, comme Baron de Saint-Maixent, pour sa Terre & Seigneurie de Châteautison, & son Fief de Marchais, à cause de *Jeanne* de Vareze, sa femme (*f*). S'étant élevé un différend, entre le Procureur du Vidame de Chartres, Prince de Chabanois & lui, au sujet des lots & ventes de l'acquisition qu'il avoit faite de *Thomas* de Vivonne, Chevalier, Seigneur de Fors, du lieu de l'Estang, assis en la Principauté de Chabanois, moyennant la somme de 400 écus neufs, il s'accorda, à ce sujet, étant représenté par *Jean* Chasteigner, son fils, avec

(*a*) Hist. de Chast. page 180, preuv. pages 79 & 80.

(*b*) Original.

(*c*) Hist. de Chast. page 181, preuv. page 81.

(*d*) Original.

(*e*) Hist. de Chast. preuves, page 81.

(*f*) *Ibid.* preuv.

Guillaume Despas, Chevalier, Lieutenant & Gouverneur de cette Principauté, par contrat du 21 Avril 1473 (*a*). Il rendit encore aveu pour son Fief de Bouhet, à *Jean* Vicomte de Rochechouart, Seigneur de Taunay-Charante & de Mauzé, par Lettres du 21 Mai 1474 (*b*); & le 11 Décembre suivant, il fit don à *Bernard* Chasteigner, l'un de ses fils puînés, de huit-vingts écus d'or de rente, qu'il avoit retrait, le 18 Novembre 1461, sur *François* Chasteigner, Ecuyer, Seigneur de Bourdigalle, son frere, qui les avoit acquis, par contrat du 4 Décembre 1460, de *Jeanne* Chasteigner, Dame de Magné, veuve de *Jean* de Vareze, Chevalier (*c*). Il vivoit encore en 1476 *, qu'il plaidoit au Parlement, à cause de sa femme, contre *François* de Vareze, fils de *Briant* de Vareze, qui avoit eu pour pere & mere, *Jean* de Vareze, & *Jeanne* Chasteigner-de-la-Melleraye (*d*), dont il sera parlé ci-après au §. XI.

(*a*) Hist. de Chast. preuv. page 82.

(*b*) *Ibid.*

(*c*) Original.

(*d*) Jugés 108, f° 292, verso & 325, r°.

Il avoit épousé, par Contrat du 20 Mars 1443, JEANNE de Vareze ¶, Dame de la Melleraye & de Châteautison, sa parente au troisiéme degré, fille de *Jean* de Vareze, Chevalier, Seigneur de Châteautison, de Luigné, de Miseré, de Marchais, de Houmeau, de Mons, &c. Capitaine de Civray, & de *Jeanne* Chasteigner, Dame de la Melleraye, de Magné,

---

* C'est donc par erreur que Duchêne, pag. 184, de son Hist. de Chasteigner, le dit sans preuve, mort *avant la fin de l'année* 1474 : ce qu'il répéte, pag. 196.

¶ La Maison de Vareze n'avoit pas moins de noblesse & d'antiquité, que de biens. *Aimery* de Vareze vivoit du temps de HENRI I, & de PHILIPPE I, son fils, Rois de France. *Bertrand* de Vareze florissoit en l'an 1067; & d'eux vint *Briant* de Vareze, Chevalier, vivant en 1262, qui eut pour fils *Philippe* de Vareze, Chevalier, lequel laissa d'*Amicie* de Beaugency, sa femme, issue en ligne feminine des Comtes Vermandois, de la Maison Royale de France, *Renoul* de Vareze, Chevalier, trisayeul paternel de *Jeanne* de Vareze, femme de *Pierre* Chasteigner, Seigneur de la Rochepozay, comme on le verra aux Tables des alliances de la Maison de Chasteigner, à la suite de cette Histoire. (Voyez aussi l'Hist. de Chasteigner, pag. 170 & suiv.)

de

de Saint-Maxire, &c. fille de *Simon* Chasteigner, Seigneur de la Melleraye, qui avoit eu pour pere & mere, *Jean* Chasteigner, Seigneur de Saint Georges-de-Rexe, & *Isabeau* de Gourville. Ce mariage fut précédé d'une dispense de PIERRE, Evêque de Bresse, Nonce du Légat *à latere* du Saint Siége Apostolique, confirmée ensuite, après la consommation, par une Bulle du Pape EUGENE IV, du 6 Avril 1446, & fulminée par *Guy* de Rochechouart, Evêque de Saintes, le 23 Mai suivant (*a*). Elle survécut son mari; acquit de *Guy* Chenin, Chevalier, le 5 Décembre 1485, l'Hôtel, Château, Terre & Seigneurie de l'Isle-Bapaume, en Saintonge, avec ses dépendances, & fit encore d'autres acquisitions (*b*). Elle se dit encore veuve de *Pierre* Chasteigner, Chevalier, Seigneur de Saint-Georges-de-Rexe, dans l'aveu qu'elle rendit au Roi, le 20 Février 1498, de son Hôtel & hébergement de Chemeraud, assis à Limalonges, en la Châtellenie de Civray, avec ses appartenances & dépendances (*c*). Elle avoit fait un premier Testament le dernier Janvier 1492, par lequel, entre autres choses, elle ratifia certaine donation par elle faite autrefois à *Guy* & *Jean* Chasteigner ses enfans (*d*); & surprise de maladie à la Rochepozay, étant fort âgée, elle y fit un second Testament, le 23 Octobre 1501, par lequel elle élut, comme dans celui de 1492, sa sépulture dans l'Eglise de la Rochepozay, en la Chapelle de S. Jacques; ordonna diverses Fondations pieuses; & nomma pour ses Exécuteurs Testamentaires, *Guy* Chasteigner, son fils aîné, & *Madeleine* du Puy, sa femme, *Jean* & *Pierre* Chasteigner, ses autres fils, & le Curé de la Rochepozay (*e*).

(*a*) Hist. de Ch[...] pages 178 & 17[...] preuv. p. 77.

(*b*) *Ibid.* page 1[...] preuv. pages 83 &[...]

(*c*) Original.

(*d*) Original.

(*e*) Hist. de C[...] page 184, preu[...] pages 83 & 84.

Ils laisserent pour enfans:

1 Guy CHASTEIGNER, Seigneur de la Rochepozay, & de Saint-Georges-de-Rexe, qui suit.

2 JEAN CHASTEIGNER, Chevalier, Seigneur de Lindoys, & de la Melleraye « *fut souvent aux Armées pour le Roi,* » *avec une espéce d'armes, que Monseigneur de Saint-Georges,* » *son pere, lui bailloit* » dit une déclaration des choses enlevées du Château de la Rochepozay, par *Prégent* Frottier, Seigneur de Preuilly, en 1471. Il eut en partage, après la mort de son pere, la Terre de Lindois; & celle de la Melleraye, avec les Moulins de S. Maxire sur la riviere de Sévre, dont il avoit déja fait hommage au Roi le 3 Juillet 1486, lui vinrent par certains arrangemens de vente, de retrait & autres, sur lesquels il transigea enfin le 16 Avril 1489. Il avoit aussi été en pélerinage à Jérusalem, dès l'an 1486, & passé par Rhodes, pour y voir *Pierre* Chasteigner, Chevalier de Rhodes, son frere, suivant une Lettre de celui-ci, du pénultiéme Août de cette année : fut nommé l'un des Exécuteurs des Testamens de sa mere, des dernier Janvier 1492, & 23 Octobre 1501; & vivoit encore le 9 Septembre 1505, que *François* Boutou, Ecuyer, Seigneur de la Baugisiere, lui rendit aveu, pour son fief de la Carroliere, de l'autorité de *Jean* de Vivonne, Ecuyer, son Curateur : mais il mourut sans postérité, au mois de Septembre 1507 (*a*).

(*a*) Hist. de Chast. pag. 185 & suivantes, preuv. pages 67, 97, 99 & 105.

3 PIERRE CHASTEIGNER, Chevalier de l'Ordre de S. Jean de Jérusalem, Commandeur de la Feuillée près Guingamp, en Bretagne, vendit par Acte du dernier Mai 1476, étant prêt à faire profession, à *Guy* Chasteigner, Seigneur de la Rochepozay, son frere aîné, tous ses droits successifs, pour la somme de 500 écus d'or, & 50 écus d'or de rente annuelle & perpétuelle. Il acquit, par son courage, une telle estime auprès de *Pierre* d'Aubusson, lors Grand-Maître de son Ordre, qu'il fut em-

ployé en diverses occasions fort honorables, suivant ce qu'il en écrivit lui-même à son frere aîné, par sa Lettre datée de Rhodes, le pénultiéme Août 1486. Il fut fait ensuite *Commandeur de la Feuillée*; & en a le titre, dans le premier Testament de *Jeanne* de Vareze sa mere, du dernier Janvier 1492, dont il fut fait l'un des Exécuteurs, ainsi que de son second Testament du 23 Octobre 1501. Il se trouva, en 1503, comme l'un des Electeurs pour la langue de France, à l'élection d'*Aimery* d'Amboise, fait Grand-Maître de l'Ordre de S. Jean de Jérusalem, comme le rapporte Bozio, en son Histoire de Malte (*a*).

(*a*) Hist. de Chast. page 187, & au preuves.

4 BERNARD CHASTEIGNER, Doyen de l'Eglise Cathédrale de Saintes, & Bachelier ès Loix, étoit Ecolier-Etudiant en l'Université de Poitiers, le 11 Décembre 1474, que *Pierre* Chasteigner, son pere, lui fit don de huit vingts écus d'or de rente perpétuelle, pour l'entretenir dans son état (*b*). Etant Sous-diacre & étudiant encore en Droit Civil à Poitiers, il logeoit dans l'Abbaye de S. Hilaire-de-la-Celle, lorsque des Ecoliers venus, avec des armes, pour attaquer *Guillaume* Chenu, Religieux Profès de ce Monastère, lui donnerent quelques coups d'épée. *Bernard* Chasteigner, qui se trouvoit dans la chambre de ce Religieux, voulut appaiser la querelle; mais ces Ecoliers les ayant poursuivis & serrés de trop près, *Bernard* Chasteigner se saisit alors d'une pertuisane, dont il blessa *François* Lavache, l'un d'eux, qui en mourut 15 jours après. Cet accident le força d'aller à Rome, où il impétra l'absolution de toute irrégularité, avec puissance de prendre les ordres du Diaconat & de Prêtrise, & de tenir toutes sortes de Bénéfices compatibles. *Philippe* Calandrinus, Cardinal, Evêque de Port, frere utérin du Pape NICOLAS V, & grand Pénitencier, en

(*b*) Original.

adressa la Bulle à *Jean* du Bellay, Evêque de Poitiers; & elle fut fulminée, d'après les dépositions des témoins, par Sentence de l'Official de ce Diocèse, du 19 Juin 1476. Ayant été pourvu ensuite du Doyenné de Saintes, il en prit possession, en vertu de la Bulle du Pape SIXTE IV, du 5 Avril 1477 (*a*).

(*a*) Hist. de Chast. pages 188 & 189.

5 JEANNE CHASTEIGNER, Dame de Guinefolle, Paroisse de Saint-Vincent-du-Jard, fut mariée, par Contrat du 11 Septembre 1470, à CHARLES Cathus, Chevalier, Seigneur des Granges, près Talmont, & de Saint-Generoux. Elle apporta en mariage la Terre de Guinefolle & ses appartenances, avec 20 liv. de rente, & 500 écus d'or une fois payés: survécut son mari; & acquit, étant veuve, une rente sur tous les biens de *Jean* Milon, Ecuyer, Seigneur du Fief Milon, & de Saint-Saornin, par Contrat du 26 Juin 1498. Elle vivoit encore veuve de lui, le 6 Août 1503, qu'elle donna pouvoir à *Guy* Chasteigner, Seigneur de la Rochepozay, son frere, de faire partage à *Jacques* Chasteigner, Seigneur du Verger, leur oncle, pour raison de diverses successions à eux échues, tant en directe, qu'en collatérale (*b*); & eut de son mariage:

(*b*) *Ibid.* pag. 189 & 190.

1 JEAN Cathus, Seigneur des Granges, mort sans postérité (*c*).

(*c*) *Ibid.*

6 MARGUERITE CHASTEIGNER, mariée avec JEAN de Baif, Ecuyer, Seigneur de Baif, en Anjou, de Tinnerelles & de Mangé au Maine, donna procuration avec son mari, à *Guy* Chasteigner, Seigneur de la Rochepozay, leur frere, le premier Mai 1487, pour transiger sur certain Procès repris après la mort de *Louise* de Preuilly, leur ayeule paternelle. Elle laissa de son mariage, entre autres enfans:

1 **François** de Baif, Chevalier, Seigneur de Baif & de Mangé, qui transigea pour les droits de sa mere, avec *Jean* Chasteigner, Seigneur de la Rochepozay, son cousin, par Contrat du 10 Janvier 1514 (*a*); & qui de *Françoise* de Villiers, Dame de Mesengeres, & de Riverelles, sa femme, eut entre autres enfans:

(*a*) Hist. de Chast. page 192, & aux additions.

1 **Catherine** de Baif, femme de **René** de Laval II, Seigneur de Boisdauphin, tué à la Bataille de Saint-Quentin en 1557, pere & mere de **Françoise** de Laval; qui, de **Henri** de Lenoncourt, son 1er mari, mort en 1584, laissa **Madeleine** de Lenoncourt, femme d'**Hercule** de Rohan, Duc de Montbason, avec lequel elle fut mariée, par Contrat du 24 Octobre 1594; & duquel elle eut: **Louis** de Rohan, Prince de Guémené, Duc de Montbazon, Pair de France, qui laissa postérité (*b*).

(*b*) *Ibid.* page 193, & Hist. des gr. Off. de la Couron. t. IV, page 63.

XIII.

GUY **Chasteigner**, Chevalier, Seigneur de la Rochepozay, de Saint-Georges-de-Rexe, de la Rochefaton, de la Salle-d'Aistré, de la Melleraye, de Lindois, de l'Estang, de Châteautison, de l'Isle-Bapaume, des Baudimens, du Marchais, de Saint-Pardoux, &c. Chambellan des Rois **Louis** XI & **Charles** VIII, avoua, par Acte du 7 Février encore 1474, tenir à foi & hommage plein & à 10 liv. de devoirs, de *Hardouin* de Maillé, Seigneur de Maillé, & de Benet, *à cause de sa Terre de Benet*, toute la riviere de la Sévre, de rive en rive, depuis le lieu appellé le *Fief Jadau*, jusques & compris l'écluse d'Agueguée; & fit aussi la foi-hommage-lige, en 1475,

DU PUY. *d'or au lion d'azur, armé, lampassé & couronné de gueules.*

à la Comteſſe d'Angoulême, pour raiſon de pluſieurs Terres qu'il tenoit d'Elle, à cauſe de ſa Baronnie de Montberon. Il rendit auſſi aveu, pour ſon Fief de Bouhet, à *Jean*, Vicomte de Rochechouart & de Mauſé, par Lettres du 20 Juin de la même année 1475; & par autres Lettres du 13 Août ſuivant, il fournit encore aveu, pour ſa Seigneurie de Saint-George-de-Rexe, à *Hardouin* de Maillé, Seigneur de Rochecorbon, & de Frontenay-Labatu. Il fit auſſi la foi-hommage-lige, pour ſon Hôtel de l'Eſtang, tenu de *Jean* de Vendôme, Vidame de Chartres, Prince de Chabanois, à cauſe de ſa Principauté de Chabanois, par Acte du 5 Janvier 1476; & le 4 Décembre 1479 il tranſigea, tant pour lui, que pour *Jean* Chaſteigner, ſon frere, ſur certains différends meus autrefois, entre défunt *Pierre* Chaſteigner, Chevalier, leur pere, & *Jean* Guiſchard, Curé de Maſſignac (*a*). Il obtint au mois de Juin 1484, des Lettres du Roi CHARLES VIII, en repriſe du Procès qui, dès l'an 1450, s'étoit élevé entre *Louiſe* de Preuilly, ſon ayeule paternelle, & *Jean* Chaudrier, à cauſe de *Françoiſe* Bonenfant, ſa femme, ſeule héritiere du premier lit de *Louis* Bonenfant, deuxiéme mari de *Louiſe* de Preuilly; « lequel Procès, eſt-il » dit dans ces Lettres, il n'avoit pu reprendre depuis le décès » de ſon ayeule, *à cauſe de pluſieurs grandes charges, incon-* » *vénients, occupations, & affaires tant pour le fait des guerres,* » *que comme pour la garde de la perſonne de Sa Majeſté*, avant » qu'Elle ſoit venue à la Couronne : » & un Acte de notoriété du pénultiéme Octobre 1485, où *Guy* Chaſteigner a le titre de *Chevalier*, confirme le contenu de ces Lettres; puiſque pluſieurs témoins Gentilshommes y atteſtent « qu'*avant l'an* » 1475, *& pendant plus de 12 ans, il avoit été de la garde du* » *Roi* CHARLES *VIII, alors Dauphin; qu'il avoit ſervi le feû* » *Roi* (LOUIS XI.) *en ſes guerres d'Amiens, de la Guerche en* » *Anjou, ès marches de Bretagne, de la Franche-Comté, de Ré-* » *thelois, & de Luxembourg; qu'il avoit été à la guerre de Bordeaux,*

(*a*) Hiſt. de Chaſt. pages 196 & 197, preuv. pages 93, 94 & 95.

» *& commis pour conduire les Gentilshommes de la Duché de* » *Touraine, qui restérent sous sa garde, tant que dura la guerre* (*a*). » Il intervint entre lui & *Jacques* de Rochechouart, Seigneur de Charôt, Arrêt du Parlement, le 7 Septembre 1487, au sujet de certain Procès, sur lequel ils transigérent ensuite, par un Acte que *Jacques* de Rochechouart ratifia à Amboise, le 21 Juillet 1489; & fut présent au partage fait le 15 Août 1490, entre *Louis* de Prie, Chevalier, Baron de Busançois, Chambellan du Roi, & grand Queux de France, *René* de Prie, depuis Cardinal, & *Aymar* de Prie, Chevalier, freres, ses parens (*b*). Il rendit foi-hommage, pour sa Terre & Seigneurie de Saint-Georges-de-Rexe, à *Hardouin* de Maillé, Chevalier, à cause de sa Baronnie de Frontenay, par Acte du 30 Janvier 1491 (*c*): présenta à la Chapelle Sainte Catherine de la Salle-d'Aistré, le 12 Octobre 1492, *Madelon* Chasteigner, Clerc, son cousin, à cause que le siége Episcopal de Saintes étant vacant, les Grands-Vicaires usoient de délai: & le Pape INNOCENT VIII, par un Bref du 24 Décembre suivant, l'an VIII de son Pontificat, lui accorda, sur sa requête, la permission de se choisir un Confesseur, & d'avoir un Autel portatif, pour faire célébrer la Messe (*d*). *Jeanne* de Vareze, sa mere, par son Testament du dernier Janvier que l'on comptoit encore 1492, ratifia certaine donation qu'elle lui avoit faite autrefois, & le nomma l'un de ses Exécuteurs Testamentaires (*e*). Il rendit aveu & dénombrement au Roi, à cause de sa Châtellenie de la Rochelle, le 19 Février 1499, pour raison de sa Terre & Seigneurie de la Salle-d'Aistré, appartenances & dépendances (*f*): reçut le 27 Février 1500, l'hommage que lui fit *Jean* Bouceau, Ecuyer, de sa Terre de la Boutelaye, tenue de lui à cause des Baudimens; & le 4 Janvier 1502, il rendit encore hommage de sa Seigneurie de Saint-Georges, à *Pierre* de Rohan, Seigneur de Gié, Maréchal de France, à cause de sa Baronnie de Frontenay (*g*). Il mourut à Lindois,

(*a*) Hist. de Chast. pages 205 & 207, preuves, p. 96 & 97.

(*b*) *Ibid.* p. 207, preuv. p. 98 & 103.

(*c*) Original.

(*d*) Hist. de Chast. page 208, preuves page 103.

(*e*) Original.

(*f*) Original.

(*g*) Hist. de Chast. page 209, preuves page 104.

avant le 5 Mai 1507, & fut enterré en l'Eglise Paroissiale de ce Lieu, sous une Tombe posée devant le grand Autel, sans aucune inscription (*a*).

(*a*) Hist. de Chast. addition de la p. 209.

Il avoit épousé, par Contrat du 14 Février 1480, MADELEINE du Puy *, fille de *Louis* du Puy, Seigneur du Coudray-Monin, en Berry, de Dames, de la Forest, de Chantemilan, & de la Tour Saint-Oustrille, Baron de Bellefaye, Chambellan des Rois CHARLES VII & LOUIS XI, Sénéchal de la Marche, Gouverneur de Châtelleraud, & de *Catherine* de Prie-de-Busançois, fille d'*Antoine* de Prie, Seigneur de Busançois, Grand-Queux de France, & de *Madeleine* d'Amboise, tante de *Georges* d'Amboise, depuis Cardinal & Légat en France. MADELEINE du Puy étoit aussi niéce de *René*, Cardinal de Prie, Evêque de Bayeux, & avoit pour ayeule paternelle *Jeanne* de Pierrebuffiere. Ce mariage contracté, par l'entremise de *Madeleine* d'Amboise, eut besoin d'une dispense de l'Evêque, à cause de la parenté au 4me degré des Contractans, issus tous deux de *Jean* de Prie, Chevalier, Seigneur de Busançois; l'un par *Louise* de Preuilly, son ayeule paternelle, fille de *Sarazine* de Prie; & l'autre par *Catherine* de Prie, sa mere, petite-fille de *Jean* de Prie, Chevalier, Seigneur de Busançois, frere germain de la même *Sarazine* de Prie, enfans d'autre *Jean* de Prie, Chevalier, Seigneur de Busançois (*b*). Elle apporta en dot 2500 écus d'or (*c*). Etant veuve, & ayant le bail & le gouvernement de *Jeanet* Chasteigner, son fils aîné, elle fit, le 5 Mai 1507, la foi-hommage, pour son Hôtel

(*b*) *Ibid.* pages 197 & suiv.

(*c*) *Ibid.* p. 205.

* La Maison du Puy, en Berry, noble & ancienne, descendoit de *Guillaume* du Puy, Seigneur de Dames, Chevalier, vivant en 1309, Quartayeul de *Madeleine* du Puy, qui, par ses ayeules paternelles & maternelles, étoit également issue, en ligne feminine, de la Maison Royale de France, & d'autres Maisons souveraines de l'Europe; comme on le verra aux Tableaux des alliances de la Maison de Chasteigner, insérés à la fin de cette Histoire. (Voyez aussi Duchêne, Hist. de Chasteigner, pages 198 & 199.)

de l'Estang & ses appartenances, tenus de la Principauté de Chabanois : reçut aussi, au mois d'Août suivant, les foi-hommages de *Jean* Gillier, Ecuyer, Seigneur de la Ville-Dieu, pour son Fief de Vergord, tenu de Châteautison ; & de *Jean* Accarie, Seigneur du Fié, pour son Hôtel de Puy-du-Fou, assis à Saint-Georges (*a*). Elle rendit aussi aveu, le 7 Novembre 1508, de toute la riviere de Sévre, depuis un lieu dit le Fief Jadau, jusqu'à l'Ecluse d'Aiguequée, ainsi que *Guy* Chasteigner, son mari, l'avoit rendu de son vivant (le 7 Février 1474) à *Jean* d'Aumont, Seigneur de Couches & d'Aumont, à cause de *Françoise* de Maillé, sa femme, Dame de Benet (*b*) ; & fit hommage pour sa Seigneurie de l'Isle-Bapeaume, le 25 Février 1509 (*c*). Elle obtint Sentence aux grandes assises de Parthenay, le 16 Août 1514, comme étant encore tutrice de *Jean* Chasteigner, son fils aîné, qui lui accorda la jouissance de l'Hébergement de Roigne, avec ses appartenances, qu'elle avoit fait saisir, faute d'hommage & Fief non baillé (*d*) ; survécut enfin son mari, treize ou quatorze ans ; & fut inhumée en l'Eglise de la Rochefaton (*e*).

(*a*) Hist. de Chast. pages 209 & 210.

(*b*) *Ibid.* preuves, page 106.

(*c*) Hist. de Chast. page 210.

(*d*) Original.

(*e*) Hist. de Chast. additions de la p. 210.

Ils eurent de leur mariage :

1 JEAN CHASTEIGNIER, IIIe du nom, Seigneur de la Rochepozay, & de Saint-Georges-de-Rexe, qui suit.

2 PIERRE CHASTEIGNER, Religieux, puis Abbé, Baron de Charroux, par la résignation de *Godefroy* de Cluis, de la Maison de Briantes, son proche parent, fut inhumé à Ouartre, sur Charente, Maison dépendante de l'Abbaye de Charroux, qu'il avoit échangée pour l'Abbaye de la Grenetiere, avec *Lazare* de Baïf, Maître des Requêtes de l'Hôtel du Roi FRANÇOIS I (*f*).

(*f*) *Ibid.* p. 210.

3 LEON CHASTEIGNER, Religieux en l'Abbaye du Bourg-Dieu, & Prevôt de celle de Charroux, fut depuis Abbé de Fongombaut, de Saint-Hilaire près Carcaſſonne, & de Nanteuil en Vallée; Prieur de Cleré, de Marignac, de la Sellette & de Pouzay-le-Vieil; & Grand-Vicaire de l'Archevêché de Lyon, pour *Odet* de Coligny, Cardinal de Châtillon (*a*). Il ſe voit, par un Acte de l'an 1528, qu'il fut auſſi Aumônier de l'Abbaye de Saint-Benoît-lès-Poitiers; & par un autre paſſé à Angoulême, le 20 Janvier 1537, l'on apprend qu'il avoit eu l'Abbaye de Nanteuil, par permutation avec *Auguſtin* Trivulce, Cardinal. Il mourut en la même année 1537, & reçut la ſépulture en l'Egliſe de Saint-Paul de Lyon (*b*).

(*a*) Hiſt. de Chaſt. page 210.

(*b*) *Ibid.* page 211, & aux additions.

4 RENÉ CHASTEIGNER, Prothonotaire du S. Siége, Abbé Commendataire de la Mercy-Dieu, & de Nanteuil en Vallée, après *Leon* Chaſteigner, ſon frere, & Prieur de l'Egliſe ſéculiere & Collégiale de Saint Géorges-de-Rexe & d'Alloue; fit imprimer à Paris, par *Poncet* le Preux, l'an 1533, les Commentaires de S. Auguſtin ſur les Epîtres de S. Paul, qu'il avoit trouvés en la Bibliothéque de la Mercy-Dieu, & dédia cet Ouvrage à *Gabriel* de Grammont, Cardinal & Evêque de Poitiers. Il compoſa auſſi, l'an 1548, un Diſcours Latin dédié à *Anne*, Duc de Montmorency, Pair & Connétable de France, où il rapporte ſes plus célébres actions faites en paix & en guerre; mais cet Ouvrage n'a point été imprimé. Il mourut le 19 Mars 1565, & fut inhumé en l'Egliſe de la Mercy-Dieu, où ſe voit ſon Epitaphe (*c*).

(*c*) Hiſt. de Chaſt. page 211.

5 GODEFROY CHASTEIGNER, Seigneur de Lindois & de l'Eſtang, Auteur des SEIGNEURS DE LINDOIS, qui ſeront ci-après rapportés, avec lui, au §. III.

6 JEANNE CHASTEIGNER, Dame de Châteautison, fut mariée, par contrat du 6 Février 1511, à JEAN de la Forest, Chevalier, Baron de Grisse, Seigneur de la Forest en Auvergne, de Morton & de Voulon près Maringues; & eut par partage fait avec *Jean* Chasteigner, Seigneur de la Rochepozay, son frere, le 11 Mars 1520, la Seigneurie de Châteautison, & dépendances, avec deux Maisons situées à Saint-Maixent. Elle laissa entre autres enfans de son mariage:

1 JEAN de la Forest, Baron de Grisse, qui laissa postérité (*a*).

(*a*) Hist. de Chast. pages 211 & 212.

7 MARGUERITE CHASTEIGNER, mariée par traité du 9 Octobre 1524, à JEAN de Gaignon, Seigneur de Saint-Bohaire, de la Salle, de Conan en Blaisois, de Souvigny & du Gué-Laville, eut de son mariage, entre autres enfans:

1 FRANÇOIS de Gaignon, Seigneur de Saint-Bohaire, qui fut pere de

JEANNE de Gaignon, femme de CHARLES de Balzac, Seigneur d'Entragues, & de Marcoussis, Gouverneur d'Orléans.

2 MARIE de Gaignon, morte en 1565, avoit été mariée, par Contrat du 25 Juin 1559, à CLAUDE Gouffier, Marquis de Boisy, Grand-Ecuyer de France, Chevalier de l'Ordre du Roi, mort en 1570, laissant d'elle plusieurs enfans, dont un Chevalier de Malte.

3 JEANNE de Gaignon, mariée à AMBLARD de Chadieu,

Seigneur de Chadieu, de la Vaura, & de Tierville, Vicomte d'Azay, dont elle eut auſſi des enfans (*a*).

(*a*) Hiſt. de Chaſt. pages 213 & 214.

8 MADELEINE CHASTEIGNER, Dame de Saint-Pardoux en Gaſtine, apporta cette Terre en mariage à JACQUES Berar, Chevalier, Seigneur de Bleré-ſur-Cher, de Chiſſé, des Roches-Saint-Georges, de Grateloup & de la Croix-de-Bleré, fils de *François* Berar, Chevalier, Seigneur de Chiſſé, vivant en 1496, & petit-fils de *Pierre* Berar, Chevalier, Seigneur de Bleré, & de Chiſſé, Maître-d'Hôtel du Roi LOUIS XI; & eut de lui:

1 FRANÇOIS Berar, qui vendit la Terre de Saint-Pardoux, à *François* Chaſteigner, Seigneur de la Rochepozay, ſon couſin germain, en 1572; & qui d'ANNE Ronſard, ſa femme, laiſſa deux filles.

2 RENÉ Berar, Seigneur de la Croix-de-Bleré, qui laiſſa auſſi poſtérité d'ISABEAU Richome, ſa femme (*b*).

(*b*) *Ibid.* page 215, & aux additions.

9 LOUISE Chaſteigner, reçue Religieuſe en l'Abbaye de la Trinité de Poitiers, le 23 Novembre 1511, fut depuis nommée par le Roi à l'Abbaye de Saint Jean-de-Bonneval-lès-Thouars, dont elle fut pourvue, contre le droit des Elections, par Bulle du Pape CLEMENT IV. de l'an 1533, les Religieuſes ayant élue *Catherine* de Chivré. Dès ſon entrée en cette Abbaye, Elle y introduiſit la Réforme; & pour la faire obſerver fit réédifier l'Egliſe, le Dortoir, le Chapitre, le Refectoire & autres lieux réguliers, avec le Logis Abbatial. Elle obtint auſſi l'Arrêt de décharge de la Décime de la Seigneurie de Cintray, près Niort, qui appartenoit à ſon Monaſtère, & réunit tous les Prieurés qui en dépendoient, à la Manſe Abba-

tialle. Après avoir vertueusement & charitablement gouverné son Abbaye, pendant l'espace de dix ans, dix mois & quatre jours, Elle mourut le 4 Décembre 1543, & fut inhumée dans le chœur de son Eglise, où on lit son épitaphe. Le Martyrologe de l'Abbaye de la Trinité de Poitiers, où elle avoit d'abord pris le voile, marque son Obit, sous la date du 4 Novembre, & son épitaphe rapporte sa mort au 4 Décembre (*a*).

(*a*) Hist. de Chast. page 216.

XIV.

JEAN CHASTEIGNER, IIIe du nom, Seigneur de la Rochepozay, de Saint-Georges-de-Rexe, de la Rochefaton, la Salle-d'Aistré, de l'Isle-Bapaume, de la Melleraye, d'Amuré, de Cherzé, Baron de Preuilly en partie, Chevalier de l'Ordre de S. Michel, Conseiller & Chambellan des Rois FRANÇOIS I, & HENRI II, leur Maître-d'Hôtel ordinaire, & Gentilhomme ordinaire de la Chambre, étoit dès l'an 1514, Guidon de la Compagnie de cent hommes d'armes de FRANÇOIS, Comte d'Angoulême, depuis Roi de France ; & agissoit encore sous la tutelle de *Madeleine* du Puy, sa mere, le 16 Août de la même année 1514, suivant une Sentence du Juge de Parthenay, énoncée ci-devant (*b*). Par accord du 10 Janvier suivant, que l'on comptoit encore 1514, il céda à *François* de Baïf, Chevalier, Seigneur de Baïf & de Mangé au Maine, pour tous les droits de *Marguerite* Chasteigner, sa mere, divers Fiefs & Seigneuries (*c*). Etant Guidon de la Compagnie des Gendarmes de *René* de Savoye, Comte de Villars, Grand-Maître de France, en 1524, il se trouva au fameux siége de Pavie, & reçut en montant à l'assaut de cette Ville, un coup de mousquet en la jambe, dont il demeura boiteux toute sa vie (*d*). Il étoit Ecuyer d'Ecurie du Roi FRANÇOIS I. dès l'an 1527; fut en-

(*b*) Original.

(*c*) Hist. de Chast. page 230, preuves page 107.

(*d*) Mém. de Martin du Bellay, liv. 2.

suite pourvu de l'Office de Grand-Maître des Eaux & Forêts de Bourbonnois, qu'il garda peu (*a*); & en 1533 il fut commis, en l'absence d'*Antoine* des Prez, Seigneur de Montpezat, Sénéchal de Poitou, pour recevoir les montres des Gentils-hommes du pays (*b*). Il a le titre de *Chevalier*, & la qualité de *Maître-d'Hôtel ordinaire du Roi*, dans la vente que lui fit, & à CLAUDE de Monléon, sa femme, le 14 Mars 1535, *François* Pot, Ecuyer, Seigneur de Mastines, Gentilhomme de la Maison du Roi, de ce qui appartenoit à *Renée* de Monléon, sa mere, par la succession de *Joachim* de Monléon, Chevalier, frere aîné de celle-ci, en la Seigneurie & Châtellenie de Touffou, & autres Fiefs, moyennant 2000 liv. tournois (*c*). Il eut charge, en 1537, de faire l'avictuaillement de la ville de Saint-Paul, en Ternois, que les Impériaux menaçoient d'assiéger (*d*); reçut en don du Roi, par Lettres du 9 Septembre de la même année 1537, où il est aussi qualifié *Conseiller & Maître-d'Hôtel ordinaire de S. M.*, l'Office de Capitaine Châtelain de la Bruyere-l'Aubespin (*e*) : & le Roi lui donna commission & à *François* Doyneau, Lieutenant-Général en la Sénéchaussée de Poitou, en 1542, pour lever certains emprunts, jusqu'à la somme de 40 mille écus sol, sur les Villes du Poitou, d'Angoumois, Saintonge, & du Gouvernement de la Rochelle (*f*). Il est encore qualifié *Conseiller-Chambellan*, & *Maître-d'Hôtel ordinaire du Roi*, dans une Sentence des Requêtes du Palais, du 27 Novembre 1544, qui le maintint dans son droit d'avoir banc, siége & oratoire en l'Eglise Paroissiale de Bourdet, à cause de sa Seigneurie de l'Isle-Bapaume (*g*); de même que dans un aveu qu'il bailla, le 15 Février 1545, à *Louis* d'Estissac, Chevalier, Seigneur d'Estissac & de Benet, pour tout ce qu'il avoit sur la riviere de Sévre, depuis *le Fief Jadau*, jusqu'à l'*Ecluse* d'Aiguequée (*h*). Il fit l'Office de *Maître des Cérémonies*, aux obséques du Roi FRANÇOIS I, célébrées en 1547 (*i*). HENRI II. l'ayant choisi en 1553, parmi beau-

(*a*) Hist. de Chast. page 251.

(*b*) Jean-Bouchet, Annales d'Aquitaine.

(*c*) Original.

(*d*) Hist. de Chast. page 251.

(*e*) Original.

(*f*) Hist. de Chast. page 251.

(*g*) *Ibid.* preuves, page 108.

(*h*) *Ibid.*

(*i*) Cérémonial François.

coup d'autres Seigneurs, pour négocier l'accord & amortissement de la Gabelle, en Guienne, où elle avoit causé de grands troubles, il accomplit fort heureusement cette commission (*a*) : & Sa Majesté ayant besoin d'argent, pour résister aux troupes de l'Empereur CHARLES V, Elle le commit encore, avec *Amaury* Bouchart, Maître des Requêtes de son Hôtel, par Lettres de l'an 1555, pour requérir des emprunts des Gens d'Eglise, de la Justice & du Tiers-Etat (*b*). Le Roi CHARLES IX, en reconnoissance de ses services, lui conféra l'*Ordre de S. Michel*, qu'il reçut des mains de *Claude* Gouffier, Marquis de Boisy, Grand-Ecuyer de France, en l'Eglise de la Rochepozay, au commencement de l'année 1567 (*c*). Il a en effet le titre de *Chevalier de l'Ordre du Roi*, & la qualité de *Gentilhomme ordinaire de la Chambre de Sa Majesté*, dans la procuration qu'il donna, le 27 Mars de cette année 1567, pour traiter le mariage de *Jeannet* Chasteigner, l'un de ses fils, à *René* Chasteigner, Ecuyer, Seigneur de Jauget (*d*). Mais il jouit bien peu de temps du dernier honneur que le Roi lui avoit fait, étant mort à Touffou, le 1er Juin suivant, âgé de 77 ans, après avoir glorieusement servi les Rois LOUIS XII. FRANÇOIS I. & HENRI II, qui l'employerent dans leurs affaires & charges importantes. Il fut inhumé auprès de sa femme, en l'Eglise de la Rochepozay, où l'on voit son Epitaphe, faite par le fameux Scaliger (*e*).

(*a*) Hist. de Chast. page 252.

(*b*) *Ibid.* page 253.

(*c*) *Ibid.*

(*d*) Original.

(*e*) Hist. de Chast. pages 253 & 254.

Il avoit épousé, par contrat du 20 Juin 1519, CLAUDE de Monléon *, Dame héritiere des Chastellenies de Touffou,

* La Maison de Monleon, l'une des plus nobles & anciennes de Poitou, étoit issue de *Guy* de Monleon, Chevalier, Seigneur de Monleon & de Touffou, Baron de Montmorillon, vivant en 1280. (Duchêne, Hist. de Chasteigner, pages 234 & 235.) *Claude* de Monleon descendoit aussi, par *Guillelmine* de Maillé, son ayeule paternelle, de la Maison de France, & autres Princes souverains de l'Europe. Voyez les Tableaux des alliances de la Maison de Chasteigner, à la fin de cette Histoire.

de Talmond, des Seigneuries d'Abain, de Montfaucon, de Bernay, de la Motte-Quinement, &c. fille de *Louis* de Monléon, Seigneur de Touffou & d'Abain, & de *Sibille* Chappron, Dame de Bernay & de Montfaucon, qui avoit pour triſayeul *Jean* Chappron, Chevalier, Seigneur de la Chapproniere & de Bernay (*a*). Elle eſt nommée avec ſon mari, dans l'acquiſition mentionnée ci-deſſus, qu'ils firent le 14 Mars 1535; & mourut le 8 Juillet 1564, après avoir, par ſon Teſtament, ordonné ſa ſépulture en l'Egliſe de la Rochepozay, auprès du Seigneur de Touffou, ſon troiſiéme fils, alors aîné; fait pluſieurs legs pieux; laiſſé 500 liv. pour aider à marier de pauvres filles, & mettre de pauvres enfans à l'Ecole & en métier, & donné d'autres ſommes aux pauvres. L'Oraiſon Funébre qui fut prononcée le jour de ſon enterrement, dit entre autres choſes: « qu'Elle fit très-bien inſtruire Meſſieurs ſes enfans, & menoit » une vie ſi vertueuſe, noble & louable, envers Dieu & un » chacun, qu'il n'eſt poſſible de plus » (*b*).

(*a*) Hiſt. de Chaſt. p. 251 & ſuiv.

(*b*) *Ibid.* p. 254.

Leurs enfans furent:

1 ANTOINE CHASTEIGNER, Ecuyer, né à Abain, le 17 Août 1520, fit le voyage de Conſtantinople, avec *François* de Vendôme, Vidame de Chartres, Ambaſſadeur du Roi. Il ſe noya par accident, en la riviere de Vienne, près de Touffou, le 15 Avril 154.... & fut enterré en l'Egliſe Paroiſſiale de S. André de Bonnes, où on lit ſon Epitaphe (*c*).

(*c*) *Ibid.* p. 254 & 255.

2 CLAUDE CHASTEIGNER, né à la Rochepozay le 26 Juillet 1523, mourut en bas âge.

3 ROCH

3 ROCH CHASTEIGNER, Seigneur de Touffou, &c. Ecuyer d'Ecurie du Roi HENRI II, Echanſon, puis Chambellan de FRANÇOIS II. & de CHARLES IX. & Capitaine d'une Compagnie de cent Chevaux-Légers, naquit à Touffou le 7 Février 1527, & reçut au Baptême le nom de *René*, qu'il changea à la Confirmation. Il voyagea, dès ſes jeunes ans, pour acquérir la connoiſſance des Langues, de la maniere de vivre des Etrangers, & pour s'inſtruire principalement du fait de la guerre, en Flandres, en Angleterre, en Suiſſe, en Allemagne, en Italie, & à Malte. Ses premiers faits d'armes furent aux Comtés d'Oye & de Boulogne, en deux expéditions; l'une ſous le régne de FRANÇOIS I; l'autre ſous HENRI II. Il s'engagea ſi avant, en cette derniere, qu'il y fut griévement bleſſé, avec ſon cheval : & au retour, le Roi le pourvut de la charge d'*Echanſon* de FRANÇOIS Dauphin, ſon fils, vacante par la mort de *Gaſpard* de Coligny. A l'âge de 25 ans, ou environ, il paſſa en Italie, en habit déguiſé, pour aller à la guerre de Parme & de la Mirandole, avec pluſieurs Seigneurs. Il s'y comporta ſi vaillament qu'en 1552, il entra avec une Compagnie de deux cents hommes de pied, dont il avoit obtenu le commandement, dans la ville de la Mirandole, quoiqu'aſſiégée & bloquée de treize Forts, par les ennemis; & fit enſuite trois généreuſes ſorties ſur eux, en l'une deſquelles il enleva d'aſſaut un de leurs Forts, du côté de Ferrare, emmena priſonniers leurs Capitaines, & prit leur artillerie : mais ce ne fut pas ſans courir de grands dangers pour ſa vie; puiſqu'à la premiere de ces ſorties, il eut ſon cheval tué ſous lui; fut bleſſé à la ſeconde, d'une arquebuſade à la tête, & reçut à la troiſieme, un coup de mouſquet à la jambe, dont il demeura boiteux le reſte de ſes jours, comme ſon pere. Le Roi HENRY II.

l'honora, à ſon retour, de l'Office d'*Ecuyer de ſon Ecurie.* A peine étoit-il guéri de ſes bleſſures, qu'en 1554, il ſe trouva à la bataille de Renty en Artois, où il eut encore un cheval tué ſous lui. En 1555 le Roi l'envoya en Piémont, où, avec 30 à 40 chevaux ſeulement, il défit le ſecours en hommes de guerre & en munitions de poudres, que les Eſpagnols vouloient faire entrer dans Vulpian, ſous la conduite d'*Emanuel* de Luna, après les avoir chargé trois fois en tête : & cette action contribua à la priſe & réduction de cette place en l'obéiſſance de Sa Majeſté, qui, pour reconnoître en quelque ſorte ce ſervice important, lui donna la *Compagnie de cent Chevaux-Legers*, que le Baron d'Auſſun avoit commandée, dont il prêta ſerment le 18 Août de cette même année 1555. Etant au Pont d'Eſture, il entama les ennemis ſi avant, qu'il reçut un coup d'arquebuſe en la cuiſe gauche, qui le mit à la mort. Après ſa guériſon, le Roi le pourvut encore de l'Office de *Chambellan*, ou *Gentilhomme ordinaire de ſa Chambre*, avec 1200 liv. de penſion ; Office qu'il exerça, & dont il jouit depuis, ſous les Rois FRANÇOIS II. & CHARLES IX. Le Roi HENRI II, ayant réſolu d'envoyer une armée en Italie, pour le ſecours du Saint Siége Apoſtolique, ROCH Chaſteigner y ſuivit le Duc d'Aumale, ſon Colonel, avec ſa Compagnie de Chevaux-Legers, accrue de dix Arquebuſiers, ſuivant l'ordre qu'il en reçut le 10 Novembre 1556. Il ſe rendit dabord en Piémont, d'où il paſſa, avec l'Armée Françoiſe, juſqu'au Royaume de Naples ; & combattit vaillamment contre les Eſpagnols, à Julia-Nova, où il reçut auſſi une grieve bleſſure. Envoyé enſuite, avec d'autres Capitaines, en la ville d'Aſcoli, pour la défendre contre les forces du Duc d'Albe, qui menaçoit de l'aſſiéger, il fit diverſes ſaillies ſur les ennemis. Ayant été choiſi pour dresser une escarmouche, & attirer les ennemis dans une embuscade, & voyant qu'au lieu d'approcher, ils s'en éloignoient, il les chargea si vivement, que la pluspart demeurerent sur la place, & repoussa les autres jusques dans leur Camp : ce qui y causa une si grande allarme, que le Duc d'Albe sortit avec toutes ses forces, & marcha contre les François. Mais ROCH Chasteigner fit si bien tête aux ennemis, avec sa Compagnie, qu'il les arrêta assez long-temps auprès d'un passage, pour que les François eussent le loisir de se retirer. Dans ce signalé service rendu à son Roi, il reçut trois blessures, l'une à la tête, l'autre à la main, & la troisieme à la cuisse, fut fait prisonnier & présenté comme tel, au Duc d'Albe, le 9 Juillet 1557. D'Ascoli, il fut mené au Château de Laquilla, & baillé en garde à un Capitaine Espagnol. Le Duc de Guise fit tout ce qu'il put pour le délivrer par échange; ce qui n'eut point lieu, à cause du prompt retour de ce Prince, après la paix conclue entre le Pape, & PHILIPPE II, Roi d'Espagne. Le Cardinal Caraffe, auquel il l'avoit recommandé en partant, & le Duc de Palliano s'employerent vainement aussi pour sa liberté. Il fut obligé de rester quelque temps captif au Château de Laquilla, d'où ses amis essayerent encore de le tirer par argent; mais les Espagnols *le tenoient aussi haut, comme si ç'eût été un Prince de France*, disent les lettres qu'ils en écrivirent à son pere; de maniere que sa détention opiniâtre fait seule son éloge. Le Duc de Guise promit ensuite, par une lettre du 11 Mars 1557, d'employer son crédit auprès de Sa Majesté, pour sa délivrance. Cependant il fut mené par *Francisque* d'Yvarre, qui l'acheta 500 écus, au Château de Naples, & de là au Château de Milan, où il se trouvoit, lorsque le Duc de Guise, sollicité de nouveau, en écrivit, par ſa lettre du 7 Février 1558, au Cardinal de Lorraine, ſon frere, l'un des Députés du Roi de France, pour traiter la paix avec le Roi d'Eſpagne, lui marquant de s'intéreſſer pour lui auprès du Duc d'Albe. Ces ſollicitations n'ayant rien opéré, il reſta trois ans, priſonnier de guerre; & durant ſa captivité, il s'exerça à compoſer quelques vers François & Eſpagnols, dont il a laiſſé un livre. Le Capitaine d'Yvarre ne voulant cependant accéder à aucune compoſition raiſonnable, exigeant 15 mille écus de rançon, & 4 mille écus *, tant pour les ſoldats qui le gardoient, que pour ſa dépenſe, on eut recours à d'autres puiſſans moyens, pour faire modérer l'excès de cette rançon : ce qui ne réuſſit pas mieux. La providence en ſuſcita un extraordinaire à ROCH Chaſteigner, qui lui procura enfin la liberté. Il fit un trou dans le mur, propre à le conduire dans une cave où étoient les proviſions de bois & de charbons; & ayant attendu le moment où les Charboniers y vinrent, il s'habilla comme eux, ſe noircit le viſage, paſſa à travers toutes les Gardes du Château de Milan, ſans être reconnu, & s'en revint heureuſement en France, par Bergame & Breſſe, juſques à Ferrare, & de là, par la voie des Griſons. Il aſſiſta, étant de retour, à l'entrée que le Roi de Navarre & le Prince de Condé firent à Poitiers, le 19 Octobre 1560, allant trouver le Roi FRANÇOIS II. aux Etats d'Orléans, & eut l'honneur d'y tenir le ſecond rang au côté gauche du Prince de Condé; le Comte du Lude, Gouverneur de Poitiers, étant au côté droit, & le Roi de Navarre marchant au premier rang, entre le Cardinal d'Armagnac & le Maréchal de Thermes. Il ſe

---

* Sommes très-conſidérables alors.

trouva ensuite à la défaite, près Saint-Geneſt-d'Ambieres, à 4 lieues de Poitiers, des Huguenots fugitifs de Tours, de Chinon, de Châtellerault, & d'autres endroits, qui se retiroient en troupes & avec escorte de 300 chevaux dans Poitiers, & leur prit trois enseignes: assista aussi le Maréchal de Saint-André, à la prise de Poitiers, en 1562; alla ensuite sommer, battre, & prendre le Château de Chauvigny, & autres Places, dont la réduction fit rentrer les habitans dans le sein de l'Eglise Catholique: fut de là au siége mis, par l'Armée du Roi, devant Bourges, au mois d'Août de la même année 1562; mais à peine fut-il arrivé dans le Camp, que de la batterie dressée du côté de Saint-Ursin, il reçut une mousquetade, de laquelle il mourut, sans postérité, âgé de 35 ans. Son corps fut porté à la Rochepozay, où ses obseques lui furent faites avec une Oraison-Funébre. Le fameux Poëte Ronsard, fit aussi à sa louange, un Poëme en forme d'Épitaphe, qui contient sommairement les actions de sa vie les plus mémorables (*a*).

(*a*) Voyez Hist. de Chast. depuis la page 266, jusqu'à la page 289.

4 JEANNOT CHASTEIGNER, né à Touffou, le 3 Juillet 1529.

5 ANTOINE CHASTEIGNER, Seigneur de l'Isle-Bapaume, Enseigne d'une Compagnie de Gendarmes, prit naissance à la Rochepozay, le 2 Janvier 1530. Etant encore jeune, il fut destiné à l'Eglise, & pourvû ensuite, sur la démission de *René* Chasteigner, son oncle, de l'Abbaye de Nanteuil en Vallée, & du Prieuré de Marignac; & faisoit encore ses études à Padoue, en 1550, lorsqu'il les quitta pour aller servir à la Mirandole, sous M. d'Andelot, qu'il accompagna jusques à Parme, où les

Espagnols les firent prisonniers, avec M. de Sypierre, visitant les Places fortes d'alentour. Ayant moyenné sa rançon, il fut promptement délivré; tandis que MM. d'Andelot & de Sypierre furent menés à Crémone. Voulant ensuite aller à Ferrare, pour y reprendre le cours de ses études, il passa par Bologue, où il fut de nouveau arrêté prisonnier, sur l'avis qu'on eut qu'il venoit de Parme. Mais le Cardinal de Ferrare lui fit rendre la liberté, huit jours après. Etant de retour en France, il résigna ses Bénéfices à l'un de ses freres puînés, afin de suivre entiérement la profession Militaire : alla, en 1552, sous le titre de *Seigneur de l'Isle-Bapaume*, au Camp de Hesdin, avec l'Amiral Chastillon, par le commandement d'*Anne* Duc de Montmorency, Connétable de France, qui l'affectionnoit : fut pourvu ensuite de la charge d'*Enseigne* de la Compagnie d'*André* de Montalembert, Seigneur de Dessé, Lieutenant de Roi à Therouenne, où il se renferma avec son Capitaine, quand l'Armée de l'Empereur CHARLES V. l'assiégea, en 1553; & y perdit la vie le 23 Juin, âgé de 22 ans, comme il enlevoit le Drapeau d'un Porte-Enseigne des ennemis, qu'il avoit tué. Il s'étoit appliqué à l'étude des Lettres, & a laissé un Livre de Poésies Françoises, qui sont principalement à la louange des François, qui faisoient la guerre en Italie. Ronsard lui adressa aussi une Ode, changée depuis par *Claude* Binet; & plusieurs Poëtes firent encore diverses Epitaphes, à sa louange (*a*).

(a) Hist. de Chast. page 289 & suiv.

6 FRANÇOIS CHASTEIGNER, Seigneur de la Rochepozay, de Touffou, & de Talmont, Baron de Preuilly en partie, Chevalier, de l'Ordre du Roi, Conseiller-Maître-d'Hôtel, & Gentilhomme de la Chambre des Rois CHARLES IX. & HENRI III. & Capitaine de 50 hommes

d'armes, né à Touffou le 21 Avril 1532, tint en sa jeunesse l'Abbaye de la Grenetiere en commande, qu'il quitta après la mort de ses freres ; & parut dans le monde sous le titre de *Seigneur de Talmont* (*a*). Il fit partage avec *Louis* & *Jean* Chasteigner ses freres, des biens de leurs pere & mere, par Acte du 25 Juillet 1567 (*b*) : obtint, en la place de son pere, la charge de *Maître-d'Hôtel ordinaire du Roi* CHARLES IX : fut honoré ensuite de l'état de *Gentilhomme de la Chambre* de Sa Majesté, & du *Collier de son Ordre de Chevalerie*. Il avoit donné des preuves signalées de sa valeur, au siége de Brouage, & à celui de la Rochelle en 1573 ; après lequel il accompagna en Pologne, HENRI de France, Duc d'Anjou ; & fut fait l'un des quatre *Chambellans ordinaires* de ce Prince, lorsqu'à son retour en France, en 1574, il vint prendre la Couronne. Il eut aussi commission, en 1575, de faire remettre à FRANÇOIS de France, Duc d'Alençon, les villes de Saint-Jean-d'Angely, & de Cognac : ce qu'il exécuta, malgré les efforts du Seigneur de Ruffec, Gouverneur d'Angoumois ; & y établit ensuite des Gouverneurs nommés par le Duc d'Alençon (*c*). Il est titré *Chevalier de l'Ordre du Roi*, dans des Lettres du 28 Novembre de la même année 1575, qu'il passa avec *Jean* Chasteigner, Seigneur de Saint-Georges, son frere, au sujet de leurs intérêts particuliers (*d*) : obtint, par autres Lettres du 28 Janvier 1576, la charge de *Capitaine d'une Compagnie de 50 Lances des ordonnances du Roi*, vacante par la mort de *Jean* de Nogaret, Seigneur de la Valette ; & en prêta serment entre les mains d'*Albert* de Gondy, Comte de Retz, Maréchal de France, le 6 Février suivant. Mais quelque temps après, étant venu visiter à Nanteuil en Vallois, *Gaspard*, Comte de Schomberg, son beau-frere, il y mourut, âgé de 47 ans,

(*a*) Hist. de Chast. pages 296 & 297.

(*b*) Original où les qualités de Chevaliers de l'Ordre du Roi, telles qu'elles sont exprimées dans l'extrait de cet acte, Hist. de Chasteigner, preuv. page 127, ne sont données qu'à *Jean* Chasteigner, pere des contractans.

(*c*) Hist. de Chast. page 298.

(*d*) Original.

après avoir fait son Testament le Mercredi 9 Septembre 1579, par lequel il élut sa sépulture, en l'Eglise de l'Abbaye de la Mercy-Dieu, & ordonna divers legs. *Louis* Chasteigner, Seigneur d'Abain, son frere, lui fit dresser un honorable tombeau, avec une Epitaphe, composée par Scaliger : & *Jean* Boiceau, le plus fameux Avocat de son temps, à Poitiers, lui fit aussi une Epitaphe en Vers François (*a*).

(*a*) Hist. de Chast. pages 298 & 299, & aux additions.

Il avoit été accordé en mariage à *Gabrielle* de Rochechouart, Dame de Ruffec, veuve en premieres noces de *François* de Goulaines, Chevalier, Seigneur de Goulaines, & en secondes, de *François* de Volvire, Seigneur de Ruffec, par Acte du 14 Avril 1564 : mais ce traité n'ayant point eu lieu, il épousa, par Contrat du 27 Septembre 1566, LOUISE de Laval *, Baronne de la Faigne & de Ver, Dame de Lilly, de Montigny, de la Rosiere, &c. fille unique de *Louis* de Laval, Baron de la Faigne, & de Ver, &c. & de *Léonore* de Castillio, Dame de Mathefelon & de Bauçay, en Lodunois. Son mari, par son Testament du 9 Septembre 1579, la fit tutrice de leur fils. Elle se remaria à *Pierre* de Montmorency, Seigneur de Loresse, Gouverneur du Perche & de Château-du-Loir, avec lequel elle vivoit en 1581 (*c*).

(*b*) *Ibid.* pag. 297, 298 & 299.

Elle laissa de son premier mariage :

1 RENÉ CHASTEIGNER, Seigneur de la Rochepozay, de Touffou, & de Talmont, Baron de Preuilly, &c.

---

* Branche de la Maison de Montmorency. Voyez pour l'illustration de *Louise* de Laval, par ses quartiers nobles, Hist. de Chasteigner, pages 298 & 304.

n'avoit

n'avoit qu'un an à la mort de son pere, qui, par son Testament du 9 Septembre 1579, lui ordonna pour tuteurs, LOUISE de Laval, sa mere, *Gaspard* de Schomberg, Comte de Nanteuil, & *Jean* Chasteigner, Seigneur de Saint-Georges, Chevalier de l'Ordre du Roi, ses oncles: & sa mere s'étant remariée, le Bailli d'Amboise, par Sentence du 15 Février 1581, lui créa pour tuteur, du consentement de ses parens assemblés, *Louis* Chasteigner, Seigneur d'Abain, lors Ambassadeur à Rome, son oncle, qui, quelques années après, devint son héritier, RENÉ Chasteigner étant décédé, âgé de 13 ans, le 18 Mai 1591, en la ville de Chartres, pendant que le Roi HENRI IV. la tenoit assiégée. Il fut inhumé en l'Abbaye de la Mercy-Dieu, auprès de son pere (*a*).

(*a*) Hist. de Chast. page 300, & aux additions de la page 299.

Enfans naturels de FRANÇOIS Chasteigner, Seigneur de la Rochepozay.

1 CLAUDE de la Rochepozay, Seigneur de Vernelles, & de l'Effougeard, prit, du consentement de ses parens, le surnom de *Chasteigner.* Le Seigneur de la Rochepozay, son pere, par son Testament de l'an 1579, lui légua mille livres de pension annuelle; & il laissa de *Jeanne* de Couhé, sa femme, veuve du Seigneur d'Esignac en Angoumois:

1 N.... Chasteigner, garçon.

2, 3, 4. Trois filles (*b*).

(*b*) *Ibid.* p. 301; & aux additions.

2 RENÉ de la Rochepozay, Religieux de l'Ordre de S. Benoît, Prieur de S. Romain de Châtelleraud, puis

Abbé de S. Cyran, mourut à Châtelleraud, au mois de Septembre 1614, ſe préparant à venir, en qualité de Député du Châtelleraudois, à l'aſſemblée des Etats généraux que le Roi LOUIS XIII. avoit convoqués à Paris (*a*).

(*a*) Hiſt. de Chaſt. page 301.

7 CHARLES CHASTEIGNER, né à Abain le 22 Juin 1533, dont on ne trouve que le nom.

8 LOUIS CHASTEIGNER, Seigneur d'Abain, & de la Rochepozay, qui ſuit.

9 ANTOINE CHASTEIGNER, né à la Rochepozay, le 21 Février 1536 : c'eſt tout ce qu'on en ſçait.

10 JEANET CHASTEIGNER, né à Touffou le 24 Juin 1538 : c'eſt auſſi tout ce qu'on en trouve.

11 JEAN dit *Jeanet* CHASTEIGNER a formé la branche des SEIGNEURS DE S. GEORGES-DE REXE, &c. qui ſeront rapportés ci-après, avec lui, au §. II.

12 PHILIPPE CHASTEIGNER, née à la Rochepozay le 8 Septembre 1524, fut Abbeſſe de Saint Jean de Thouars, par la réſignation de *Louiſe* Chaſteigner, ſa tante, autoriſée par Bulle du Pape PAUL III. de l'an 1543 : & le Roi HENRI II, étant à Iz-ſur-Tille, le 28 Juin 1548, lui accorda la permiſſion de réſigner auſſi cette Abbaye à *Françoiſe* Chaſteigner, ſa ſœur, Religieuſe de l'Ordre de S. François ; ce qu'elle ne fit pas (*b*).

(*b*) *Ibid.* page 256.

13 FRANÇOISE CHASTEIGNER, née à la Rochepozay le 5 Mars 1525, ſe rendit Religieuſe de l'Ordre Saint

François, au Couvent de Mirebeau, dont elle devint Prieure, suivant la ratification qu'elle fit le 3 Août 1567, du partage arrêté au mois de Juillet précédent, entre *Louis* Chasteigner, Seigneur d'Abain, & *Jehanet* Chasteigner, Seigneur de S. Georges-de-Rexe, ses freres (*a*). La mort l'ôta du monde en 1570, à Abain, où elle reçut la sépulture, en l'Eglise Paroissiale de S. Pierre de Thurageau, fondée par les Seigneurs d'Abain (*b*).

(*a*) Original.

(*b*) Hist. de Chast. page 257.

14 MARIE CHASTEIGNER, née à Touffou le 29 Septembre 1534, mourut jeune.

15 SIBILLE CHASTEIGNER, née à Abain, le 14 Mars 1539, mourut aussi en jeunesse.

16 JEANNE CHASTEIGNER, née à Touffou le 5 Avril 1543, fut recherchée en mariage, par *Claude* de la Trimouille, Marquis de Noirmoutier; mais elle fut mariée 1° à HENRI Clutin, Seigneur de Ville-Parisis, & de Saint-Aignan au Maine, Vice-Roi en Ecosse, pour le Roi FRANÇOIS II, qui, en 1559, lui donna le commandement d'une Armée, & qui fut depuis Ambassadeur pour le Roi CHARLES IX, à Rome, où il mourut en 1566, âgé de 56 ans, & fut enterré en l'Eglise de Saint-Louis, avec une Epitaphe, que sa femme, qu'il avoit menée avec lui à Rome, lui fit dresser (*c*).

(*c*) *Ibid.* pag. 257 & 258.

Elle eut de ce mariage :

1 N . . . . . Clutin, fille, morte en bas âge, avant son pere.

JEANNE CHASTEIGNER, de retour en France, fut

recherchée par *Jean* de Laval, Marquis de Néelle; mais ce mariage n'eut pas lieu. Elle fut mariée, 2° Par contrat du 15 Juillet 1573, à GASPARD de Schomberg, Comte de Nanteuil, en Valois, Colonel des Reiſtres, ou Bandes Allemandes entretenues en France, & Gouverneur de la haute & baſſe Marche, qui mourut le 17 Mars 1599, & qui fut inhumé en l'Egliſe du Prieuré de Nanteuil, où on voit ſon Epitaphe. Elle décéda auſſi à Nanteuil, le 23 Décembre 1622, âgée de 83 ans, ayant laiſſé entre autres enfans, de ſon ſecond mariage :

1 HENRY de Schomberg, Comte de Nanteuil & de Duretal, Marquis d'Epinay en Bretagne, &c. Chevalier des Ordres du Roi, Lieutenant-Général de ſes Armées, Gouverneur de la haute & baſſe Marche, puis Gouverneur de Limoſin, de Saintonges, & d'Angoumois, fait Maréchal de France en 1625, & qui mourut en 1632, âgé de 59 ans, ayant laiſſé poſtérité (*a*).

(*a*) Hiſt. de Chaſt. page 259, & aux additions, & Hiſt. des gr. Off. de la Couronne, tom. IV, page 334.

2 FRANÇOISE de Schomberg, née en 1577, fut mariée, par contrat du 15 Janvier 1597, à FRANÇOIS de Daillon, Comte du Lude, Sénéchal d'Anjou, fils de *Guy* de Daillon, Comte du Lude, Chevalier des Ordres du Roi, & de *Jacqueline* de la Fayette, Dame de Pont-Gibault. Son mari mourut en 1619, laiſſant des enfans (*b*).

(*b*) *Ibid.*

Fils naturel de JEAN Chaſteigner, Seigneur de la Rochepozay.

1 CLAUDE de la Rochepozay, qui, après avoir été long-temps ſur les Galeres, avec *Leon* Strozzy, grand Prieur

de Capoue, se maria à Barlette, au Royaume de Naples; & eut pour enfans :

1 SCIPION de la Rochepozay, qui prit femme, en la ville de Naples.

2 N . . . . de la Rochepozay, fut mariée (*a*).

(*a*) Hist. de Chast. page 160.

XV.

DU PUY. *d'or, au lion d'azur, armé, lampassé, & couronné de gueules.*

LOUIS CHASTEIGNER, Seigneur d'Abain, de la Rochepozay, de Touffou, Baron de Preuilly, de Malval, &c. Chevalier, des Ordres du Roi, Conseiller en ses Conseils-Privé & d'Etat, Capitaine de 50 Hommes d'armes de ses ordonnances, Gouverneur & Lieutenant-Général pour Sa Majesté, ès pays de la haute & basse Marche, naquît au Château de la Rochepozay, le Samedi 15 Février 1535, à six heures du matin. Dès ses jeunes ans il étudia en l'Université de Paris, sous le Sçavant *Adrien* de Tournebu, dit *Turnebe. Jean* d'Aurat, Poëte & Professeur du Roi, l'enseigna ensuite quelque-temps à la Rochepozay, ainsi que le fameux *Joseph* de la Scale, dit *Scaliger*. Par le moyen de ces grands Hommes, il ajouta à l'avantage de son extraction, une connoissance non commune des langues Grecque & Latine, de la Philosophie, de l'Histoire, de la Politique & des autres Sciences libérales, qui le rendirent capable d'être employé aux plus importantes affaires de l'Etat. Il fut en Italie, en 1556, avec l'Armée que *François* de Lorraine, Duc de Guise, mena, par ordre du Roi HENRY II, au Royaume de Naples. De là il accompagna jusques à Malte, M. de Chanteraine, Ambassadeur de la Religion, dans l'intention de se faire Chevalier de Saint-Jean de Jerusalem : mais voyant que la mer étoit contraire à son tempérament, il prit le parti d'accepter l'Abbaye de Nanteuil-en-Vallée, qu'*Antoine* Chaſteigner, Seigneur de l'Iſle-Bapaume, ſon frere, lui réſigna. Revêtu de cette dignité, il ſe rendit à Milan, en 1559, où il réſida l'eſpace de neuf mois, ſollicitant la liberté de *Roch* Chaſteigner, Seigneur de Touffou, ſon frere aîné, priſonnier des Eſpagnols; & fut un de ceux auxquels CHARLES IX. commanda de conduire *Madame* ELISABETH de France, ſa ſœur, en Eſpagne. Le Seigneur de Touffou, ſon frere, étant mort devant Bourges, en 1562, il embraſſa la profeſſion des Armes, ſous le titre de *Seigneur d'Abain* (*a*). Il fit partage avec *François* & *Jean* Chaſteigner, ſes autres freres, des biens de la ſucceſſion de *Jean* Chaſteigner, Chevalier de l'Ordre du Roi, & de *Claude* de Monleon, leurs pere & mere, par acte du 25 Juillet 1567 (*b*): ſe trouva au mois de Novembre ſuivant, à la bataille Saint-Denys, où il eut deux chevaux tués ſous lui; &, en 1569, à celle de Jarnac, où il ſauva la liberté à *Pierre* de Choupes, Seigneur de Choupes, ſucceſſivement Gouverneur de Lezignem, d'Agen, de Périgueux, de Caſtillon, de Sainte-Foy & de Loudun, choiſi par le Pince de Condé, *pour lui ſervir de miroir au combat*, dit l'Hiſtorien d'Aubigny, lequel avoit eu auſſi ſon cheval tué ſous lui; le retirant des mains d'un Italien qui l'emmenoit priſonnier, ſans l'avoir reconnu, & payant promptement 500 écus pour ſa rançon. Il ſe trouva auſſi, au mois d'Octobre de la même année 1569, à la bataille de Montcontour; depuis au grand combat de la Roche-Abeille, au ſiége de la Rochelle, en 1573, & de pluſieurs autres Places fortes tenues par les Huguenots, donnant, dans toutes occaſions, des preuves notables de ſa valeur (*c*). Le Roi CHARLES IX. l'ayant pourvu, en cette année 1573, de l'Etat de *Gentilhomme ordinaire de ſa Chambre*, Sa Majeſté voulut, par la Lettre qu'Elle lui écrivit de Crecy, le 5 Octobre, qu'il accompagnât en Pologne, HENRI de France, Duc d'Anjou, ſon frere, élu

(*a*) Hiſt. de Chaſt. page 305 & ſuivantes.

(*b*) Original.

(*c*) Hiſt. de Chaſt. page 316, & aux additions.

Roi de Pologne, qui l'avoit invité aussi à ce voyage, suivant sa Lettre, datée de Paris le 7 Août précédent. Ce Prince passant par l'Allemagne, le députa, suivant des Lettres de créance du dernier Décembre de la même année, vers les Archevêques de Treves & de Cologne, Electeurs de l'Empire, pour les assurer, de sa part, de sa bonne volonté & affection, & leur offrir quelque présents ; & l'envoya ensuite de Pologne en France, vers le Roi CHARLES IX. Mais, quelques temps après, le Roi de Pologne étant venu receuillir la Couronne de France, le ramena avec lui, & le pourvut de l'Office de *Maître d'Hôtel ordinaire de sa Maison.* Sa Majesté lui accorda depuis la charge de *Gentilhomme ordinaire de sa Chambre*, & le retint en 1576, du nombre des *Conseillers de son Conseil-Privé.* Le Roi le choisit encore, suivant des instructions du dernier Mars de cette année, pour aller, en son nom, rendre l'obédience filiale, au Pape GREGOIRE XIII, à cause de l'avénement de Sa Majesté à la Couronne de France, & demeurer son *Ambassadeur ordinaire* auprès de Sa Sainteté, avec pouvoir même de négocier à Rome des emprunts en argent, sur les joyaux & pierreries du Roi, qui lui furent confiés. Il fit en conséquence, son entrée solemnelle à Rome, par la Porte Angelique, près de Saint-Pierre, le Lundi 18 Juin 1576 ; & le lendemain Mardi, il rendit l'obédience au Pape, de la part du Roi, au Consistoire public, où *Marc-Antoine* Muret, l'un des plus célébres Orateurs de son temps, fit la Harangue Latine qu'on trouve parmi ses Œuvres imprimées. Il résida à Rome, en qualité d'Ambassadeur ordinaire, l'espace de cinq ans : & Sa Majesté, pour l'indemniser des grandes dépenses qu'il étoit obligé de faire, lui avoit accordé, dès le 6 Novembre de la premiere année de son Ambassade, 6000 liv. de pension. Il défendit courageusement les droits de la Couronne de France, à la Cour de Rome; fit tous ses efforts pour que le Pape ne reçut pas l'Ambassadeur d'ETIENNE

Bathory, Elu Roi de Pologne, remontrant à Sa Sainteté, « que le Roi HENRI, ſon Maître, étoit Roi légitimement » élu de la Pologne; que ſi on ne lui accordoit du temps, pour » avertir Sa Majeſté, il s'oppoſeroit à cette réception, *au* » *péril de ſa vie; tueroit de ſa propre main, même en préſence de* » *Sa Sainteté, l'Ambaſſadeur, s'il ſe préſentoit en cérémonie* » *publique* ». Cependant il donna avis au Roi de ce qui ſe paſſoit; & Sa Majeſté lui donna Ordre de ne s'oppoſer à la reception de cet Ambaſſadeur, que par acte de proteſtation: ce qu'il exécuta en effet, le 11 Avril 1579, en adreſſant la parole au Pape, dans le Conſiſtoire public, où ſe trouvoit *Paul* Vehanascki, Ambaſſadeur d'ETIENNE Bathory, & où LOUIS Chaſteigner arriva, comme à l'improviſte, accompagné de près de 300 Gentilshommes François & Italiens. Sa Proteſtation faite à haute voix, il ſortit promptement du Conſiſtoire, pour ne point aſſiſter à la cérémonie, & en fit dreſſer l'Acte, par des Notaires, qu'il avoit amenés avec lui. Le 30 Septembre ſuivant, le Roi lui accorda la charge de *Capitaine de 50 Hommes d'Armes*, vacante par la mort du Seigneur de la Rochepozay, ſon frere. Il reçut Ordre de Sa Majeſté, le 27 Octobre de la même année 1579, de requérir auprès de Sa Sainteté, la promotion à la dignité de Cardinal, de *Charles* de Bourbon, neveu du Cardinal de Bourbon; & le Roi, par ſes Lettres du 10 Novembre 1580, lui marqua auſſi ſa ſatisfaction, au ſujet de la promotion au Cardinalat de *Philippe* de Lenoncourt: il a titre de *Capitaine de 50 Hommes d'Armes des ordonnances du Roi*, dans la ſuſcription de ces Lettres. Sa Majeſté, par d'autres Lettres, datées de Saint-Germain en Laye, le 17 Mars 1581, le rappella enfin de ſon Ambaſſade, lui recommandant, avant de prendre congé & partir de Rome, d'informer le Cardinal d'Eſt des affaires du Roi. Peu de temps après ſon retour en France, Sa Majeſté l'établit l'un de ſes *Conſeillers d'Etat*, par Brevet du 3 Mars

1582.

1582, ayant été choisi pour l'un des Députés du Conseil d'Etat, que le Roi se proposoit d'envoyer dans les Provinces de son Royaume, la Reine-Mere CATHERINE de Médicis lui en donna avis, par ses Dépéches datées de Saint-Maur-des-Fossés, le 21 Août suivant; & il alla en effet, avec *Philippe* du Bec, Evêque de Nantes, & *René* Baillet, second Président au Parlement de Paris, visiter les Provinces de Lyonois, Forêt, Beaujolois, Dauphiné & de Provence. Au retour, le Roi lui accorda l'Office d'un de ses quatre *Chambellans ordinaires*, qu'il érigea de nouveau; & enfin Sa Majesté le créa *Chevalier de son Ordre du Saint-Esprit*, qu'Elle avoit institué à son retour de Pologne. *Philippe* de Lenoncourt, Cardinal, & Commandeur du même Ordre, prit sa profession de foi à ce sujet; & il reçut le Collier de cet Ordre, des mains du Roi, en la cérémonie du sixiéme Chapître, tenu aux Augustins de Paris, le dernier Décembre 1583. Quelque temps après, ceux du parti de la Ligue, formée contre le Roi, ayant pris les armes, en divers endroits du Royaume, & particuliérement en Poitou, Sa Majesté y envoya FRANÇOIS de Bourbon, Duc de Montpensier, & donna ordre, par ses Dépéches, écrites à Paris, le 7 Avril 1585, au Seigneur d'Abain, d'assembler sa Compagnie de Gendarmes, & de joindre ce Duc: ordre que le Roi lui récidiva, par autres Dépéches du 3 Mai suivant. Le Duc de Montpensier ayant eu avis que les Ligueurs vouloient assiéger Saumur, & sçachant que la Compagnie du Seigneur d'Abain étoit prête, lui manda, par sa Lettre datée de Champigny le 9 du même mois de Mai, de se hâter de venir auprès de sa personne, pour prendre les moyens de conserver cette place: & ce Prince étant averti ensuite que quelques troupes des ennemis étoient déjà devant cette Ville, lui réitéra, par une autre Lettre du 29, de faire diligence. Mais ceux de la Ligue s'étant aussi-tôt retirés, le Duc de Montpensier, par une troisiéme dépêche du dernier Mai, lui manda de ſe préparer à loiſir, pour un meilleur effet. L'occaſion ne tarda gueres. Le Roi ayant réſolu d'aſſembler l'Armée du Duc de Montpenſier, près de Montcontour, il reçut un ordre de Sa Majeſté, daté de Paris le 30 Juillet ſuivant, de s'y acheminer avec ſa Compagnie ; ce que le Duc de Montpenſier lui commanda auſſi, par une de ſes Lettres : & le Régiment du Sieur de Drou ayant été défait & taillé en piéces, auprès de S. Savin, les premiers efforts de la Ligue furent entiérement étouffés en Poitou. Le Duc de Montpenſier donna auſſi ordre, le 1er Octobre, au Seigneur d'Abain, de ſe rendre à Saumur le lendemain. Les Huguenots s'étant ſaiſis enſuite du Château d'Angers, le Duc de Joyeuſe s'empara de la Ville, aſſiſté de toutes les forces du Duc de Montpenſier, qui, par ſes dépêches datées encore de Champigny le 19 Octobre, avoit donné ordre au Seigneur d'Abain de l'y joindre, avec ſa Compagnie : & le Roi, par ſes dépêches écrites de Paris le 28 Novembre ſuivant, lui manda de ſe tenir prêt à marcher au premier ordre, contre les Allemands, qui ſe préparoient à ſecourir les Huguenots. Il reçut le 5 Mars 1586, un nouveau commandement de Sa Majeſté d'aſſiſter *Jean* de Chourſes, Seigneur de Malicorne, Gouverneur & Lieutenant-Général en Poitou, s'il en avoit beſoin : eut ordre du Roi le dernier Avril ſuivant, de ſe rendre, avec ſa Compagnie, auprès du Maréchal de Biron, deſtiné à marcher, avec une Armée, au-devant du Roi de Navarre, qui tenoit le parti des Huguenots, & qui s'avançoit en Poitou : & ce Maréchal lui en écrivit lui-même le 10 Mai, de Blois. Le Roi le chargea auſſi, le 24 Février 1587, d'aſſiſter à la recherche générale que Sa Majeſté ordonna de faire à Paris, dans l'appréhenſion de ce qui arriva depuis aux Barricades. Il reçut également ordre, le 29 Juin ſuivant, de ſe tenir prêt à marcher avec ſa Compagnie, pour ſe joindre à l'Armée que le Roi faiſoit aſſembler contre les forces d'Allemagne, qui s'avançoient vers la France ;

& cet ordre lui ayant été réitéré le 13 Juillet, avec commandement d'être rendu à Gien le 1er Août, il accompagna en effet Sa Majesté à l'Armée qui marcha contre les Reistres, les Lansquenets & les Suisses réunis, qui furent défaits à Vimory & à Auneau. Le Roi l'ayant encore envoyé en 1588, en Picardie, pour remédier aux troubles que CHARLES de Lorraine, Duc d'Aumale, y excitoit ; il parvint à établir des Garnisons à Montreuil, Abbeville, Corbie, Pérone, à Saint-Quentin & dans d'autres places de cette Province, à la satisfaction même des Habitans qui refusoient de les recevoir. Il vit aussi le Duc d'Aumale, qu'il disposa, selon la volonté du Roi, à se retirer du Gouvernement de la Picardie, & rendit compte de cette négociation au Duc de Montpensier, par sa Lettre datée de Paris le 9 Mars, où il remercioit aussi ce Duc d'avoir concouru à la conservation de sa Terre d'Abain. Mais le trouble n'ayant pas cessé entiérement, & le Duc d'Aumale différant sa retraite de Picardie, il y retourna ; fit abattre, à son arrivée, une Citadelle que ce Duc avoit commencée dans Abbeville ; arrêta prisonniers cinq ou six habitans d'Abbeville, qui lui étoient attachés ; l'alla visiter à Pont-de-Remy, & le força enfin à se retirer vers le Duc de Guise. Il fut aussi député par le Roi, vers FERDINAND de Médicis, Grand Duc de Toscane, le 13 Avril, pour le complimenter, de la part de Sa Majesté, de la Reine-Mere CATHERINE de Médicis, & de la Reine LOUISE de Lorraine, sur la perte du Grand Duc, son frere, & lui offrir amitié & assistance à son avénement. Le mariage de ce Grand Duc, avec la Princesse CHRISTINE de Lorraine, ayant été traité depuis, il eut charge, en 1589, d'accompagner & conduire cette Princesse jusqu'à Florence ; & se munit, à cet effet, du Passeport de CHARLES de Lorraine, Duc de Mayenne, Chef de la Ligue, daté du 19 Février. Ayant rendu la Princesse à Florence, où ses noces furent célébrées, il en donna aussi-tôt avis au Roi, qui lui répondit de Tours, le 30 Mai. Il avoit reçu, dès le 23 Mai, la permission de la Grand-Ducheſſe de revenir en France : mais les Ligueurs de la Garniſon de Poitiers, ſe prévalant de la mort inopinée du Roi, arrivée le 2 Août, l'ayant cependant arrêté priſonnier, avant qu'il pût arriver chez lui, malgré le ſauf-conduit du Duc de Mayenne, ce Prince qui régentoit paiſiblement à Paris, lui écrivit, le 26 du même mois d'Août, qu'il avoit donné des ordres, pour ſon élargiſſement. CHARLES de Bourbon, Cardinal, que le Duc de Mayenne avoit fait déclarer Roi, écrivit auſſi au Gouverneur & aux Echevins de Poitiers, le dernier Août, du Château de Chinon, pour obtenir ſa liberté qui lui fut rendue. Il ſe rangea auſſi-tôt ſous l'obéiſſance de ſon légitime Souverain HENRI IV, qui lui manda, du Camp du Mans le 4 Décembre, de tenir ſa Compagnie prête à le joindre. Il aſſiſta, quelques jours après, le Gouverneur de Poitou à une expédition contre ceux de la Ligue, & s'y comporta de façon à mériter les remercîmens que Sa Majeſté lui en fit, par ſa Lettre écrite à Laval, le 16 du même mois. Les Cardinaux de Vendôme & de Lenoncourt l'engagerent auſſi, par leurs dépêches, datées de Tours les 28 Novembre & dernier Décembre de la même année 1589, à prendre la garde du Lieu de la Rochepozay, que le Sieur de Sallern, Commandant du Château de Loches lui remit. Le Roi lui confia encore, par Lettres écrites au Camp de Garennes le 4 Mars 1590, le commandement des villes du Blanc en Berry, de Saint-Savin, & des Châteaux, lieux & pays circonvoiſins ; & Sa Majeſté ayant gagné à Ivry, la victoire ſur le Duc de Mayenne, voulut bien lui en donner avis, par ſes dépêches, datées du Camp d'Annet, le 14 du même mois. Il lui fut auſſi dépêché un ordre du Roi, du Camp de Mante le 24 Mars, touchant la Garniſon du Blanc en Berry, dont Sa Majeſté lui avoit commis la défenſe ; mais il ne le reçut pas, ayant été fait priſonnier par le Vicomte de la Guierche,

Gouverneur du Poitou & de la Marche, pour la Ligue, dès la nuit du 17 Mars, en la ville de Chauvigny, dont il avoit confié la garde aux Habitans qui la négligerent, ou le trahirent ; & quoique *Henri* Chasteigner, Baron de Malval, son fils, qu'il avoit mis alors dans le Château de Chauvigny, pour le défendre, descendit en la basse-ville, combattit les Ligueurs, en tuât plusieurs, & fit plus de 60 prisonniers, le Seigneur d'Abain, son pere, fut néanmoins conduit captif à Poitiers. Le Cardinal de Lenoncourt, par ses dépêches au Roi, datées de Tours le 23 Mars, s'intéressa fortement pour sa délivrance ; & Sa Majesté offrit en effet, en échange, M. de Boisdauphin, pris à la bataille d'Ivry : ce qui ne fut pas accepté par le Vicomte de la Guierche. Celui-ci alla au contraire assiéger le Château de Chauvigny, que le Baron de Malval défendit courageusement, l'espace de trois semaines. Cependant M. de la Trimouille, & *Jean* Chasteigner, frere puîné du Baron de Malval, assemblerent des troupes pour faire lever le siége de la Place. Le Vicomte de la Guierche croyant au contraire pouvoir la forcer, fit des propositions à *Louis* Chasteigner, Seigneur d'Abain, son prisonnier ; lui offrit la liberté, en disposant son fils à rendre la place, aux conditions les plus honorables, qu'il rédigea en forme de capitulation le 17 Mai. Le Seigneur d'Abain ne voulut y condescendre qu'en les soumettant, par sa Lettre du même jour, au jugement de Mrs de la Trimouille & de Malicorne, qui, convaincus que le siége ne pouvoit être levé, manquant de canons pour forcer les barricades des Assiégeans, les acceptérent. Le Baron de Malval rendit alors la Place, de laquelle il sortit avec tous les honneurs de la guerre ; & le Seigneur d'Abain, son pere, fut ainsi conduit en liberté à Châtelleraud. Le Roi, par sa Lettre écrite au Camp de Gonnesse le 14 Juin suivant, approuva aussi cette capitulation ; loua le bon devoir que le Baron de Malval avoit rempli à la défense du Château de Chauvigny, & donna ordre au Seigneur d'Abain de ſe rendre avec ſa Compagnie, auprès de M. de Malicorne. Les Ligueurs étant venus enſuite aſſiéger la Rochepozay, ſe retirerent à ſon approche : mais ils ſe rendirent maîtres du Blanc en Berry, dont il avoit auſſi la garde, par la trahiſon d'un nommé *Guillotrie*, qui étoit reſté dans le Château, & qui refuſa le ſecours que le Seigneur d'Abain lui avoit envoyé. Il donna auſſi-tôt avis de cette trahiſon à M. de Malicorne, Gouverneur du Poitou, qui, par ſa Lettre de Parthenay le 19 Juin, lui fit eſpérer qu'ils prendroient leur revanche avec avantage. Mais le Roi, par une dépêche du 23 Juin, lui donna ordre de ſe tenir prêt à marcher, avec FRANÇOIS de Bourbon, Prince de Conti, que Sa Majeſté envoya en Poitou : ce qui empêcha LOUIS Chaſteigner d'aller joindre, en Auvergne, le Comte de Clermont, comme ce Prince l'en exhortoit, par ſa Lettre datée de Tours le dernier Juin. Le Cardinal de Bourbon, Chef du Conſeil du Roi, lui donna auſſi ordre, par ſa Lettre de Tours le 13 Mars 1591, de remettre au Sieur du Fournil le Château du Blanc en Berry, repris ſur les rebelles : & le Roi l'ayant pourvû *du Gouvernement de la haute & baſſe Marche*, il en fit ſes remercîmens à Sa Majeſté, au ſiége de Chartres, qui rentra ſous l'obéiſſance du Roi le 19 Avril. Etant allé enſuite prendre poſſeſſion de ſon Gouvernement, & le Vicomte de la Guierche s'y étant trouvé en force, il ſe retira en la ville du Dorat, d'où il invita ſes principaux amis à l'aſſiſter de leur ſecours, pour défendre la Place. M. de Choupes, Gouverneur de Loudun, lui offrit ſes ſervices, par ſa Lettre du 6 Mai; & M. de la Trimouille, par une autre du 14; ainſi qu'*Anne* de Levis, depuis Duc de Ventadour, par la ſienne de Limoges le 16. Mais la mort du Duc de Ventadour, pere de celui-ci, ſurvenue peu de jours après, le força de retirer ſa parole, par une autre dépêche, datée auſſi de Limoges le 6 Juin ſuivant. Cependant le Seigneur d'Abain jetta par trois fois du ſecours dans Belac, assiégée par le Vicomte de la Guierche, & où *Jean* Chasteigner, son second fils, & le Baron de Malval, son fils aîné, avec d'autres Seigneurs, entrerent aussi successivement; au moyen de quoi les Assiégés soutinrent, avec vigueur, les assauts de l'ennemi, l'espace de trois semaines; & le Vicomte de la Guierche n'osant attendre l'arrivée d'autres secours, leva le siége de cette Place, après avoir livré plusieurs assauts & fait diverses breches. Le Seigneur d'Abain le suivit, le lendemain, avec ses deux fils & autres Gentilshommes, harcelant l'arriere-garde de ce Vicomte jusques aux portes de Chauvigny, où ils tuerent plusieurs des siens. Deux jours après ils assiégerent Montmorillon, qui, à l'arrivée du Prince de Conti, fut prise de force, avec le canon, & toute l'Infanterie du Vicomte défaite. Il assista ensuite le Prince de Conti à la prise des villes & Châteaux de Chauvigny & de Mirebeau; de quoi Sa Majesté lui témoigna sa satisfaction, par sa Lettre datée du Camp de Noyon le 4 Août: mais il s'étoit acheminé en haute-Marche avant la réception de cette Lettre, avec quatre pieces de canon; attaqua & prit Chastellus-Marchais, qu'il fit démanteler; se rendit maître des villes de la Borne, de Pontcharrault, Prebenest, Ahun, Château-poinsac, Merignac, Compey & de Jernage. Le Duc de Nemours s'étant venu loger, au mois d'Octobre, près de cette derniere Place, le Seigneur d'Abain, quoique malade alors, fit monter à cheval *Jean* Chasteigner, son fils; & par son moyen il tailla en piéces, au Bourg de Pionnat, les troupes de ce Duc, qu'il contraignit de se retirer en Auvergne. Le Roi lui donna ensuite la charge *du Gouvernement de Limosin*, en l'absence du Duc de Ventadour: & Sa Majesté, par sa dépêche du Camp devant Rouen le 4 Décembre, lui marqua d'y employer *Louis* de Pierrebuffiere, qui avoit grand crédit en ce pays. Ayant été aussi institué *Lieutenant pour le Roi en Poitou*, de-là la riviere de Vienne, en l'absence de M. de Malicorne, Gouverneur de tout le pays, il fit démanteler un Château, ſitué entre Saint-Savin & Montmorillon, & au commencement de l'année 1592, un autre près de la Rochepozay, où des Ligueurs ſe retiroient; & avant de retourner dans ſon Gouvernement de la Marche, il remporta encore une victoire ſignalée, au mois de Février, ſur le Vicomte de la Guierche, près de la Guierche, après avoir forcé ſes retranchemens, & contraint le reſte de ſes troupes à ſe jetter à la nage dans la riviere de Vienne, où la plûpart périrent avec le Vicomte de la Guierche lui-même, & plus de cent Gentilshommes. Il reçut un ordre du Roi, daté du Camp de Senlis le 27 Juin de la même année 1592, pour ſe rendre à Limoges, afin d'y pacifier quelques diviſions formées entre les Habitans de cette Ville. Invité, par une Lettre du Cardinal de Bourbon & autres Grands Seigneurs, datée du Camp d'Eſtampes le 22 Novembre ſuivant, & par une dépêche du Roi du même jour, il envoya ſa procuration, comme abſent, pour approuver la nomination du Marquis de Pizani, deſtiné par Sa Majeſté, pour aller vers le Pape, au nom des Etats aſſemblés, afin de pacifier les troubles occaſionnés par la Ligue. Il refuſa conſtamment la charge de Lieutenant-Général en Limoſin, que le Roi, étant à Tours en 1593, lui offrit, à l'inſtance des Députés de Limoges. Sa Majeſté, par ſa Lettre datée de Mantes le 18 Mai de la même année 1593, l'invita auſſi de ſe rendre à l'aſſemblée des Prélats, Seigneurs & autres, qu'Elle avoit convoqués à Mantes, pour les affaires du Royaume; & par une autre Lettre du 4 Juin, d'y amener ſa Compagnie d'ordonnances, & de s'y joindre aux autres Capitaines, pour la ſûreté de cette Aſſemblée; mais le Gouverneur de Poitou ayant réſolu le blocus de la ville de Poitiers, qui tenoit alors pour la Ligue, il l'alla trouver avec une fort bonne troupe; action dont le Roi lui ſçut le plus grand gré, par ſa Lettre écrite du Camp de Dreux, le 29 Juin. *André* de Vivonne, Baron de la Chaſteigneraye, étant

forti

sorti de Poitiers, pendant ce blocus, par la porte de la tranchée, le 13 Juillet, engagea ainsi une sanglante escarmouche; & le Seigneur d'Abain s'y exposa tellement qu'il eut un cheval tué sous lui, d'une canonade. Le Roi voulut bien aussi lui donner avis, de Saint-Denys-en-France le 25 Juillet, de sa conversion, lui marquant que ce jour-là même Sa Majesté avoit entendu la Messe: & le 1er Août suivant, Elle lui envoya les articles de la Treve générale conclue & arrêtée, pour trois mois, afin qu'il la fit publier dans les Villes de son Gouvernement. Mais la guerre s'étant renouvellée, le Seigneur d'Abain retourna, dès le commencement de l'an 1594, en son Gouvernement de la Marche, où il reçut de Mante, le 1er Février, la Lettre du Roi, qui, approuvant l'utilité de sa conduite, lui marquoit aussi la joie que Sa Majesté auroit, qu'il envoyât auprès d'Elle le Baron de Preuilly, son fils, avec sa Compagnie de Chevaux-Légers. Les soulevemens des Paysans du Limosin s'étant accrus, il alla, sur la dépêche du Roi du 11 Mai, joindre M. de Chamberet, Lieutenant-Général en cette Province; chargea d'abord les Communes rebelles, assemblées sous le nom de *Croquants*, au nombre de dix mille, à Saint-Priech de Ligoure: & le combat s'étant engagé au Bourg de Nesson, près le Château d'Escars, il les y défit entiérement, & acheva de les dissiper à la Roche-Abeille. S'étant acheminé ensuite sur les frontieres du Berry & de la Touraine, pour y reprimer l'insolence d'autres rebelles, il en écrivit à *Joseph* de la Scale, dit *Scaliger*, le 18 Juillet * : & après avoir remédié à d'autres désordres, dans le bas Limosin, & mis garnison à Limoges, il revint en son Gouvernement de la Marche. Le Roi ayant résolu d'aller en Franchecomté au-devant des forces de ses ennemis, qui avoient passé deçà les monts, il reçut un ordre de Sa Majesté, daté de Paris le 17

* Epître 34, des illustres personnages, entre celles écrites à Scaliger.

M

Janvier 1595, de l'y accompagner avec sa Compagnie & celle de son fils, & de joindre Sa Majesté, vers la fin de Février, à Lyon, ou ailleurs. La Princesse de Condé avoit résolu de mettre le Seigneur d'Abain, auprès du Prince son fils, plus prochain successeur alors à la Couronne; mais ce Seigneur étant tombé malade à Moulins, au retour de la Franchecomté, la mort l'y enleva, le 29 Septembre de la même année 1595, sur les six heures du matin, âgé seulement de 60 ans. Il aima toujours l'étude des Lettres, les Sciences & les Sçavans, & garda pendant 30 ans, en sa maison, *Joseph* Scaliger, pour l'éducation de ses enfans. Divers Historiens fameux firent aussi de lui l'éloge qu'il méritoit: Il fut apporté de Moulins à la Rochepozay, où, avec de magnifiques obséques, & après la prononciation d'une Oraison funébre, l'Evêque de Poitiers fit la cérémonie de son enterrement, le 16 Décembre. On y lit aussi son Epitaphe, composée par Scaliger, qui fit encore, en son honneur, un *Epicedion* en vers Latins (*a*).

(*a*) Hist. de Chast. depuis la page 317, jusqu'à la page 395, & aux additions.

Il avoit épousé, par contrat du 15 Janvier 1567, précédé de la Dispense du Pape PIE IV, du 28 Octobre 1565, CLAUDE du Puy *, Dame de la Forest, de Chantemilan, & de la Tour-Saint-Austrille, sa parente au 3me degré, comme petite niece de *Madeleine* du Puy, dont on a ci-devant parlé, femme de *Guy* Chasteigner, ayeul de son mari, & fille de *Georges* du Puy, Chevalier, Seigneur du Coudray, de Dames, de Chantemilan, Baron de Bellefaye, &c. Pannetier ordinaire du Roi FRANÇOIS I, & de *Jeanne* Raffin, fille

---

* Elle tiroit son origine d'une ancienne & noble Maison, descendue de *Guillaume* du Puy, Chevalier, Seigneur de Dames en Berry, vivant en 1309 (Duchêne, Hist. de Chasteigner, pages 198 & 307.) Voyez pour l'illustration de CLAUDE du Puy, par ses ascendances paternelles & maternelles, les Tables des alliances placées à la fin de cette Histoire.

d'*Antoine* Raffin, dit *Poton*, Seigneur de Pecalvary, de Beaucairé & d'Azay-le-Rideau, Sénéchal d'Agenois, Capitaine de cent Archers de la Garde du Roi, Gentilhomme ordinaire de sa Chambre, Gouverneur de Cherbourg en Normandie, de Marmande en Gascogne, & de la Sauvetat près de Bergerac, ancien Gouverneur de FRANÇOIS II, lors Dauphin & Roi d'Ecosse, & de *Jeanne* de la Lande (*a*). CLAUDE du Puy étoit née au Coudray, le 16 Juin 1540 (*b*). Elle vendit, étant veuve, avec *Jean* Chasteigner, Seigneur de la Rochepozay, son fils, par contrat du dernier Décembre 1602, le Château de Touffou, à *François* Chasteigner, Seigneur de Saint-Georges (*c*); survecut long-temps son mari, & mourut le Samedi 30 Octobre 1632, âgée de 93 ans. Elle fut enterrée en l'Eglise Paroissiale de Dissay, où son Oraison funébre fut prononcée, & où on lit son Epitaphe sur une fort belle Tombe de marbre (*d*).

(*a*) Hist. de Chast. pages 306, 307, 311, 312 & suiv.

(*b*) *Ibid.* page 315.

(*c*) Original.

(*d*) Hist. de Chast. page 395.

Il laisserent de leur mariage :

1 FRANÇOIS CHASTEIGNER, né à Chantemilan, le dernier Octobre 1567, mourut à Abain le 28 Juillet 1568, & fut inhumé à Thurageau, Eglise Paroissiale d'Abain.

2 HENRI CHASTEIGNER, Baron de Malval, Capitaine d'une Compagnie de Chevaux-Legers, naquît à Abain le 14 Janvier 1569. Il s'instruisit dans les Lettres sous *Joseph* Scaliger, & fit ses premieres armes sous le Seigneur d'Abain, son pere, avec qui il fut, à l'âge de 18 ans, contre les Reistres défaits à Auneau en 1587; & en Picardie en 1588, contre ceux de la Ligue. De là il fit un voyage en Italie, pour son instruction particuliere. De retour en France, il défendit vaillamment,

pour le Roi, au mois de Mai 1590, le Château de Chauvigny, contre les forces des Rebelles; soutint le siége pendant trois semaines, & ne rendit la Place que sur une capitulation la plus honorable. Il se jetta en 1591, dans Bellac, assiégée par le Vicomte de la Guierche, & y fit tant d'efforts de courage, qu'il donna le temps au Prince de Conti, & autres Seigneurs, de venir la secourir efficacement. Les Assiégeans prirent alors la fuite, perdirent leurs canons à Montmorillon; & plusieurs autres Places & Châteaux furent réduits sous l'obéissance du Roi. Mais ayant attaqué, le 1er Octobre de la même année 1591, une Compagnie d'Arquebusiers à cheval des Ligueurs de Poitiers, entre Chauvigny-le-Sec & Milly en Mirebalais, il reçut, dans cette action, trois arquebusades dans la hanche, dont il mourut sur le champ, âgé de 22 ans, huit mois. Ses entrailles furent enterrées à Mirebeau, & son corps fut enseveli à la Rochepozay, sous une honorable sépulture. Plusieurs Sçavans composerent diverses Epitaphes, & des vers en François & en Latin, à son honneur (*a*).

(*a*) Hist. de Chast. page 404 & suiv. & aux additions.

3 JEAN CHASTEIGNER, IVe du nom, Seigneur de la Rochepozay & de Touffou, qui suit.

5 GERMAIN CHASTEIGNER, né à Chantemilan le 3 Avril 1572: c'est tout ce qu'on en trouve.

6 CLAUDE CHASTEIGNER, né à Abain le 28 Juin 1573, mourut à Chantemilan le 12 Décembre 1580; & son corps fut enterré au Monastere de Ternes de l'Ordre des Celestins, en la Marche.

6 LOUIS CHASTEIGNER, prit aussi naissance à Abain, le 22 Septembre 1576 : c'est tout ce qu'on sçait de lui.

7 HENRI-LOUIS CHASTEIGNER, Evêque de Poitiers, Abbé de Saint-Cyprien de Poitiers, & de Nanteuil en Vallée, né à Rome, dans le Palais des Cardinaux de Ferrare, pendant l'Ambassade de son pere, le Vendredi 6 Septembre 1577, fut aussi instruit dans les Lettres, par *Joseph* Scaliger. Il étudia ensuite en Théologie ; obtint la tonsure à Rome, le Vendredi 26 Janvier 1596, de *Claude* Sosomene, Evêque de Pola, en Istrie ; qui, quatre jours après, lui conféra les quatre Ordres mineurs. *Henri* de Gondy, Evêque de Paris, lui ayant donné la Prêtrise, HENRI *le Grand* le destina, par Brevet, à l'Evêché de Poitiers, dont il fut pourvu par le Roi LOUIS XIII, en 1611. Il fut Sacré dans l'Eglise des Feuillans à Paris, le 13 Mai 1612, par *Jean* Bonzi, Cardinal, Evêque de Beziers, assisté de l'Evêque d'Orléans, & de l'Evêque de Luçon, depuis Cardinal Duc de Richelieu, premier Ministre d'Etat. Après s'être distingué glorieusement, dans son Episcopat, il mourut en 1651, âgé de 74 ans. Il avoit composé plusieurs Ouvrages de Théologie & autres, & fait diverses Fondations en l'Eglise de Saint-Gregoire à Rome, en 1617, & en l'Eglise Cathedrale de Poitiers en 1618, & années suivantes (*a*).

(*a*) Hist. de Chast. pages 445, 446, & aux addition.

8 FERDINAND CHASTEIGNER, né à Rome le 15 Décembre 1579, fut Abbé de Beauport en Bretagne ; mourut à Paris en 1607, & reçut la sépulture en l'Eglise de Saint-Benoît, où se voit son Epitaphe (*b*).

(*b*) *Ibid.* pag. 357.

9 FRANÇOISE CHASTEIGNER, Dame de Malval, née

à Touffou, le 26 Mai 1582, fut mariée, au mois de Février 1614, à ANNE d'Aubieres, Baron de Clervaux en Auvergne, Seigneur d'Aubieres, de Lachenal, de Beauregard, de la Vau-de-Bonheur, &c. Elle mourut en ſa Terre de la Vau-de-Bonheur, près Sainte-Severe, en Berry, le 15 Août 1634, & fut enterrée en l'Egliſe Paroiſſiale de Sazeret; ayant eu ſeulement de ſon mariage:

1 HENRIETTE d'Aubieres, morte à l'âge de ſix mois.

10 GABRIELLE CHASTEIGNER, prit naiſſance à Abain le 13 Juillet 1587, & fonda en 1633, en la ville de Poitiers, un Monaſtere de Religieuſes de la Viſitation Sainte-Marie, où elle ſe retira, ſans ſe conſacrer cependant à la religion (*a*).

(*a*) Hiſt. de Chaſt. pages 397 & 398.

XVI.

DE FONSEQUE. *Ecartelé au 1 & 4 d'or à 5 étoiles de 8 rais en ſautoir, de gueules, qui eſt* FONSEQUE, *au 2 & 3 de gueules au lion d'or couronné, qui eſt de* SILVA-PORTALEGRE, *en Portugal.*

JEAN CHASTEIGER, IVe du nom, Seigneur de la Roche-pozay, d'Abain, de Touffou, Baron de Preuilly, de Malval, &c. Gouverneur, Lieutenant-Général pour le Roi en la haute & baſſe Marche, & Maréchal de Camp ès Armées de Sa Majeſté, naquit à Abain le 22 Janvier 1571, & prit d'abord le titre de *Baron de Preuilly*, ſous lequel il ſervit avec ſon pere. Il fut l'un des principaux Seigneurs qui, en 1590, aſſemblerent des troupes, pour ſecourir Chauvigny, aſſiégé par les Ligueurs; ſe jetta en 1591, dans Bellac, qu'il défendit courageuſement avec le Baron de Malval, ſon frere aîné, contre les Ligueurs, & contribua enſuite à leur entiere défaite par le Prince de Conti. Peu de temps après il mit auſſi en déroute une partie des troupes du Duc de Nemours, sur la riviere de Creuse, près de Jernage, où étoit le quartier général de ce Duc, dont il le força de déloger, & qu'il poursuivit. Il avoit pris alors, depuis peu, le titre de *Baron de la Rochepozay*. Il se trouva à la victoire signalée que son pere remporta sur les Ligueurs, près de Châtelleraud, en 1592 : défit, un peu avant le blocus de Poitiers, en 1593, un parti considérable des Ligueurs de cette Ville, au Bourg de Paizay-le-Sec, près de Saint-Savin ; & se trouva ensuite au blocus de Poitiers, où dans une vigoureuse sortie près la porte de la tranchée, il se jetta si avant dans le péril qu'il eut un cheval tué sous lui & un autre blessé d'une arquebusade. Il accompagna son pere, au voyage de Franche-Comté, en 1595 ; & fut fait au retour, son pere étant mort à Moulins, *Lieutenant-Général en la haute & basse-Marche.* Il suivit aussi le Roi HENRI IV, à la réduction de la Bretagne, en 1598 ; y fut fait *Maréchal-de-Camp*, par Sa Majesté, qui l'envoya ensuite en haute-Marche, avec trois Régimens, pour la réduction du Château d'Aubusson, qui lui fut remis ; & servit aussi le Roi en la guerre, contre le Duc de Savoye, en 1600 (*a*). Il a le titre de *Gouverneur & Lieutenant-Général pour le Roi au pays de la haute & basse-Marche*, dans l'insinuation que *François* Chasteigner, Seigneur de Saint-Georges, fit faire au Greffe de Touffou, le 2 Janvier 1603, de l'acte de vente qu'il avoit passé avec celui-ci, le dernier Décembre 1602, du Château & Maison noble de Touffou (*b*). Il se trouva encore au siége que le Roi LOUIS XIII. mit devant la ville de Saint-Jean-d'Angely, en 1621 ; & fut aussi à celui de la Rochelle, en 1628 (*c*). Il vivoit encore en 1634.

(*a*) Hist. de Chast. page 419 & suiv.

(*b*) Original.

(*c*) Hist. de Chast. page 433.

Il avoit épousé, par contrat du 30 Mars 1603, DIANE de Fonseque *, fille de *Charles* de Fonseque, Baron de Surgeres,

* La Maison de Fonseque, noble & ancienne, descendoit de *Roderic* de Fonseque,

Chevalier de l'Ordre du Roi, Conseiller en ses Conseils d'Etat & Privé, Capitaine de 50 Hommes d'Armes des ordonnances de Sa Majesté, Seigneur d'Aguré, de Saint-Felix, de la Vergne, &c. & d'*Ester* Chabot-de-Jarnac (a).

(a) Hist. de Chast. page 432.

Leurs enfans furent :

1 CHARLES CHASTEIGNER, Seigneur, Marquis de la Rochepozay & d'Abain, qui suit.

2 LOUIS CHASTEIGNER, Abbé de Beauport, de la Grenetiere, de la Mercy-Dieu, de Preuilly & du Moustier-d'Ahun, né à Abain le 21 Jun 1613, mourut à la Rochepozay le 12 Septembre 1637; & fut enterré, comme il l'avoit désiré, en l'Eglise des Minimes de Châtellerault, près la sépulture de *Françoise* Joubert, Vidamesse de Chartres, sa bisayeule maternelle.

3 JEAN CHASTEIGNER, né à Abain au mois de Septembre 1614, mort en Juin 1615.

4 N. . . . . CHASTEIGNER, né à Abain en 1616, mourut sans avoir été nommé, un mois après sa naissance.

5 ANNE CHASTEIGNER, garçon, né aussi à Abain le 12 Juin 1623, fut baptisé seulement en 1633 : c'est tout ce qu'on trouve de lui.

---

issu des Comtes de Montereyo, en Espagne. (Hist. de Chasteigner, page 431.) Voyez pour l'illustration de DIANE de Fonseque, par ses ascendances paternelles & maternelles, les Tables rapportées à la fin de cette Histoire.

6 MARIE

6 MARIE CHASTEIGNER, prit naissance à Surgeres, au mois de Décembre 1607, & mourut au même lieu, peu d'années après.

7 N. . . . . CHASTEIGNER, née à Abain, en Décembre 1617, mourut sans être nommée, au mois de Février 1618.

8 MARIE-LUCIE CHASTEIGNER, Dame d'Abain, fut mariée à N. . . . Sabatier, d'une famille noble d'Arles en Provence; duquel elle laissa :

1 MARIE-LUCIE Sabatier, Dame d'Abain, &c. mariée en 1659, à CLAUDE Lhutier, Chevalier, Seigneur d'Armancé, Lieutenant des Gardes de M. le Duc d'Orléans. Ils laisserent entre autres enfans :

1 CLAUDE-CESAR Lhutier, Chevalier, Seigneur d'Armancé & d'Abain, Capitaine de Dragons, qui de MARIE de Ringere, sa femme, eut pour fille unique :

1 MARIE-LUCIE Lhutier, Dame d'Abain, &c. mariée à JEAN-BAPTISTE Chardebeuf, Chevalier, Marquis de Pradel, Maréchal des Camps & Armées du Roi. Ils laisserent de leur mariage:

1 EUTROPE-ALEXIS Chardebeuf, dit l'*Abbé de Pradel*, Prêtre, Vicaire-Général du Diocèse de Limoges, & Aumonier de MONSIEUR, Frere du Roi.

2 JEAN-BAPTISTE-LOUIS de Chardebeuf, Capitaine de Carabiniers, &c. a Epouſé N.... Trouviſt-de-la-Garnerie; dont une fille.

3 CHARLES de Chardebeuf, né en 1740, eſt Lieutenant au Régiment des Carabiniers.

4 ELEONORE-LUCIE Chardebeuf, morte fille en 1760.

5 MARIE-LUCIE-TOUSSAINT de Chardebeuf, mariée à HENRI d'Augeard, Préſident à Mortier au Parlement de Bordeaux; dont des enfans.

9 DIANE CHASTEIGNER, dont on ne trouve que le nom.

10 N..... CHASTEIGNER, née à Paris le 19 Février 1625, mourut deux mois après, ſans avoir été nommée.

XVII.

JOUSSERAND. *faſcé d'or & de gueules de 8 pieces, à l'aigle d'argent armé, membré & couronné d'or, brochant ſur le tout.*

CHARLES CHASTEIGNER, Marquis de la Rochepozay, Seigneur d'Abain, &c. né au Château d'Abain le 18 Juin 1611, embraſſa le parti des Armes, dès l'âge de 17 ans; aſſiſta, avec ſon pere, en 1628, au mémorable ſiége que LOUIS XIII. mit devant la Rochelle; & fut en 1630, en la guerre en Piémont, où il fut bleſſé de l'éclat d'un canon, devant la Place de Veillane. S'étant deſtiné enſuite à l'Egliſe, il étudia avec applaudiſſement en Théologie, pendant deux ans & demi:

mais la mort de son frere puîné l'obligea de reprendre la profession des Armes. Il fut le premier Député par les Gentilshommes du Poitou, assemblés à Poitiers, en conséquence des ordres du Roi des 3 & 4 Juillet 1651, pour se trouver à l'Assemblée générale des Etats, tenue en la ville de Tours (*a*).

(*a*) Hist. de Chast. à la fin des additions.

Il avoit épousé en 1640, CHARLOTTE Jousserand, fille unique & héritiere de *Philippe* Jousserand, Chevalier, Seigneur de Londigny, d'Anglée, de Souffrade, &c. & d'*Anne* d'Escoubleau; de laquelle il laissa :

1 2 N. . . . . & N. . . . . CHASTEIGNER, garçons, morts jeunes.

3 ANNE-MARIE-GABRIELLE CHASTEIGNER, Dame de la Rochepozay, qui suit.

XVIII.

YSORÉ. *d'argent, à deux faces d'azur.*

ANNE-MARIE-GABRIELLE CHASTEIGNER, Dame de la Rochepozay, d'Andilly-le-Marais, fut mariée, par contrat du mois de Décembre 1662, à RENÉ Ysoré, IIIe du nom, Marquis de Pleumartin, &c. Lieutenant pour le Roi en Touraine & en Poitou, fils aîné de *Georges* Ysoré, Marquis d'Ervault, de Pleumartin, &c. & de N. . . . . de Roncherolles. Ils laisserent de leur mariage :

1 GEORGES YSORÉ, IIe du nom, Marquis de Pleumartin, Seigneur de la Rochepozay, qui suit.

XIX.

GEORGES YSORÉ, IIe du nom, Marquis de Pleumartin, & d'Ervault, Seigneur de la Rochepozay, &c. lequel de son mariage, contracté au mois de Mai 1683, avec GENEVIEVE Rolland, eut entre autres enfans :

1 N. . . . . YSORÉ, Marquis de Pleumartin, Seigneur de la Rochepozay, qui suit.

XX.

N. . . . . YSORÉ, Marquis de Pleumartin & d'Ervault, Seigneur de la Rochepozay, &c.

Avoit épousé, par contrat du 4 Décembre 1715.

N. . . . . Lelay-de-Villemare-du-Plessis ; de laquelle il a laissé pour enfans :

1 N. . . . . YSORÉ, Marquis de Pleumartin, Seigneur de la Rochepozay, qui suit.

2 N. . . . . . . YSORÉ de Pleumartin, mort sans alliance.

3 ELISABETH-FRANÇOISE YSORÉ, de Pleumartin, mariée avec CLAUDE-PHILIPPE-ANNE Thibault, Marquis de la Rochetullon, Seigneur de la Rochemayet,

de la Gruellerie, de la Tour de Beaumont, de Baudiment, &c. ancien Lieutenant-Colonel au Régiment de Picardie, Chevalier de Saint-Louis ; duquel elle a laissé :

1 N. . . . . Thibault, Marquis de la Rochetullon.

2 N. . . . . Thibault, mariée avec N. . . . . Tudert, Marquis de Tudert.

3 ADELAIDE-CLAUDINE-FRANÇOISE Thibault, fut mariée, par contrat du 29 Mars 1775, à HENRI de Beaupoil-de-Saint-Aulaire, Seigneur de Gorre, du Barry, &c. dit le *Marquis de Saint-Aulaire*, Capitaine de Grénadiers, au Régiment de la Sarre, Chevalier de Saint-Louis, frere de M. l'Evêque de Poitiers.

4 N. . . . . YSORÉ de Pleumartin, dite *Mademoiselle de la Rochepozay*, fut mariée à N. . . . . Marquis d'Armagnac, mort sans postérité.

5 N. . . . . YSORÉ de Pleumartin, dite *Mademoiselle d'Ervault*, mariée à N. . . . . Vicomte de Greaulme, Seigneur de Clairbaudieres, &c. ; dont un garçon & une fille, morts sans alliance.

XXI.

N. . . . . YSORÉ, Marquis d'Ervault & de Pleumartin, Seigneur de la Rochepozay, &c. mourut en 1757.

Il avoit épousé MADELEINE-FRANÇOISE d'Usson-de-Bonnac, fille de *Jean-Louis* d'Usson, Marquis de Bonnac, Maréchal des Camps & Armées du Roi, Ambassadeur pour Sa Majesté à Constantinople, & de *Madeleine-Françoise* de Gontault-Biron. Ils ont eu de leur mariage :

1 N. . . . . YSORÉ, Marquis de Pleumartin, Seigneur de la Rochepozay, &c. Capitaine de Cavalerie au Régiment de Royal Roussillon, vivant encore sans alliance en 1779.

2 N. . . . , YSORÉ de Pleumartin, mort Ecclésiastique.

3 N. . . . . YSORÉ de Pleumartin, Demoiselle.

§. II.

SEIGNEURS DE SAINT-GEORGES-DE-REXE, COMTES DE CHINSSÉ, &c.

X V.

DE VILLERS. *d'argent à une bande de sable, chargée de trois fleurs-de-lys d'or.*

JEAN CHASTEIGNER, dit *Jeanet*, Seigneur de Saint-Georges-de-Rexe, de l'Isle-Bapaume, d'Amuré, de la Melleraye, &c. Chevalier de l'Ordre du Roi, Maître d'Hôtel, & Gentilhomme ordinaire de la Chambre de Sa Majesté, (onzieme & dernier fils de *Jean* Chasteigner, IIIe du nom, Seigneur de la Rochepozay, & de *Claude* de Monleon, Dame de Touffou & d'Abain, mentionnés ci-devant au §. I.) naquit à Touffou le 26 Mars 1542, & portoit le titre de *SEIGNEUR DE SAINT-GEORGES-DE-REXE*, lorsque le Roi CHARLES IX, le créa l'un de ses *Gentilshommes Servants*, par Lettres du 14 Mai 1560. Il fut fait ensuite *Enseigne d'une Compagnie de 200 Arquebusiers de la Garde de Sa Majesté*, sous la conduite de M. de Buneau; & assista au siége de la ville de Poitiers, prise par le Maréchal de Saint-André, le 1er Août 1562 (*a*). Il a le titre de *Chevalier*, & la qualité de *Gentilhomme ordinaire de la Chambre du Roi*, dans la procuration du 27 Mars 1567, que *Jean* Chasteigner, Seigneur de de la Rochepozay, son pere, donna à *René* Chasteigner, Seigneur de Jauget, à l'occasion de son mariage (*b*); & partagea avec *François* & *Louis* Chasteigner, ses freres, par acte du 25 Juillet suivant, les biens de leurs pere & mere (*c*). Il fit son testament le 19 Octobre de la même année 1567;

(*a*) Hist. de Chast. pages 451 & 452.

(*b*) Original.

(*c*) Original.

« étant délibéré, y dit-il, de combattre & faire ſervice pour » le Roi, à l'encontre de ſes ennemis, étans près les portes » de Paris & en la ville de Saint-Denis en France ». Et ſe trouva en effet, le 10 Novembre ſuivant, à la bataille gagnée ſur eux à Saint-Denis. Il ſe trouva auſſi au ſiége de la Rochelle en 1573 : fut fait enſuite *Chevalier de l'Ordre du Roi ;* & a ce titre, & encore celui de *Gentilhomme ordinaire de la Chambre de Sa Majeſté*, dans un acte qu'il paſſa avec *François* Chaſteigner, Seigneur de la Rochepozay, ſon frere, le 28 Novembre 1575, par lequel ils ſe rendirent compte de quelques intérêts reciproques (*a*). Il fit un remploi de propres, au profit de ſa femme, par autre acte du 23 Décembre 1577 (*b*) : fut nommé l'un des tuteurs de *René* Chaſteigner, ſon neveu, par le teſtament de *François* Chaſteigner, ſon frere, pere de ce dernier, du 9 Septembre 1579, dans lequel il eſt encore qualifié *Chevalier de l'Ordre du Roi ;* & mourut à Poitiers le 6 Janvier 1581, âgé de 38 ans. Il y reçut la ſépulture en l'Egliſe des Cordeliers, où on lit ſon Epitaphe, compoſée par Scaliger (*c*).

(*a*) Original.

(*b*) Expédition originale.

(*c*) Hiſt. de Chaſt. page 452 & ſuiv.

Il avoit épouſé, par contrat du 19 Avril 1567, JEANNE de Villers *, Dame de Villers-Saint-Paul, de Verderonne, de Montigny, & de la Bruere, en Picardie, fille unique & héritiére de défunt *Antoine* de Villers, Seigneur des mêmes Terres & Seigneuries, & de *Helene* de Belloy, dont la Maiſon étoit alliée de celles de Montmorency, de Mailly & autres célébres. Elle eſt nommée dans le teſtament que ſon mari fit le 19 Octobre ſuivant, étant prêt de combattre les ennemis du Roi ; & ſtipula avec lui, dans les Lettres ci-deſſus énoncées,

* Maiſon noble & ancienne, de laquelle étoient *Pierre* de Villers, Seigneur de Verderonne, ſervant ſous CHARLES VI, en 1387, & *Renaud* de Villers, Seigneur de Verderonne, tué à Azincourt en 1415. (Hiſt. de Chaſteigner, page 452.) Voyez les Tables Généaloliques inſérées à la fin de cette Hiſtoire.

du

du 28 Novembre 1575, ainsi que dans l'acte de remploi de propres, du 23 Décembre 1577. Elle se remaria avec *Jean* de Pons, Chevalier, Seigneur de Plassac en Saintonge, Gouverneur de Pons, & Capitaine de 200 Hommes d'Armes; duquel elle eut seulement un fils, mort jeune; & dont elle étoit aussi veuve, le 3 Février 1605, qu'elle comparut au contrat de mariage de *François* Chasteigner, son fils aîné (*a*). Elle décéda le 22 Mars 1612, & fut enterrée en l'Eglise de la Trinité de Poitiers, sous un tombe de marbre noir, sur laquelle on lit son Epitaphe (*b*),

(*a*) Expédition originale.

(*b*) Hist. de Chast. page 452 & suiv.

Ils laisserent de leur mariage :

1 FRANÇOIS CHASTEIGNER, Seigneur de Saint-Georges-de Rexe, qui suit.

2 JEANNE CHASTEIGNER, fut mariée à PIERRE d'Urcot, Baron de la Greve, Seigneur de la Roussiere, de Saint-Denis-la-Chevasse, de Saint-Aubin, de la Bouttouere, de Chaume, de Mouseil, &c. dont elle eut une nombreuse postérité (*c*).

(*c*) *Ibid.* page 455.

3 LOUISE CHASTEIGNER, mariée à JONAS de Beçay, Seigneur des Chastellenies de Beçay & de Saint-Hilaire-de-Vouhiz, de la Voute, de la Coustanciere, &c. Gouverneur de Talmont en Poitou, eut aussi beaucoup d'enfans de son mariage (*d*).

(*d*) *Ibid.* page 456.

4 HELENE CHASTEIGNER, femme de DAVID Fourré, Seigneur de Beaulieu, d'Aulnay, de Rocherou & de Messignac, Baron de Dampierre-sur-Voutonne, Gouverneur de Taillebourg, laissa aussi de son mariage trois fils & sept filles (*e*).

(*e*) *Ibid.* pages 456 & 457.

5 FRANÇOISE CHASTEIGNER, femme de JEAN de Montiers, Vicomte de Mérinville en Beausse, Seigneur du Fraisse & de Rochelidoux; duquel elle laissa quatre enfans (*a*).

(*a*) Hist. de Chast. page 457.

XVI.

DE FONLEBON. *d'argent à trois aigles éployées de sable.*

FRANÇOIS CHASTEIGNER, Seigneur de Saint-Georges-de-Rexe, de l'Isle-Bapaume, de la Melleraye, d'Amuré, de Saint-Michel-le-Cloux, de Touffou, Talmont, Chabannes, Comte de Chinssé, &c. Chevalier de l'Ordre du Roi, Gentilhomme ordinaire de sa Chambre, Conseiller en son Conseil d'Etat, Capitaine de 50 Hommes d'Armes de ses ordonnances, Gouverneur & Lieutenant-Général pour Sa Majesté, en la ville de Poitiers, est dit fils aîné, & principal héritier de défunt *Jean* Chasteigner, Chevalier de l'Ordre du Roi, Seigneur de Saint-Georges, & de *Jeanne* de Villers, dans les Lettres d'émancipation qu'il obtint le 24 Décembre 1591, comme ayant atteint alors l'âge de 18 ans (*b*). Il se trouva, sous le Roi HENRI IV, aux siéges d'Epernay, de Provins, & de la Ferté-Milon, en 1592 (*c*) : acquit, par acte du 28 Mai 1598, la partie de la Seigneurie de Saint-Georges-de-Rexe, nommée le Puy-du-Fou, de *Pierre* du Gua, Seigneur de Mons-de-Royan, & de *Marie* du Gua, frere & sœur (*d*) : acquit aussi, par contrat du dernier Décembre 1602, de *Jean* Chasteigner, Seigneur de la Rochepozay, & de *Claude* du Puy, veuve de *Louis* Chasteigner, Seigneur d'Abain, les Château & Maison noble de Touffou, moyennant 91 mille livres tournois, & fit insinuer cet acte au Greffe de la Chastellenie de Touffou, le 2 Janvier 1603 (*e*). Le Roi HENRI IV. l'honora du *Collier de son Ordre*, & de la charge de *Gentilhomme ordinaire de sa Chambre*, avant le 3 Février 1605, qu'il en

(*b*) Original.

(*c*) Hist. de Chast. page 461.

(*d*) *Ibid.* pages 458 & 460.

(*e*) Original.

prit les titres, en son contrat de mariage (*a*); & LOUIS XIII. le fit l'un de ses *Conseillers en son Conseil d'Etat*, en considération de ses services, le 3 Juin 1614. Ayant assisté Sa Majesté au voyage de Bordeaux, en 1615, Elle le créa, par Lettres expédiées à Bordeaux même, le 7 Novembre, *Chef & Capitaine d'une Compagnie de* 30 *Lances, au titre de* 50 *Hommes d'Armes de ses ordonnances* (*b*). Il est encore qualifié *Chevalier de l'Ordre du Roi, Conseiller du Conseil d'Etat de Sa Majesté*, dans les Lettres qu'Elle lui accorda au mois d'Août 1619, pour l'érection en Comté de sa Terre & Seigneurie de Chinssé, « en récompense, y est-il dit, des preuves de sa » valeur à plusieurs exploits militaires, employant sa vie & » ses biens au service du Roi (*c*) ». Sa Majesté lui octroya encore, par Lettres du 15 Janvier 1622, la charge de *Gouverneur & Lieutenant-Général pour Sa Majesté, à Poitiers*, sur la démission du Comte de la Rochefoucauld, fait Gouverneur & Lieutenant-Général en Poitou (*d*). Il fut présent, le 2 Octobre 1629, au contrat de mariage de *Roch-François* Chasteigner, son fils aîné (*e*). Le Prince de Condé le commit aussi de la part du Roi, au mois de Septembre 1632, pour *commander dans le Gouvernement de Poitou*, en l'absence du Seigneur de Vignoles, qui y faisoit lui-même les fonctions de Gouverneur, en l'absence du Comte de la Rochefoucauld (*f*): & Sa Majesté, par ses Lettres du 12 Mars 1633, l'informant de la promotion du Comte de Parabere, à la charge de Gouverneur & Lieutenant-Général en Poitou, sur la démission du Duc de la Rochefoucauld, lui manda de le reconnoître en cette qualité (*g*). Il mourut à Poitiers, en l'Abbaye de la Celle, le 10 Mars 1637, & fut enterré aux Cordeliers, près la sépulture de son pere (*h*).

(*a*) Expédition originale.

(*b*) Hist. de Chast. page 461.

(*c*) Expéd. autent.

(*d*) Hist. de Chast. page 461.

(*e*) Original.

(*f*) Hist. de Chast. page 461.

(*g*) Original.

(*h*) Hist. de Chast. additions de la page 461.

Il avoit épousé, par contrat du 3 Février 1605, LOUISE de Fonlebon, Dame de Fonlebon, fille aînée de défunt

Charles de Fonlebon, Chevalier de l'Ordre du Roi, Conſeiller en ſes Conſeils d'Etat & Privé, & premier Ecuyer de ſa grande Ecurie, Seigneur de Fonlebon &c. & de *Catherine* Tiſon-d'Argence (*a*), iſſue de l'ancienne Maiſon de Tiſon, Seigneurs d'Argence, en Angoumois.

(*a*) Expédition originale.

Elle laiſſa de ſon mariage :

1 ROCH-FRANÇOIS CHASTEIGNER, Comte de Chinſſé, Seigneur de Saint-Georges-de-Rexe, qui ſuit.

2 RENÉ-LOUIS CHASTEIGNER, Chevalier, Seigneur de l'Iſſle-Bapaume, de Fonlebon, Baron de Saint-Georges, &c. fit partage avec ſon frere aîné, le 5 Juillet 1646, des biens de leurs pere & mere, & de *Marie* Chaſteigner, leur ſœur, Religieuſe (*b*). Il mourut ſans poſtérité, au mois d'Octobre 1693; & ſa ſucceſſion fut partagée par ſes petits-neveux, le 2 Mars 1709 (*c*).

(*b*) Original.

(*c*) Original.

3 JEANNE CHASTEIGNER, née en 1607, ſe rendit Religieuſe en l'Abbaye de la Trinité de Poitiers.

4 MARIE CHASTEIGNER, d'abord l'une des Demoiſelles de la Reine ANNE d'Autriche, étoit Religieuſe-Profeſſe-Carmelite au Faux-Bourg Saint-Jacques, à Paris, le 5 Juillet 1646, que ſes freres firent partage de ſes droits.

XVII.

REGNAUD. *d'argent au chevron d'azur, accompagné de trois étoiles de gueules, 2 en chef, & 1 en pointe, à la bordure dentelée de même.*

ROCH-FRANÇOIS CHASTEIGNER, Comte de Chinſſé, Seigneur de Saint-Georges-de-Rexe, de Touffou, &c. né le

24 Novembre 1605, prit le titre de *COMTE DE SAINT-GEORGES*. Il obtint du Sénéchal du Dorat, le 12 Mai 1639, dispense du ban & de l'arriere-ban, comme résident à Poitiers, dont les habitans en étoient exempts (*a*) : est dit fils & héritier de défunt *François* Chasteigner, Comte de Saint-Georges, dans la procuration qu'il donna, le 11 Août 1644, pour faire, en son nom, la foi-hommage au Roi, à cause de sa Tour de Maubrejon de Poitiers, pour raison de sa Comté de Chinssé, Châtellenie de Mesleraye, de ses Fiefs de Beaumont, de la Mothe, de Saint-Michel-le-Cloux & autres (*b*) : fit partage avec *René-Louis* Chasteigner, Baron de Saint-Georges, son frere, par acte du 5 Juillet 1646, des biens de la succession de *François* Chasteigner, Seigneur, Comte de Saint-Georges, leur pere, & des droits de *Marie* Chasteigner, leur sœur, Religieuse-Professe (*c*) : acquit quelques héritages à sa bienséance, près de son Château de Touffou, par acte du 8 Décembre 1657 (*d*) ; & ne vivoit plus, lors du mariage de son fils, le 3 Juin 1665 (*e*).

(*a*) Original.

(*b*) Original.

(*c*) Original.

(*d*) Original.

(*e*) Original.

Il avoit épousé, par contrat du 2 Octobre 1629, fait en présence de son pere, GABRIELLE Regnaud, fille de défunt *Emery* Regnaud, Ecuyer, Seigneur de Traversay, des Fontaines, de Rudepere, Conseiller du Roi, Président au Siége Présidial de Poitiers, & de *Gabrielle* de la Lande (*f*). Elle apporta en dot, par avancement d'hoirie, 80 mille livres à son mari ; & fut présente, étant veuve, au contrat de mariage, du 3 Juin 1665, de *Joseph-Roch* Chasteigner, son fils, auquel elle fit don, par acte du 29 Novembre 1666, de la moitié de tous ses biens, meubles & immeubles, sauf l'usufruit de ses meubles (*g*).

(*f*) Original.

(*g*) Original.

Ils eurent pour enfans :

DE VAUCELLES. DE BRILLAC.

1 HENRI-FRANÇOIS CHASTEIGNER, Comte de Chinssé, &c. né au mois d'Août 1630, mourut à Chinssé, Paroisse de Jaunay, au mois de Juin 1687, âgé de 57 ans.

Il avoit épousé, 1° CLAUDE de Vaucelles, morte au mois de Septembre 1678; & n'eut point d'enfans de N. . . . . de Brillac, sa seconde femme.

Ceux de son 1er mariage furent, outre plusieurs filles:

DE MESSEMÉ.

1 RENÉ-LOUIS CHASTEIGNER, Comte de Saint-Georges & de Chinssé, &c. fut fait curateur de ses cousins-germains, par Sentence du 4 Octobre 1698 (a); procéda le 2 Mars 1709, au partage des biens de *René-Louis* Chasteigner, Baron de Saint-Georges, son grand-oncle (b); & mourut en 1719.

(a) Original.

(b) Original.

Il avoit épousé N. . . . . de Messemé, fille unique de *Charles* de Messemé, Seigneur de Chassée, près de Châtellerault, & de N. . . . . Petit, sa premiere femme, fille de N. . . . . Petit, Seigneur, de la Roussiere & de Saint-Amand, en bas Poitou; de laquelle il laissa:

1 ANNE-LOUISE CHASTEIGNER, mariée en 1712, à N. . . . . Petit, Marquis de la Guierche, &c. qui eut d'elle:

1 N. . . . . Petit, Marquis de la Guierche, Saint-Mesmin, &c. qui de N. . . . . de Granges-de-Surgeres, sa femme, laissa, entre autres enfans:

1 N. . . . . Petit, mariée à N. . . . . de Vasselot, Seigneur, Marquis de Dannemarie.

2 JOSEPH-ROCH CHASTEIGNER, Seigneur, Comte de Saint-Georges & de Touffou, qui suit.

3 ANNE CHASTEIGNER, Religieuse-Carmelite, à Poitiers.

4 CHARLOTTE CHASTEIGNER, Dame de Marsujeau, de Chabanne, de Richelieu, de Coussec, &c. fut mariée, par contrat du 9 Août 1657, à LOUIS d'Allongny, Chevalier, Marquis de la Groye, Seigneur d'Allongny, de Marigny, du Chêne, du Pin, d'Argenson, de Ferriere, d'Ingrande, d'Oiré, &c. Sénéchal de Châtellerault, né au Château de la Groye, le 13 Janvier 1641, fils unique de *Charles-Martin* d'Allongny, Seigneur de la Groye, &c. & de *Françoise* Daviau, fille de *Louis* Daviau, Seigneur de Pyaulant, & de *Jeanne* Martel, fille de *Charles* Martel, Seigneur de Lamarin, & d'*Antoinette* de Brusac. *Gabrielle* Regnaud, mere de *Charlotte* Chasteigner, lui fit don, étant veuve, le 29 Novembre 1666, de la moitié de tous ses biens, meubles & immeubles (*a*). Elle mourut au Château de la Groye, le 24 Mars 1678, laissant pour enfans de son mariage :

(*a*) Original.

1 LOUIS-GABRIEL d'Allongny, Comte de la Groye, &c. Capitaine de Chevaux-Legers, Aide-de-Camp du Roi, né au Château de la Groye, le 8 Mai 1659, qui fut tué d'un coup de mousquet dans un combat naval, étant au service de la Republique de Venise, à la fin de Mai 1691, sans avoir été marié.

2 FRANÇOIS-ROCH d'Allongny, Prêtre, Chanoine & Tréforier de l'Eglife Cathedrale de Tournay en Flandres, dit *l'Abbé de la Groye*, naquit au Château de la Groye, le 21 Janvier 1661, & fit partage, ainfi que *Charles* d'Allongny, fon frere cadet, & *Sufanne* d'Allongny, leur fœur, avec *Louis-René* Chafteigner, Comte de Saint-Georges, & *Eutrope-Alexis* Chafteigner, Marquis de Saint-Georges, par acte du 2 Mars 1709, des biens de la fucceffion de *René-Louis* Chafteigner, Baron de Saint-Georges, Seigneur de l'Ifle-Bapaume, de Fonlebon, &c. leur grand-oncle, à eux échue, dès le mois d'Octobre 1693 (a).

(a) Original.

3 CHARLES d'Allongny, Marquis de la Groye, &c. Enfeigne de Vaiffeaux, puis Capitaine d'une Compagnie d'Infanterie, né au Château de la Groye, le 15 Octobre 1662, & nommé au partage ci-deffus, du 2 Mars 1709, mourut fans poftérité.

4 FRANÇOIS-ROCH d'Allongny, dit le *Chevalier d'Allongny*, Capitaine au Régiment de Bourbonnois, Infanterie, né au Château de la Groye, le 21 Mai 1669, fut tué à la bataille de Steinkerque près d'Enghien, en Flandres, le 3 Août 1692.

5 ALEXIS d'Allongny, dit le *Chevalier de la Groye*, né au Château de la Groye, le 1er Avril 1671, fut reçu Chevalier de l'Ordre de Saint-Jean de Jerufalem à Malte, le 8 Mars 1686, & fit fes vœux à Noël 1691.

6 LOUISE-CHARLOTTE d'Allongny, dite *Mademoifelle de la Groye*, née à Poitiers, le 9 Juin 1658.

7 SUSANNE

7 SUSANNE d'Allongny, dite *Mademoiselle d'Allongny*, née au Château de la Groye, le 4 Décembre 1664, est nommée dans le partage ci-devant mentionné, du 2 Mars 1709, avec deux de ses freres.

XVIII.

JOSEPH-ROCH CHASTEIGNER, Chevalier, Comte de Saint-Georges, Seigneur de Touffou, de Saint-Michel-le-Cloux, de la Melleraye, de la Morliére, de la Pigeoliere, de Marsujeaux, de l'Isle-Bapaume, &c. Capitaine & Major d'un Régiment de Cavalerie, entretenu pour le service du Roi; eut la moitié de tous les biens, meubles & immeubles, de *Gabrielle* Regnaud, sa mere, veuve de *Roch-François* Chastei-gner, Comte de Saint-Georges, par donation du 29 Novembre 1666, sauf l'usufruit de ses meubles (*a*). Il fit la foi-hommage au Roi, le 1er Août 1669, pour raison de sa Seigneurie de la Pigeoliere (*b*) : est nommé dans un exécutoire des Eaux-&-Forêts de Poitiers, du 13 Juin 1676, touchant la visite & estimation de certaines réparations faites au Château de Touffou, & dépendances (*c*); & mourut en 1698.

DE GUINAUDEAU-DE-MONTIGNY.

Il avoit épousé, par contrat du 3 Juin 1665, ANNE de Guinaudeau-de-Montigny, fille mineure de défunt *Pierre* de Guinaudeau, Chevalier, Seigneur de Montigny, Burie, Rucheraud, Capitaine aux Gardes de Sa Majesté, & d'*Anne* Chesnel (*d*). Elle vivoit veuve le 4 Octobre 1698, qu'elle obtint Sentence au Présidial de Poitiers, touchant la tutelle & curatelle de ses enfans (*e*), qui furent :

1 N. . . . . CHASTEIGNER, Marquis de Saint-Georges, né en 1668, mourut sans alliance, en 1689.

(*a*) Original.

(*b*) Original.

(*c*) Original.

(*d*) Original.

(*e*) Original.

2 N. . . . . CHASTEIGNER, mort à Paris sans alliance.

3 LOUIS-FRANÇOIS CHASTEIGNER, Chevalier, Marquis de Saint-Georges, né à Touffou le 14 Septembre 1674, fut baptisé en la Paroisse de Bonnes, le 4 Novembre suivant (a). Il est dit âgé de 24 ans, dans la Sentence du Présidial de Poitiers, énoncée ci-dessus, du 4 Octobre 1698, par laquelle *René-Louis* Chasteigner, Chevalier, Comte de Saint-Georges & de Chinssé, son cousin-germain, fut fait son curateur. Il mourut sans alliance, en 1707.

(a) Original.

4 HENRI-JOSEPH CHASTEIGNER, Chevalier, de l'Ordre de Saint-Jean de Jerusalem, est dit âgé de 20 ans, dans la même Sentence du Présidial de Poitiers, concernant sa curatelle, du 4 Octobre 1698; & mourut en 1706.

5 EUTROPE-ALEXIS CHASTEIGNER, Seigneur, Marquis de Saint-Georges & de Touffou, qui suit.

6 MARIE-ANNE CHASTEIGNER, née en 1667, fut mariée en 1700, à CHARLES de Bechillon, Seigneur de Valans; duquel elle eut :

1 N. . . . . de Bechillon, né en 1706.

7 THERESE CHASTEIGNER, fut mariée à CHARLES Chesnel, Marquis d'Escoyeux, mort Chef d'Escadre; laissant pour enfans :

1 CHARLES Chesnel, Marquis d'Escoyeux, mort sans postérité, en 1754.

2 N. . . . . Chesnel, morte en 1771, sans enfans, de son mariage avec N. . . . . Comte de Gallard-de-Bearn.

3 ANNE-MARIE-LOUISE Chesnel, née en 1712, fut mariée à LOUIS Guilouet, Comte d'Orvillers, fait Chef d'Escadre en 1764, & Commandant en Chef l'Armée-Navale du Roi en 1778 & 1779. Ils ont eu de leur mariage :

1 LOUIS-CLAUDE Guilouet, Marquis d'Orvillers, Lieutenant des Vaisseaux du Roi.

2 N. . . . . . Guilouet, morte sans enfans, de son mariage avec le Comte de Chavagnac.

8 CECILE CHASTEIGNER, morte Religieuse à la Trinité de Poitiers, en 1720.

9 MONIQUE CHASTEIGNER, mourut étant Religieuse de la Visitation, à Poitiers, en la même année 1720.

10 AGNÈS CHASTEIGNER, née en 1676, morte fille à Poitiers, en 1762, âgée de 86 ans.

11 MADELEINE-MARGUERITE-AGATHE CHASTEIGNER, sœur jumelle d'*Eutrope-Alexis* Chasteigner, naquit à Touffou le 17 Juillet 1681, & fut baptisée en l'Eglise Paroissiale de Bonnes, le 19 du même mois (*a*). Elle mourut avant le 4 Octobre 1698.

(*a*) Original.

12 AGATHE CHASTEIGNER, morte en naissant.

XIX.

DE MESGRIGNY. *d'argent, au lion de sable armé, & lampassé de gueules.*

EUTROPE-ALEXIS CHASTEIGNER, Chevalier, Marquis de Saint-Georges, Seigneur de Touffou, Saint-Michel-le-Cloux, de la Melleraye, de Talmont, de Felins, &c. Capitaine au Régiment de Turenne, Cavalerie, né à Touffou, le 17 Juillet 1681, fut baptisé, avec sa sœur jumelle, en l'Eglise Paroissiale de Bonnes, le 19 du même mois (*a*). Il est dit âgé de 18 ans, ou environ, dans une Sentence du Présidial de Poitiers, du 4 Octobre 1698, qui lui nomma pour curateur, *René-Louis* Chasteigner, Comte de Chinssé, son cousin-germain (*b*); & servoit, en qualité de *Capitaine au Régiment de Turenne, Cavalerie*, le 1er Septembre 1706, que ne pouvant, à cause de son service, vacquer à ses affaires, le Roi lui accorda des Lettres d'Etat & de surcéance, pour six mois (*c*). Il fit partage, le 2 Mars 1709, avec *René-Louis* Chasteigner, Comte de Saint-Georges & de Chinssé, *Charles*, *François-Roch* & *Susanne* d'Allongny, ses cousins, des biens d'autre *René-Louis* Chasteigner, Baron de Saint-Georges, Seigneur de l'Isle-Bapaume & de Fonlebon, leur grand-oncle, mort dès 1693, dont ils étoient tous héritiers (*d*). *Louis-Armand*, Prince de Conti, qui avoit le Marquis de Saint-Georges en très-grande considération, voulut que sa Lettre missive du 25 Juin 1717, touchant certains bruits qui s'étoient répandus contre les Princes du Sang, lui fut communiquée (*e*). Il reçut, le 14 Mai 1718, comme Seigneur de Felins, l'aveu de *Louis* Pignoneau, Ecuyer, Seigneur de Briere, pour raison de sa Tour de Felins, située en la Baronie de Chauvigny (*f*); & mourut le 22 Juillet 1760.

(*a*) Original.
(*b*) Original.
(*c*) Original.
(*d*) Original.
(*e*) Original.
(*f*) Original.

Il avoit épousé, par contrat du 29 Décembre 1712, ELEONORE de Mesgrigny, fille majeure de défunts *François-Romain-Luc* de Mesgrigny, Chevalier, Seigneur, Comte de Belin, & d'*Agnès-Angelique* Turpin-de-Crissé; & niece, à la mode de Bretagne, de *François* de Mesgrigny, Chevalier, Comte de Marans & de Beuil (a); de laquelle il eut:

(a) Original.

1 N. . . . . . CHASTEIGNER, garçon, mort jeune, à Paris.

2 MONIQUE CHASTEIGNER, morte sans alliance, âgée de 19 ans.

3 MARIE-ELEONORE-ARMANDE CHASTEIGNER, Dame de Saint-Georges, qui suit.

XX.

MARIE-ELEONORE-ARMANDE CHASTEIGNER *, Dame de Saint-Georges, de Touffou, de Saint-Michel-le-Cloux, &c. fut mariée, par contrat du 10 Octobre 1741, à JEAN-HENRI Chasteigner, Chevalier, Seigneur de Rouvre, &c. Capitaine au Régiment de Gramont, Cavalerie, Chevalier de l'Ordre Royal & Militaire de Saint-Louis, fils aîné de *Jean-René* Chasteigner, Chevalier, Seigneur de

CHASTEIGNER. *d'or, au lion posé de sinople.*

* Voyez pour son illustration & celle de sa Postérité, par ses quartiers nobles, les Tables insérées à la fin de cette Histoire.

Rouvre, la Groſliere, &c. & de *Gabrielle* Guichard-d'Orfeuil (*a*). Son mari commanda en Chef la Nobleſſe de Poitou, en 1758; & en a eu pluſieurs enfans au ſervice du Roi, dont il ſera parlé ci-après, au §. XV.

(*a*) Original.

§. III.

SEIGNEURS DE LINDOÏS, &c.

XIV.

GODEFROY CHASTEIGNER, Seigneur de Lindois, de Fontenay, de l'Estang, &c. (cinquieme fils de *Guy* Chasteigner, Seigneur de la Rochepozay, de Saint-Georges-de-Rexe, &c. & de *Madeleine* du Puy, rapportés ci-devant, au §. I.) n'avoit que six ans, à la mort de son pere; mais ayant atteint l'âge compétent, il fit partage, sous l'autorité de *René* Chasteigner, Abbé de la Mercy-Dieu, son frere, & son curateur, par acte du 12 Septembre 1528, avec *Jean* Chasteigner, son frere aîné, qui lui céda les Seigneuries & Chastellenies de Lindois & de l'Estang *, situées en Angoumois, au Diocèse de Limoges, mouvantes, l'une de la Baronnie de Montberon, & l'autre de la Principauté de Chabanois. Il possédoit encore ces deux Seigneuries en 1550, suivant un acte du 14 Juin, qui l'en qualifie, & lui donne le titre de *HAUT ET PUISSANT SEIGNEUR*; & reçut, sous ces mêmes qualités, l'hommage du lieu de Lictrac, assis en la Paroisse de Massignac, que lui rendit *Roland* de Saint-Fief, Seigneur de la Riviere & de Lictrac, à cause de *Françoise* de la Beroudiere, sa femme, le 28 Mars 1554. *Jacques* Barbarin, Ecuyer, Seigneur de Champbon-Paulte, lui fit aussi un pareil hommage, le 5 Février 1555. Il fut présent, en 1563, au contrat de mariage de son fils aîné; & fit partage, de son vivant, à ses

DE FONTENAY. *d'argent à 3 pals de sable, au chevron de gueules, brochant sur le tout.*

* *Aliàs* des Estangs.

enfans, par acte du 27 Décembre 1564. Il avoit voyagé dans sa jeunesse, en Italie ; & mérita, par ses études, d'être mis au nombre des Sçavans. Il fut inhumé en l'Eglise Paroissiale de Lindois, située dans le Château, où l'on voit sa sépulture fort élevée de terre, sur le bord d'une Chapelle, près du grand Autel, avec son Epitaphe (*a*).

(*a*) Hist. de Chast. pages 465 & 466, & aux additions.

Il avoit épousé MADELEINE de Fontenay, Dame de Fontenay-Néronde, en Bourbonois. Elle fut enterrée auprès de son mari, en l'Eglise de Lindois, où on voit aussi son Epitaphe (*b*).

(*b*) *Ibid.*

Ils eurent pour enfans de leur mariage :

1 RENÉ CHASTEIGNER, Seigneur de Lindois, qui suit.

2 PIERRE CHASTEIGNER, auteur des *SEIGNEURS DES ESTANGS*, sera rapporté avec sa postérité, au §. V.

XV.

DE SALAGNAC. *bandé d'or & de sinople de six pieces.*

RENÉ CHASTEIGNER, Seigneur de Lindois, Baron de Fontenay-Néronde, de la Grolle, &c. fut apanagé le 27 Décembre 1564, par son pere, qui lui donna la Seigneurie de Lindois ; & eut aussi la Baronie de Fontenay-Néronde, pour ses droits du côté maternel : mais ayant ensuite fait vente de cette Baronie, & des droits qu'il pouvoit avoir sur les biens de la Maison de Fontenay, à *François* & *Charles* de Montsaulvin, freres, Seigneurs de Colon, Paroisse de Néronde, en Bourbonois, ses cousins-germains, comme enfans de

Catherine

Catherine de Fontenay, sa tante maternelle, & de *François* de Montsaulvin ; il survint entr'eux quelques procès & différends, sur lesquels ils transigerent enfin, de l'avis de leurs parens & amis, le 21 Mai 1580, en la ville de Limoges. Il mourut en 1605 (*a*).

(*a*) Hist. de Chast. page 467, & aux additions.

Il avoit épousé, par contrat passé au Château de Lindois, le 28 Décembre 1563, en présence de *Godefroy* Chasteigner, son pere, CLAUDE de Salagnac *, fille aînée de *Gerand* de Salagnac, Seigneur de Rochefort & des Etangs, près de Lastours en Limosin, Gouverneur du Roi HENRI IV, en sa jeunesse, &c. & d'*Isabeau* de Pierrebuffiere. Elle fut assistée à ce traité, par *François* de Salagnac, Seigneur de Rochefort, représentant *Jean* de Novillars, son curateur, & fondé du pouvoir d'*Isabeau* de Pierrebuffiere, sa mere ; de *Jean* de Pierrebuffiere, Baron de Pierrebuffiere ; de *Guillaume* de Pierrebuffiere, Ecuyer, & autres Gentilshommes, ses parens (*b*). Elle mourut en 1609, laissant de son mariage :

(*b*) *Ibid.* & aux additions.

1 ISAAC CHASTEIGNER, Seigneur de Lindois, qui suit.

2 ISAAC CHASTEIGNER, Seigneur de la Grolle, mourut sans postérité.

3 ISABEAU CHASTEIGNER, mariée, par contrat du 29 Mai 1590, à ISAAC de Monneins, Seigneur de Monneins, en Perigord, fils de défunt *Abraham* de Monneins, Seigneur de Monneins, Gouverneur pour la Reine de Navarre, au Comté de Perigord, & de *Rose* de Pellens.

---

* *Aliàs* Salignac.

4 MARIE CHASTEIGNER, fut mariée à JACOB des Bans, Seigneur d'Ajoult, près de Belabre; elle fit, étant veuve, une donnation à *Isaac* Chasteigner, son frere, en 1616.

5 SUSANNE CHASTEIGNER, mariée, par contrat du 9 Octobre 1600, à JACQUES du Rousseau, Ecuyer, Seigneur de la Veue, fils de *Jean* du Rousseau, Seigneur des Granges, & de *Marguerite* de Nourrigier. Elle mourut âgée de 28 ans, le 17 Juin 1652.

6 ESTHER CHASTEIGNER, fut mariée, par contrat du 3 Mai 1597, à GEOFFROY Plaisant-de-Bouchiat, Seigneur du Bijardel & de la Roque, en Limosin.

7 MADELEINE CHASTEIGNER, mariée, par contrat du 15 Novembre 1604, à JEAN de Monfrebeuf, Seigneur de la Nadalie, en Poitou.

8 JEANNE CHASTEIGNER, fut mariée, par contrat du 7 Juillet 1606, à JEAN Beauroyre, Seigneur de la Peyre, en Perigord, fils de *François* Beauroyre, Ecuyer, Seigneur de la Peyre, & d'*Helene* de Monneins.

9 ANNE CHASTEIGNER, fut mariée, par contrat du 21 Février 1605, à JEAN de la Mesrie, de Provence, Ecuyer, Seigneur de Brie, fils de feu *Pierre* de la Mesrie, Ecuyer, & de *Jeanne* de Magnac.

10 ISABEAU CHASTEIGNER, mariée, par contrat du 25 Octobre 1604, à DANIEL de Beauchamp, Seigneur de Villeneuve-de-Bussac.

11 MARTHE CHASTEIGNER, fut mariée, 1° à N... Seigneur de Villars-Vallade. 2° à AUBIN Veyrinaud

Ecuyer, Seigneur du Mas-Veyrinaud, 3° à FRANÇOIS Estourneau, Ecuyer, Seigneur du Cros-de-Tersannes.

12 EVE CHASTEIGNER, morte sans enfans. (Hist. de Chasteigner, pages 467 & 468.)

XVI.

ISAAC CHASTEIGNER, Seigneur de Lindois, des Estangs, de la Grolle, &c. Gentilhomme ordinaire de la Chambre du Roi, reçut une donnation de *Marie* Chasteigner, sa sœur, en 1616, & mourut fort âgé, après avoir fait son testament, le 8 Novembre 1670. Il avoit obtenu du Roi, une pension de 2000 liv. en considération de ses services, au mois d'Avril 1622.

DE PONS. *d'argent, à la fasce bandée d'or & de gueules.*

DE LARMANDIE.

Il avoit épousé, 1° par traité du 10 Août 1614, *Madeleine* de Pons *, fille de *Ponce* de Pons, Chevalier, Seigneur du Bourg-de-Charente, & de *Cecile* de Durfort. Elle mourut le 9 Avril 1626, laissant pour enfans:

1 PONCE CHASTEIGNER, Seigneur de Lindois, qui suit.

2 LOUIS CHASTEIGNER, tenu sur les Fonts-Baptismaux, par *Louis* de Pierrebuffiere, Seigneur de Beaumont-Chambaret, servoit, étant Capitaine de Chevaux-Legers, en Catalogne, en 1644.

3 DANIEL CHASTEIGNER, eut pour parain, aux Cérémonies de son Baptême, le Seigneur d'Oradour-du-Boucheron, & fut tué à la guerre.

* PONS, Maison des plus anciennes & illustres de la Saintonge. Voyez pour l'illustration de *Madeleine* de Pons, par ses quartiers nobles, ainsi que de sa descendance, les Tables insérées à la fin de cet Ouvrage.

4 MADELEINE CHASTEIGNER, dont on ne trouve que le nom.

5 HENRIETTE CHASTEIGNER, fut tenue sur les Fonts de Baptême, par *Henriette* de Pons-Mirambeau, femme de *Henri* du Lau, Seigneur de Champniers.

6 CLAUDE CHASTEIGNER, fut mariée, 1° à HENRI Menée, Chevalier, Seigneur de Saint-Hilaire. 2° en 1666, à LOUIS le Grand, Ecuyer, Seigneur de Valée.

7 MADELEINE CHASTEIGNER, dont on ne voit que le nom.

Il avoit épousé, 2° par contrat passé au Château de la Ruhe, Paroisse de Drayac, en Perigord, le 24 Octobre 1628, ESTHER de Larmandie, veuve de *Gabriel* d'Abzac, Marquis de la Douze, & fille de *Henri* de Larmandie, Seigneur de Larmandie & de Longas en Perigord, du Roc, de Grand-Castain, &c. & de *Susanne* de Trustal, Dame de Laubardemont. Elle testa le 19 Juillet 1634, & laissa aussi de son mariage :

1 N. . . . . CHASTEIGNER, garçon, mort jeune.

2 HENRIETTE CHASTEIGNER, eut pour parain, à son Beptême, *Henri* de Larmandie, Seigneur de Longas, son ayeul maternel, & fut mariée, par contrat du 2 Août 1661, à JEAN de Galard-de-Bearn, Chevalier, Seigneur de Nadailhac.

3 SUSANNE CHASTEIGNER, née en 1631, mourut en bas âge (*a*).

(*a*) Hist. de Chast. pages 469 & 470, & aux addition.

XVII.

PONCE CHASTEIGNER, Chevalier, Seigneur de Lindois, des Estangs, de la Grolle, du Bourg-de-Charente, &c. fut tenu sur les Fonts-Baptismaux, par *Ponce* de Pons, Seigneur du Bourg-de-Charente, son ayeul maternel. Il fit son testament, le 9 Octobre 1680, & mourut le 3 Novembre 1684 (*a*), après avoir fait abjuration de la R. P. R.

D'ABZAC. *d'argent, à une bande d'azur, chargée en cœur d'un besan d'or, à une bordure d'azur, chargée de 9 besans aussi d'or.*

DE NESMOND. *d'or, à trois cors de chasse de sable, enguichés & liés d'azur.*

(*a*) Hist. de Chast. page 470, & aux additions.

Il avoit épousé, 1°, par contrat du 24 Mai 1634, & acte de célébration devant le Ministre du Lindois, du 16 Juin 1635, MADELEINE d'Abzac, fille de feu *Gabriel* d'Abzac, Marquis de la Douze, & d'*Esther* de Larmandie, sa belle-mere (*b*). Ayant été enlevée, le 1er Septembre 1637, elle se remaria, par contrat du 27 Août 1645, à *Charles* Gouffier, Comte de Gonnor & de Maulevrier, mort en 1671; duquel elle laissa, entre autres enfans: *Louis* Gouffier, dit *LE COMTE DE ROUANOIS*, fait Lieutenant-Général des Galeres, le 3 Septembre 1720 (*c*).

(*b*) *Ibid.* & aux additions de la page 470.

(*c*) Hist. des gr. Off. de la Couronne, tom. V, pag. 611. E.

Il avoit épousé, 2°, par contrat du 6 Janvier 1656, CHARLOTTE de Nesmond, fille de *Philippe* de Nesmond, Chevalier, Baron des Estangs, Seigneur de Massignac, de Sauvagnac, de la Saludie, &c. Gentilhomme ordinaire de la Maison du Roi, & d'*Isabeau* de Pressac. Elle se remaria avec JEAN de Livene, Chevalier, Seigneur de Laumont, des Brousses, de Riviere, en Saintonge, &c.; ayant eu pour enfans:

1 LOUIS CHASTEIGNER, né le 17 Février 1669, mourut en bas âge.

2 JEAN CHASTEIGNER, Seigneur de Lindois, qui suit.

3 CHARLES CHASTEIGNER, Seigneur de la Rochepozay, auteur des *SEIGNEURS DE SAUVAGNAC ET DE LA COURIERE*, sera rapporté ci-après, avec sa postérité, au §. IV.

4 MARIE CHASTEIGNER, fut baptisée à Verneuil, le 23 Octobre 1660.

5 MARIE-ANNE CHASTEIGNER, baptisée à l'âge de 10 ans, le 8 Août 1672, fut mariée à PIERRE de la Garde-de-Saigne-de-Valon, Chevalier, Seigneur de Mirabel, fils de feû *Jean* de la Garde, Chevalier, & de *Judith* du Breuil.

6 MADELEINE CHASTEIGNER, née le 11 Mai 1662, & baptisée le 25 Septembre 1672, fut mariée, par contrat du 5 Août 1687, à GABRIEL de la Pisse, Ecuyer, Seigneur de la Cotte, &c. Elle mourut en 1733.

7 CATHERINE CHASTEIGNER, baptisée à Verneuil, en 1663.

8 MARIE CHASTEIGNER, aussi baptisée, en 1665, mourut en 1672.

9 RENÉE CHASTEIGNER, Dame de Clermont, sœur jumelle de *Louis* Chasteigner, née en 1669, mourut le 10 Janvier 1729.

10 GABRIELLE CHASTEIGNER, fut mariée, 1°, par contrat du 16 Novembre 1702, à PIERRE André, Ecuyer, Seigneur du Mas & de Franchieres. 2°, par contrat du 9 Juillet 1707, à PIERRE Thomasson, Ecuyer, Seigneur de Saint-Pierre, fils de feû *Leon* Thomasson, Ecuyer,

Seigneur de la Vergnas, & d'*Anne* Mallet. 3° à LAURENT du Reclus, Ecuyer, Seigneur du Breuil, de Faugeras & de Puy-Fetaud. Elle fit son testament en 1735.

11 Autre GABRIELLE CHASTEIGNER.

XVIII.

JEAN CHASTEIGNER, Chevalier, Baron de Lindois, Seigneur de la Grolle, &c. mourut le 21 Août 1707.

DE LA ROCHE-AYMOND. *de sable, au lion d'or, armé, & lampassé de gueules, l'Ecu semé de molettes, ou étoiles aussi d'or.*

Il avoit épousé, par contrat du 14 Octobre 1705, ISABEAU de la Roche-Aymond, fille d'*Antoine* de la Roche-Aymond, Seigneur de Premilhac, &c. & de *Marie* d'Abzac, fille de *Jean* d'Abzac, Seigneur de Rillars, Saint-Pardoux, la Riviere, &c. & de *Renée* de Lambertye, fille de *Jean* de Lambertye, Chevalier, Seigneur de Prung, de Marval, &c. Capitaine au Régiment de Saintonge, & de *Jeanne* Coustin-du-Masnadand. Elle mourut en 1734, laissant de son mariage, pour fils unique :

1 FRANÇOIS-JOSEPH CHASTEIGNER, Baron de Lindois, qui suit.

XIX.

FRANÇOIS-JOSEPH CHASTEIGNER, Baron de Lindois, Seigneur de Sanvagnac, de Saint-Sauveur, près de Marthon, de Fond-Chauveau, &c. né le 19 Mars 1707, & vivant encore en 1779.

DE MAZIERE-DU-PASSAGE. *d'azur, à 3 glands d'argent, 2 en chef, 1 en pointe.*

VIROULEAU. *coticé en bande d'argent & de gueules, de onze pieces, au lambel en chef de 3 pendans d'azur.*

A épousé, 1°, par contrat du 31 Octobre 1726, ELISABETH de Maziere-du-Passage, fille de défunt *Philippe-Benjamin* de Maziere, Chevalier, Seigneur de Maziere, du Passage, de Voutron, &c. & d'*Esther* Guilhaudeau. Elle mourut le 1er Janvier 1734, ayant eu de son mariage :

1 LEONARD CHASTEIGNER, Baron de Lindois, qui suit.

2 SUSANNE CHASTEIGNER, née le 28 Octobre 1730, fut mariée, par contrat du 28 Septembre 1750, à CHARLES de la Roussie, fils de feû *Pierre* de la Roussie, Chevalier, Seigneur de la Pougade, & de *Gabrielle* de Nesmond.

3 MADELEINE CHASTEIGNER, née le 28 Novembre 1731, vit encore, sans alliance, en 1779.

4 MARIE-MADELEINE CHASTEIGNER, morte en bas âge.

Il a épousé, 2°, par contrat du 4 Janvier 1736, MARIE Virouleau, veuve de *Jacques* l'Aisné, Chevalier, Seigneur du Deffens, fille de *Jean-François* Virouleau, Seigneur de Marillac-le-Franc, & de *Marie* de Fournel, & petite-fille de *Jacques* de Virouleau, Seigneur de Marillac-le-Franc, Capitaine de Cavalerie, & de *Marie* de Lambertye, fille de *Jean-François*, Comte de Lambertye, Baron de Montbrun, &c. Chevalier de l'Ordre du Roi, & d'*Emerie* de Nesmond. Elle est encore vivante, en 1779, ayant eu pour enfans :

1 FRANÇOIS-XAVIER CHASTEIGNER, né le 28 Novembre 1736, fut tué à l'affaire de Closterkam, en 1760, étant Capitaine au Régiment d'Auvergne.

2 EUTROPE-ALEXIS CHASTEIGNER, dit le *Chevalier de Chasteigner*, né le 1er Août 1738, est Garde-du-Corps du Roi, avec Brevet de Capitaine de Cavalerie.

3 LEONARD

3 LEONARD CHASTEIGNER, dit *de Graville*, né le 3 Mai 1741, vivant encore, sans alliance, en 1779.

4 SUSANNE CHASTEIGNER, née le 4 Décembre 1745; Religieuse-Visitandine à la Rochefoucauld.

5 MARIE-LOUISE CHASTEIGNER, morte au berceau.

XX.

LEONARD CHASTEIGNER, Baron de Lindois, Seigneur du Deffens, du Fraisse, &c. né le 24 Mai 1728, mourut le 27 Mars 1772.

L'AISNÉ-DU-DEFFENS. *d'argent, à la face de sable, accompagnée de trois molettes d'éperon, aussi de sable.*

Il avoit épousé, par contrat du 20 Mai 1746, MARIE l'Aisné-du-Deffens, Dame du Deffens, &c. fille de *Jacques* l'Aisné, Seigneur du Deffens, &c. & de *Marie* Virouleau, sa belle-mere; de laquelle il laissa, pour enfans:

1 FRANÇOIS-XAVIER CHASTEIGNER, Baron de Lindois, qui suit.

2 JEAN-BAPTISTE CHASTEIGNER, né le 19 Janvier 1755, est Lieutenant au Régiment d'Enghien.

3 MARIE-THERESE CHASTEIGNER, née le 5 Juin 1752, fut mariée, par contrat du 1er Juin 1773, à JEAN de Masfranc, Seigneur de la Domaise.

4 MADELEINE-POMELINE CHASTEIGNER, morte au berceau.

XXI.

DE CALVIMONT. *Ecartelé au 1 & 4 de sable au lion d'or; au 2 & 3 de gueules à la tour d'argent.*

FRANÇOIS-XAVIER CHASTEIGNER, Baron de Lindois, Seigneur du Deffens, du Fraiffe, &c. né le 4 Août 1753, fut fait Garde du Pavillon & de la Marinie, de la Brigade du Havre, en 177... & depuis Enfeigne de Vaiffeaux du Roi, au Département de Rochefort, employé en 1778 & 1779, dans la Flotte commandée par M. le Comte d'Orvillers.

Il a époufé, par contrat du 3 Novembre 1774, MARIE-VICTOIRE de Calvimont, fille de feû *Jacques-Leon* de Calvimont, Marquis de Calvimont, Seigneur de Tayac, Lieutenant des Vaiffeaux du Roi, &c. & de *Genevieve* Roche; de laquelle il a eu :

1 N.... CHASTEIGNER, garçon, mort au berceau.

§. IV.

SEIGNEURS DE SAUVAGNAC ET DE LA COURIERE.

XVIII.

CHARLES CHASTEIGNER, Seigneur de Sauvagnac, de la Couriere, de la Grolle, &c. (3me fils de *Ponce* Chasteigner, Seigneur de Lindois, & de *Charlotte* de Nesmond, sa seconde femme, mentionnés ci-devant, au §. III.) né le 3 Juillet 1667, mourut en 17 . . . DE LAMBERTRIE.

Il avoit épousé SUSANNE de Lambertrie, fille de N. . . . . de Lambertrie, Seigneur de la Chapelle-Montmoreau; de laquelle il eut :

1 LEONARD CHASTEIGNER, Seigneur de Sauvagnac & de la Couriere, qui suit.

XIX.

LEONARD CHASTEIGNER, Chevalier, Seigneur de Sauvagnac, de la Couriere, de la Grolle, &c. mourut le 6 Mars 1746, âgé de 46 ans. DE ROCQUART.

Il avoit épousé, par contrat du 9 Novembre 1741, JEANNE de Rocquart. Elle mourut subitement à Boubon, le 8 Décembre 1766; ayant eu de son mariage :

1 FRANÇOIS CHASTEIGNER, Seigneur de Sauvagnac, de la Couriere, &c. né le 13 Décembre 1742, reçu Page de la grande Ecurie du Roi en 17...

ROCQUART. 2 FRANÇOIS-JOSEPH CHASTEIGNER, Seigneur des Pons, Lieutenant au Régiment d'Artois, né le 26 Février 1744.

A épousé, par contrat du 22 Juin 1773, précédé de dispense du Pape, ESTHER de Rocquart, sa cousine.

§. V.

SEIGNEURS DES ESTANGS.

XV.

DE MOUSSY. *d'or au chef de gueules, chargé d'un lion passant d'argent.*

PIERRE CHASTEIGNER, Seigneur, Baron des Estangs, &c. (second fils de *Godefroy* Chasteigner, Seigneur de Lindois, & de *Madeleine* de Fontenay, mentionnés ci-devant, au §. III.) eut en partage la Chastellenie des Estangs en Angoumois, dont il se qualifioit *Seigneur & Baron*, dès l'an 1569. Il professa la Religion reformée, pendant trois ou quatre ans; suivit, durant les guerres civiles, le Seigneur de la Noue & le Seigneur de Langoyran, Chefs des Protestans; & se trouva à la prise de Perigueux, en 1575. Il se battit en duel avec N..... de Fumel, Seigneur du Bourdeys, en Perigort; mais ils ne se firent que quelques blessures, le Seigneur de la Vauguyon étant arrivé sur le combat, pour les séparer. D'autres querelles qu'il eut encore avec ses voisins lui devinrent plus funestes. Après en avoir tué quatre, en diverses rencontres, les parens de ceux-ci le firent enfin assassiner à coups d'Arquebuse, sur le pont-levis de son Château: cet événement arriva avant l'an 1601 (*a*).

Il avoit épousé JACQUETTE de Moussy, fille de *René* de Moussy, Seigneur de Puybouillard, Gouverneur de Metz, & d'*Anne* Cauchon-de-Maupas, de la Maison des Barons du Tour en Champagne. Elle avoit été nourrie avec *Barbe* Cauchon-de-Maupas, Dame de Duras, sa tante, femme de *Simphorien* de Durfort, Seigneur de Duras; & étoit cousine-germaine de *Jacques* de Durfort, Seigneur, Marquis de Duras, auteur des Marquis, puis Ducs de Duras. Elle étoit encore veuve en 1601, suivant un acte du 28 Novembre, qui témoigne qu'elle avoit alors la garde noble de ses enfans (*b*), qui furent:

(*a*) Hist. de Chast. page 471.

(*b*) *Ibid.* page 471, preuv. page 150.

1 NICOLAS CHASTEIGNER, Seigneur, Baron des Estangs, qui suit.

2 ISABEAU CHASTEIGNER, resta quelque temps sous la tutelle de sa mere; & fut mariée à ROCH de Pressac, Seigneur de la Forest-des-Salles, près de la Vauguyon.

3 MARIE CHASTEIGNER, fut aussi sous la tutelle de sa mere, & mariée à N..... Vigier, Seigneur de Reillac, puîné de la Maison de Saint-Matthieu, près de la Vauguyon (*a*).

(*a*) Hist. de Chast. page 471, preuves, page 150.

XVI.

BARBARIN.

NICOLAS CHASTEIGNER, Chevalier, Seigneur, Baron des Estangs, de Martignac, &c. étoit jeune à la mort de son pere, & demeura sous la tutelle de JACQUETTE de Moussy, sa mere, suivant un acte du 28 Novembre 1601 (*b*). Il vivoit encore en 1634.

(*b*) *Ibid.*

Il avoit épousé MADELEINE Barbarin, fille de *Jean* Barbarin, Seigneur des Champbons-Paulte, sur la riviere de Charente, près Confolent, & de *Marie* Pastoureau, de la Maison d'Ordieres (*c*); de laquelle il eut, entre autres enfans:

(*c*) *Ibid.*

1 LOUIS CHASTEIGNER, Seigneur, Baron des Estangs, qui suit.

2 MARIE CHASTEIGNER, dont on ne trouve que le nom, vivoit en 1634.

XVII.

LOUIS CHASTEIGNER, Chevalier, Baron des Estangs, Seigneur de Massignac, &c. vivoit en 1634. On ignore s'il laissa postérité.

§. VI.

SEIGNEURS DU VERGER, D'IZEURE, DE LA BROSSE, DU BREUIL, &c.

XII.

GUERINET.

JACQUES CHASTEIGNER, Ier du nom, Chevalier, Seigneur du Verger, d'Izeure, d'Andonville, du Breuil, des Baudimens, &c. (3me fils de *Geoffroy* Chasteigner, Chevalier, Seigneur de Saint-Georges-de-Rexe, & de *Louise* de Preuilly, Dame de la Rochepozay, ci-devant mentionnés, au §. I.) Obtint, par partage provisionel, les Terres & Seigneuries d'Izeure, du Breuil, près de la Rochepozay & d'Andonville, en Beausse; & se trouva à la bataille de Montlhery, donnée par LOUIS XI, contre les Princes Ligués, le 16 Juillet 1465 (*a*). *François* Guerinet, Seigneur des Halles de Poitiers, son beau-pere, lui fit don, par acte du 21 Février suivant, que l'on disoit encore 1465, de certains Bois situés en la Paroisse d'Oyré: & par autre acte du 8 Juin 1469, lui, sa femme, & *Guillelmine* Berland, en l'absence de *François* Guerinet, son mari, pere & mere de celle-ci, céderent les Hôtels du Rivau, & de la Symoniere, en la Paroisse de Naintré, à *Louise* de la Lande, Dame de Brain, veuve d'*Aimery* de Brizay, pour s'acquitter, envers elle, de certaines rentes & deniers qu'ils lui devoient. Il transigea, ainsi que *Pierre* Chasteigner, Seigneur de la Rochepozay, son frere aîné, le 19 Avril 1471, avec *Isabeau* de Couhé, veuve de *François* Chasteigner, Seigneur de Bourdigalle, leur frere, touchant le douaire de cette derniere; & rendit aveu au Roi, comme Vicomte de Châtellerault, le 12

(*a*) Hist. de Chast. p. 475, & aux additions de la p. 479.

Mai 1483, pour son Hôtel & Place-Forte des Vergers & dépendances, à lui échus du chef de sa femme. *Guy* Chasteigner, Seigneur de la Rochepozay, son neveu, lui donna pouvoir, le 12 Février 1487, de s'accorder, en son nom, avec les héritiers de *Françoise* Bonenfant, & *Jean* Chaudrier, Seigneur de Cirieres, touchant les promesses faites par défunt *Louis* Bonenfant, lors du contrat de mariage du même *Guy* Chasteigner, avec *Louise* de Preuilly, de laquelle il étoit principal héritier (*a*). Il vivoit encore en 1503, que, le 6 Août, *Jeanne* Chasteigner, veuve de *Charles* Cathus, Chevalier, Seigneur des Granges & de Saint-Généroulx, donna pouvoir à *Guy* Chasteigner, Seigneur de la Rochepozay, son frere aîné, ses neveu & niece, afin de procéder avec lui, au partage de diverses successions à eux échues, tant en directe qu'en collatérale, & de leurs droits communs sur les Terres & Seigneuries de Saint-Georges-de-Rexe, de la Salle-d'Aitré, de la Rochefaton & autres (*b*).

(*a*) Hist. de Chast. page 478.

(*b*) Original.

Il avoit épousé, avant l'an 1465, JEANNE Guerinet, Dame du Verger, fille & héritiere de *François* Guerinet, Ecuyer, Seigneur du Verger, Général-Conseiller du Roi sur le fait de la Justice des Aides, & de *Guillelmine* Berland, Dame du Fief des Halles de Poitiers, issue de l'ancienne Maison de Berland, Seigneurs du Fief des Halles de Poitiers, Fondateurs des Augustins de cette Ville & du Pré-le-Roi, près la porte Saint-Cyprien. JEANNE Guerinet étoit aussi cousine-germaine de *Leon* Guerinet, reçu Conseiller du Roi en la Cour de Parlement, le 17 Avril 1433, Doyen de l'Eglise de Poitiers, & élu, par son Chapître, Evêque de Poitiers, en 1457; Evêché qui fut cependant conféré, par le Roi, à *Jean* du Bellay, Abbé de Saint-Florent de Saumur: mais *Leon* Guerinet fut fait enfin Evêque de Frejus, en Provence, en 1462. Elle est nommée avec son mari, dans plusieurs actes (*c*); & laissa de son mariage:

(*c*) Hist. de Chast. pages 475, 476, & aux additions.

1 AIMAR

1 AIMAR CHASTEIGNER, Seigneur du Verger & d'Izeure, qui suit.

2 FRANÇOIS CHASTEIGNER, Ier du nom, Seigneur d'Andonville, auteur de la Branche des *SEIGNEURS D'ANDONVILLE*, rapportés ci-après, au §. VII.

3 ABEL CHASTEIGNER, Ecclésiastique, Prieur de la Rochefaton.

4 ANTOINE CHASTEIGNER, Seigneur de la Forge, dont on ne trouve que le nom.

5 MADELON CHASTEIGNER, se fit aussi d'Eglise, & fut Aumônier de l'Aumônerie de Sainte-Catherine d'Aistré, dont la présentation appartient au Seigneur de la Salle-d'Aistré.

6 LOUISE CHASTEIGNER, dont le nom seul est connu.

7 PHILIPPE CHASTEIGNER, Dame des Touches, près Coussay-lès-Bois, &c, fut mariée à JEAN des Aubays, Seigneur de Tallenois & du Plessis-Gaillon; & vivoit veuve le 23 Mai 1542, suivant un acte de cette date, où elle se qualifie *Dame de Nouy, de la Quauterie, & du Petit-Relay.*

8 FRANÇOISE CHASTEIGNER, fut mariée à PIERRE de Caraleu, Seigneur de Montenant, de Boisgarnaud & des Petits-Breux, fils de *Nicolas* de Caraleu, Seigneur des mêmes Terres, & issu de *Pierre* de Caraleu, Seigneur de Montenant & des Petits-Breux, vivant en 1276.

9 ISABEAU CHASTEIGNER, Dame du Portail & de Puymeron, Paroisse d'Autran, près de Châtellerault, fut

mariée, 1° à REGNON du Blou, Ecuyer, par contrat du 18 Février 1491. 2° à GUILLAUME Foucauld, Seigneur de Bonneuil.

10 MARIE CHASTEIGNER, femme de JEAN de Plevinaut, est nommée avec son mari, dans un acte du 27 Mai 1525.

11 JACQUETTE CHASTEIGNER, Dame de la Forge, de la Groue, & d'Estourneau, Paroisse d'Izeure, fut mariée à LOUIS Ancellon, Seigneur de Fonbaudry, Chevalier de l'Ordre de Saint-Michel.

12 CATHERINE CHASTEIGNER, Dame de Sougly, *aliàs* Choupes, &c. fut mariée à LOUIS Petit, Seigneur de Vieillemont & de Saint-Chartre, près de Montcontour (*a*).

(*a*) Hist. de Chast. pages 479 & 480.

XIII.

PIN.

AIMAR CHASTEIGNER, Seigneur du Verger, d'Izeure, des Baudiments, &c. prenoit, avant d'avoir partagé avec ses freres, le titre de *Seigneur d'Andonville*. Il vendit certaines Terres assises en la Paroisse de Coussay-lès-Bois, à *Jean* Boucher, Prêtre, par acte du 5 Août 1494; & mourut quelque temps après (*b*).

(*b*) *Ibid.* page 481.

Il avoit épousé MARIE Pin, Dame des Granges, Paroisse d'Izeure, & de Souvré, près de Saint-Savin, fille de *Jean* Pin, Ecuyer, Seigneur des Granges, & de *Jeanne* de Fougeres, vivans encore en 1490. Elle vendit sa Terre de Souvré, au Seigneur de Nalliers, & vivoit encore veuve le 1er Octobre 1505, ayant l'administration de ses enfans, qui furent:

1 JACQUES CHASTEIGNER, IIe du nom, Seigneur du Verger, d'Izeure & des Baudiments, qui suit.

2 HECTOR CHASTEIGNER, Prieur d'Izeure & de l'Abbaye de Preuilly.

3 GUY CHASTEIGNER, Prieur d'Anthoigné-le-Tillard, de Remilly, d'Izeure, & de Vic, est nommé, avec son frere aîné, dans une transaction sur partage, du 8 Juin 1527, & vivoit encore en 1544.

4 JEAN CHASTEIGNER, Seigneur de la Chapelle, mort jeune.

5 PIERRE CHASTEIGNER, Seigneur des Granges, près de la Rochepozay, de la Ronde, Paroisse de Coussay-lès-Bois, &c. épousa ANNE de Naillac, de la Maison de Riz, près de Preuilly, parente de *François* de Naillac, Seigneur de Riz, pere de *Marc* de Naillac, Seigneur de Riz, Sénéchal de la basse Marche, dont la fille Dame héritiere de Riz, fut mariée à *Jean* de Preaux, Seigneur d'Antigny. Ils eurent de leur mariage :

1 LOUISE CHASTEIGNER, mariée à EDMOND Courault, Seigneur de Rochechevreuse.

6 CATHERINE CHASTEIGNER, fut mariée à PIERRE Pommier, Ecuyer, Seigneur de Vouliers, suivant une transaction de l'an 1527, où est dite sœur de *Jacques* & *Pierre* Chasteigner (*a*).

(*a*) Hist. de Chast. pages 481 & 482, aux preuves, pages 155 & 156.

XIV.

DE LA HAYE. *d'azur à la bande d'or, chargée de 3 trefles de gueules.*

JACQUES CHASTEIGNER, IIe du nom, Seigneur du Verger, d'Izeure, des Baudiments, de la Brosse, &c. transigea au sujet de son partage, le 8 Juin 1527, avec *Jean* Chasteigner, Seigneur de la Rochepozay. Il est aussi qualifié, dans un inventaire de titres, fait le 13 Octobre 1536, *Seigneur de la Rochefaton*; Terre que le même *Jean* Chasteigner, IIIe du nom, Seigneur de la Rochepozay, lui avoit cédé en échange d'autres Terres, assises au bas Poitou, & de ce qui lui revenoit en la Seigneurie de la Rochepozay, suivant un acte du 25 Mai 1544, par lequel, étant sur le point de vendre cette Terre de la Rochefaton, il assigna sur celle d'Izeure, une certaine somme au profit de LOUISE de la Haye, sa femme. Il vendit en effet depuis, la Terre de la Rochefaton, au Seigneur de Perpendale, duquel elle passa en la Maison de Pidoux.

Il avoit épousé LOUISE de la Haye, sœur de *Jeanne* de la Haye, femme de *Guillaume* l'Huillier, Seigneur d'Ursines, & fille de *Jean* de la Haye, Seigneur de Vaujour & de Montauban, premier Président aux Requêtes du Palais, & de *Gillette* Clutin, fille du Seigneur de Ville-Parisis. Elle stipula avec son mari, dans l'acte d'assignation, ou de remploi ci-dessus, du 25 Mai 1544; le survecut; vivoit encore en 1553 (*a*), & laissa de son mariage :

(*a*) Hist. de Chast. page 483, & aux preuves, pages 155 & 156.

1 JEAN CHASTEIGNER, Seigneur du Verger, des Baudimens, &c. Gentilhomme servant de MARIE Stuart, Reine de France & d'Ecosse, Homme d'Armes de la Compagnie d'*Arthus* de Cossé, Seigneur de Gonnor, Maréchal de France, receuillit, avec son frere & ses

sœurs, une partie de la succession de *Renée* l'Huillier, leur cousine-germaine, suivant plusieurs procurations qu'ils passerent en 1585, afin d'en traiter avec *Gilles* du Fresnoy, Chevalier de l'Ordre du Roi, Seigneur du Plessis-Grandin, second mari de celle-ci. Il mourut sans postérité.

Il avoit épousé, par contrat du 7 Février 1553, fait en présence de sa mere, ANNE de Bombelles, fille de *Claude* de Bombelles, Ecuyer, Seigneur de Lavau, Valet-de-Chambre ordinaire du Roi, Gouverneur du Château de Chambort, & de *Jeanne* de Marnac (*a*).

(*a*) Hist. de Chast. pages 485 & 486.

2 JEAN CHASTEIGNER, Seigneur d'Izeure & de la Brosse, qui suit.

3 RENÉE CHASTEIGNER, fut mariée, 1° à FRANÇOIS Taveau, Ecuyer, Seigneur de la Tour-au-Conion, fils puîné du Baron de Mortemer, en Poitou. 2° à LOUIS Trousseau, Ecuyer, Seigneur de la Fons; duquel elle étoit veuve en 1585.

4 CLAUDE CHASTEIGNER, mariée à ANTOINE Grimaut, Ecuyer, Seigneur de Mornay, en Mirebalais, vivoit aussi veuve, en 1585.

5 ANNE CHASTEIGNER, femme de N.... Seigneur du Plessis, près de Crecy en Brie, neveu de HENRI Clutin, Seigneur de Ville-Parisis.

6 JEANNE CHASTEIGNER, fut mariée, avant l'an

1556, à CHARLES de Laurens, Ecuyer, Seigneur de Leugny & de la Pagerie, en Mirebalais. Ils vivoient encore ensemble, en 1585.

7 MARIE CHASTEIGNER, femme de JACQUES de Massoignes, Ecuyer, Seigneur de la Jarrie & de la Vieillardiere.

8 GUYONNE CHASTEIGNER, fut mariée, 1° à N. . . . de Coustures, Seigneur de la Chauvetiere; 2° à ANTOINE d'Yerce, Ecuyer, Seigneur de Bouchallin.

XV.

BARRÉ. JEAN CHASTEIGNER, Seigneur d'Izeure, de la Brosse, puis du Verger & des Baudiments, &c. survecut son frere aîné, du même nom.

Il avoit épousé ISABEAU Barré, veuve de N. . . . . . d'Argence, Seigneur de Soucy, & fille de N. . . . . Barré, Seigneur de Villeneuve. Elle laissa de son mariage:

1 FRANÇOIS CHASTEIGNER, Seigneur de la Brosse, d'Izeure, &c. eut la réputation extraordinaire de bien tirer des armes, & mourut à Poitiers, en 1631. On ignore s'il eut postérité.

Il avoit épousé HONORÉE Boisseau, veuve de N. . . . Seigneur de Malespine, puîné de la Maison de Maisontiers.

2 FIACRE CHASTEIGNER, Seigneur du Verger, qui ſuit.

3 RENÉE CHASTEIGNER, mariée à N. . . . Seigneur du Peret.

4 DIANE CHASTEIGNER, fut la ſeconde femme d'ANTOINE Chaſteigner, Seigneur des Touches-Gabillere, ſon parent (*a*).

(*a*) Hiſt. de Chaſt. pages 487 & 488.

XVI.

FIACRE CHASTEIGNER, Seigneur du Verger, &c. LUCAS.

Avoit épouſé, 1° LOUISE Lucas, fille de N. . . . Lucas, Seigneur du Bouſchet, Paroiſſe d'Oyré; de laquelle il eut: FRADET.

1 FRANÇOIS CHASTEIGNER, mort ſans poſtérité, en 1631.

2 HENRI CHASTEIGNER, ſervit, dès l'âge de 16 ans, dans le Régiment du Marquis de Brezé, depuis Maréchal de France; ſe trouva aux guerres de Piemont & au ſiége de Veillane, en 1629. Mais étant employé en l'Armée du Roi, au voyage de Lorraine, en 1633, lors de la reddition de Nancy, il eut le malheur de ſe noyer, en paſſant la riviere de Meuſe à cheval; & fut le ſeul de la Troupe qui perit de cette maniere.

3 FRANÇOISE CHASTEIGNER, dont ont ne voit que le nom.

4 RENÉE CHASTEIGNER, dont on ne trouve auſſi que le nom.

Il avoit épouſé 2° JOACHIME de Fradet, Dame de Courteloup près de la Ravardiere ; de laquelle il n'eut point d'enfans (*a*).

(*a*) Hiſt. de Chaſt, pages 488 & 489.

§. VII.

§. VII.

SEIGNEURS D'ANDONVILLE, DE MARIGNI, DE MOLLANTE, &c.

XIII.

FRANÇOIS CHASTEIGNER, Ier du nom, Seigneur d'Andonville, de Jauget, &c. (second fils de *Jacques* Chasteigner, Ier du nom, Seigneur du Verger, & de *Jeanne* Guerinet, dont on a parlé ci-devant, au §. VI.) eut en partage la Seigneurie d'Andonville en Beauce, & celle de Jauget près de Charnizay; & *Jean* Chasteigner, IIIe du nom, Seigneur de la Rochepozay, son cousin, lui céda aussi depuis, pour terminer leurs différends, la Seigneurie de Miseré, en la Paroisse de Brus, avec le Fief de Preuilly, situé au village de Vallensay, en la Paroisse d'Autran, près de Châtellerault, par acte du 27 Mai 1525, fait en la présence, entre autres, de *René* Chasteigner, Abbé-Commendataire de la Mercy-Dieu. Il eut encore, par autre acte du 8 Juin 1527, une portion en la Seigneurie de la Rochepozay, que le même *Jean* Chasteigner lui délaissa, ainsi qu'à *Jacques* Chasteigner, Seigneur du Verger, & *Guy* Chasteigner, freres, ses neveux. Il étoit mort en l'an 1551. JEDOUIN.

Il avoit épousé, vers l'an 1525, RENÉE Jedouin, Dame de Marigny sur Creuse, en Touraine, & de Mollante en Poitou, fille de *Jean* Jedouin, Ecuyer, Seigneur de Joustereaux près d'Angle, &c. & de *Marie* de Caraleu, de la Maison de Montenault. RENÉE Jedouin étoit descendue des Sires de

Thaiz, fur Creufe, dont étoit *Perrot* Jedouin, vivant en 1369. Elle ne vivoit plus en 1551; & laiffa de fon mariage:

1 RENÉ CHASTEIGNER, Seigneur d'Andonville & de Marigny, qui fuit.

2 FRANÇOIS CHASTEIGNER, IIe du nom, auteur des SEIGNEURS DE LA GABILLERE ET DES TOUCHES, fera rapporté, ci-après, avec fa poftérité, au §. VIII.

3 RENÉ CHASTEIGNER, le jeune, Seigneur de Jauget, en la Paroiffe de Charnizay, fut fait curateur de *Leon* Chafteigner, fon frere, par Sentence des Affifes de Tours, du 12 Février 1551; & fut chargé le 27 Mars 1567, de la procuration de *Jean* Chafteigner, Chevalier de l'Ordre du Roi, Seigneur de la Rochepozay, pour ftipuler au contrat de mariage de *Jeannet* Chafteigner, fils de ce dernier, avec *Jeanne* de Villers (*a*). Il mourut fans poftérité de CATHERINE Chenu, fa femme, de la Maifon des Seigneurs d'Yvetot.

(a) Original.

4 LEON CHASTEIGNER, né en 1533, eft dit âgé de 17 à 18 ans, dans la Sentence ci-deffus, du 12 Février 1551, par laquelle il fut pourvu à fa curatelle; & fervoit en la Compagnie du Seigneur de Montpezat, lorfqu'il fut tué en un combat, donné près d'Amiens, en 1553.

5 CLAUDE CHASTEIGNER, Seigneur de la Sarraziniere, en la Paroiffe de Cleré-du-Bois, près de Chaftillon fur Indre, laiffa de GILLETTE du Fouquet, Dame de Bournigalle, fa femme, outre cinq filles:

1 DANIEL CHASTEIGNER, mort fans poftérité.

6 RENÉE CHASTEIGNER, fut mariée à JEAN de Marans, Seigneur de Loubressay (a).

(a) Hist. de Chast. page 491 & suiv. & aux preuv. p. 153, 154, 155 & 157.

XIV.

DE BOUSONVAL.

RENÉ CHASTEIGNER, Seigneur d'Andonville, de Marigny, de Mollante, &c. fut à Jerusalem par dévotion, & mourut en 1564, le 28 Mars, suivant son Epitaphe, qui se voit en l'Abbaye de la Mercy-Dieu.

Il avoit épousé, par contrat du 30 Août 1545, FRANÇOISE de Bousonval, fille de *René* de Bousonval, Ecuyer, Seigneur de Gondreville-la-Franche, près d'Angerville en Beauce, & de *Marie* d'Ays, fille de *Leon* d'Ays, Ecuyer, Seigneur d'Ays en Artois. Elle assista en 1572, étant encore veuve, au mariage de *Marie* de Bousonval, sa sœur, avec *Louis* de Beauvolier, Ecuyer, Seigneur, des Malardieres, en Lodunois; & laissa pour enfans:

1 CLAUDE CHASTEIGNER, Seigneur d'Andonville, assista au mariage de *Marie* de Bousonval, sa tante, conclu le 27 Juin 1572; fut tué au siege de la Rochelle, en 1573; & reçut la sépulture en l'Eglise de Saint-Georges-de-Rexe.

2 EDMOND CHASTEIGNER, Ier du nom, Seigneur d'Andonville & de Marigny, qui suit.

3 RENÉE CHASTEIGNER, femme de PREGENT Ancelon, Seigneur de Claize.

4 ANTOINETTE CHASTEIGNER, fut mariée à N. . . .

Seigneur de la Riviere-Tranchecerf, près de Loriere, en Limosin.

(a) Hist. de Chast. ·age 493 & suiv. & ·x additions; preu·es, pages 156, ·57 & 158.

5 FRANÇOISE CHASTEIGNER, femme de RENAUD d'Argence, Seigneur de Soucy & de la Fons (a).

XV.

BELLIN.

EDMOND CHASTEIGNER, Ier du nom, Seigneur d'Andonville, de Marigny, de Mollante, de Gondreville-la-Franche, &c. étoit en 1593, Lieutenant de la Compagnie de Gendarmes de *Louis* de Crevant, Vicomte de Brigueil; & Capitaine-Gouverneur du Château d'Angle, dès le temps de *Geoffroy* de Saint-Bellin, Evêque de Poitiers.

FUMÉE. *·'azur, à deux fasces ·'or, accompagnées ·e six besans d'argent ·osés en orle, 3, 2 & 1.*

Il avoit épousé, 1º JACQUETTE Bellin, fille de *Savinian* Bellin, Seigneur de Perruaud, près d'Aunay, Maître d'Hôtel de la Reine CATHERINE de Medicis, Capitaine du Château de Chizay, & de N. . . . . Jay, de la Maison de Boisseguin. JACQUETTE Bellin étoit cousine-germaine de *Louise* Jay, Dame de Boisseguin, mariée successivement à *Georges*, Baron de Villequier, Chevalier des Ordres du Roi; puis à *Jacques*, Comte d'Escars & de Beaufort. Elle laissa de son mariage:

1 RENÉ CHASTEIGNER, Page successivement du Roi HENRI IV, & de LOUIS XIII, à la Cour duquel il mourut jeune.

2 FRANÇOIS CHASTEIGNER, Seigneur de Pouzac près d'Aunay, mourut de maladie, au siége de Montauban, en 1621.

3 ANNE CHASTEIGNER, fut mariée à LOUIS de Mareuil, Seigneur de Montenaut, de la Guiniere & de Coublou, près de Sellès en Berry.

Il avoit épousé, 2° MADELEINE Fumée, fille d'*Antoine* Fumée, Chevalier de l'Ordre du Roi, Seigneur des Roches-Saint-Quentin, en Touraine, & de *Claude* de Rian *, & niece de *Nicolas* Fumée, Evêque & Comte de Beauvais, Pair de France; de laquelle il eut pour enfans :

1 EDMOND CHASTEIGNER, IIe du nom, Seigneur d'Andonville, qui suit.

2 JEANNET CHASTEIGNER, Seigneur de Mollante, &c. mourut en un combat donné devant la Rochelle, au mois de Février 1626, le Maréchal de Themines tenant alors cette Ville bloquée; & fut enterré en l'Eglise de Saint-Georges-de-Rexe, près le tombeau de *Claude* Chasteigner, Seigneur d'Andonville, son oncle.

3 LOUIS CHASTEIGNER, Religieux en l'Abbaye de Preuilly.

4 FRANÇOIS CHASTEIGNER, Seigneur de Mollante.

5 LOUIS CHASTEIGNER, le jeune, Seigneur de Lussay, &c. servit sur mer à Marroco, en Affrique; se trouva en Italie, au siège de Pignerol & de Saluces, en 1629;

* Suivant Duchêne, Histoire de Chasteigner, page 496. Blanchard, en son Histoire des Maitres des Requêtes, la dit fille d'*Antoine* Fumée, Chevalier, Seigneur de Blandé & des Roches, fait Maître des Requêtes en 1574, étant alors Président des Enquêtes du Parlement de Paris, & de *Gabrielle* Sapin.

fut fait Lieutenant de la Compagnie des Gardes de *Henri* de Schomberg, Maréchal de France, avec lequel il fut au voyage de Lorraine, en 1632, & au combat de Castelnaudary, donné le 1er Septembre de la même année. Il fut depuis Capitaine des Gardes de *Charles* de Schomberg, Duc de Hallewin, Pair de France, Gouverneur & Lieutenant-Général pour le Roi, en Languedoc.

6 FRANÇOIS CHASTEIGNER, le jeune, Seigneur d'Argeville, d'abord Page de *Charles* de Schomberg, Duc de Hallewin, fut ensuite Capitaine au Régiment de Languedoc, & eut une jambe fracassée d'un coup de mousquet, à l'attaque formée pour secourir Salces, en Espagne, en 1639, à quatre pas de la tranchée des Espagnols. Il mourut sans postérité.

7 MADELEINE CHASTEIGNER, fut mariée à JACQUES de la Jaille, Seigneur de Thou, près d'Angle & de Marcilly, près de Nouastre (*a*).

(*a*) Hist. de Chast. pages 495, 496 & 497.

XVI.

EDMOND CHASTEIGNER, IIe du nom, Seigneur d'Andonville, &c. vivoit encore en 1634 : c'est tout ce qu'on sçait de lui.

§. VIII.

SEIGNEURS DE LA GABILLERE, ET DE LA CHEZE.

XIV.

FRANÇOIS CHASTEIGNER, IIe du nom, Seigneur de la Gabilleres, des Touches, &c. (second fils de *François* Chasteigner, Seigneur d'Andonville, & de *Renée* Jedouin, mentionés ci-devant, au §. VII.) obtint en partage la Seigneurie des Touches, Paroisse de Pouzay-le-Vieil.

D'ARGENCE. *de gueules, à une fleur-de-lys d'argent*

DE VOUNAN.

Il avoit épousé, 1° CATHERINE d'Argence, Dame de la Gabillere, Paroisse de Chenevilles; de laquelle il eut pour enfans :

1 JEAN CHASTEIGNER, Seigneur de la Gabillere, fut blessé d'une arquebusade à une entreprise que le Seigneur de Lancosme fit sur la ville de Saint-Jean-d'Angely, & mourut peu de jours après de sa blessure, à la Roche-pozay.

2 FRANÇOIS CHASTEIGNER, IIIe du nom, Seigneur de la Gabillere, qui suit.

3 ANTOINE CHASTEIGNER, Seigneur des Touches, sera mentionné ci-après, avec sa postérité, au §. IX.

Il avoit épousé, 2° LOUISE de Vounan (*aliàs* Vouvan)

veuve d'*Antoine* d'Allongny, Seigneur de la Cheze, près de Martizay, & mere de RENÉE d'Allongny, qui fut mariée à FRANÇOIS Chasteigner, fils puîné de son second mari; mais ils ne laisserent point d'enfans de leur second mariage (*a*).

(*a*) Hist. de Chast. page 488.

XV.

D'ALLONGNY. *de gueules, à trois fleurs de-lys d'argent, 2. & 1.*

FRANÇOIS CHASTEIGNER, IIIe du nom, Seigneur de la Gabillere, &c. réputé pour tirer supérieurement des armes, tua en duel le Seigneur de Marolles, son voisin; & eut plusieurs autres querelles.

Il avoit épousé RENÉE d'Allongny, Dame de la Cheze, fille d'*Antoine* d'Allongny, Seigneur de la Cheze près de Martizay, & de *Louise* de Vounan; & en eut pour enfans:

1 ANTOINE CHASTEIGNER, Seigneur de la Gabillere & de la Cheze, duquel on ne sçait aucune autre particularité.

2 MARIE CHASTEIGNER, femme du Seigneur de Gitraucourt, près de Dreux.

3 RENÉE CHASTEIGNER, Religieuse à Longesons, près du Blanc en Berry, Ordre de Fontevrault.

4 GENEVIEVE CHASTEIGNER, fut mariée à N.... de la Valette, près de Gueret, Assesseur en l'Election de la haute Marche (*b*).

(*b*) Hist. de Chast. page 499.

§. IX.

§. IX.

SEIGNEURS DES TOUCHES.

XV.

ANTOINE Chasteigner, Seigneur des Touches, &c. (3me fils de *François* Chasteigner, Seigneur de la Gabillere, & de *Catherine* d'Argence, dont on a ci-dessus parlé, au §. VIII.) eut en partage la Terre des Touches, Paroisse de Pouzay-le-Vieil. Il fut, comme son frere aîné, fort adroit au maniement des armes; & suivit long-temps Henri IV, qui n'étoit encore que Roi de Navarre: mais un duel qu'il eut avec le Seigneur de Verdelles-du-Maine, nonobstant les défenses de ce Prince, l'obligea de s'en retirer.

PIERRE.

CHASTEIGNER, d'or, au lion posé de sinople.

Il avoit épousé, 1° Jeanne Pierre, fille de *Joachim* Pierre, Seigneur de Chabannes, en la Paroisse de la Chapelle-Roux, près de Montoiron, & d'*Helene* Levraut, fille de N. . . . . Levraut, Seigneur de la Scithiere & de Naintré. Elle laissa de son mariage:

1 JEAN Chasteigner, Seigneur des Touches, qui suit.

2 CHARLES Chasteigner, mourut de maladie, en 1622, devant la Rochelle, blocquée alors par Louis de Bourbon, Comte de Soissons.

3 JEANNE Chasteigner, morte sans alliance.

4 CATHERINE CHASTEIGNER, fut mariée à RENÉ du Croiset, Seigneur de la Mothe-de-Conflans, près de la Rochepozay.

Il avoit épousé, 2° DIANE Chasteigner-du-Verger, sa parente, dont on a ci-devant parlé, au §. VI; de laquelle il ne paroît pas qu'il eut d'enfans (*a*).

(*a*) Hist. de Chast. pages 499 & 500.

XVI.

DE GASTON.

JEAN CHASTEIGNER, Seigneur des Touches dont on ne trouve aucune autre particularité.

Avoit épousé N. . . . . . . de Gaston, de la Maison de Mussay, près de Lezignem; de laquelle on ignore s'il laissa postérité (*b*).

(*b*) *Ibid.* page 500.

§. X.

SEIGNEURS D'AVAUX ET DE SAINT-VINCENT SUR JARD.

XI.

HELIE CHASTEIGNER, IIe du nom, Seigneur de la Vergne-Samoyeau, d'Avaux, &c. (quatrieme fils d'*Helie* Chasteigner, IIe du nom, Seigneur de Saint-Georges-de-Rexe, & de *Philippe* de la Rochefaton, desquels il a été ci-devant parlé, au §. I.) est nommé, avec ses autres freres, comme mineurs, dans la Sentence touchant leur tutelle, du 17 Avril 1366 (a). Il eut pour son partage, du chef de sa mere, la Seigneurie de la Vergne-Samoyeau, assise en la Paroisse de Fenjoux en Gastine; & obtint aussi, pour ses droits, dans les successions de *Jean* Chasteigner, IIe du nom, Seigneur de Saint-Georges-de-Rexe, & d'*Isabeau* de Gourville, ses ayeul & ayeule, la somme de 35 liv. de rente, que *Geoffroy* Chasteigner, Seigneur de Saint-Georges, son frere aîné, lui assigna sur la Seigneurie de la Salle-d'Aistré, en Aunis, par accord fait entr'eux, le 9 Mars 1412; mais que *Helie* Chasteigner ceda depuis à *Pierre* Chasteigner, Seigneur de Saint-Georges-de-Rexe, son neveu, par acte du 30 Janvier 1439. *Philippe* Chasteigner, Chevalier, Seigneur d'Amuré, son autre frere, lui avoit fait don, en faveur de mariage, par acte du 12 Février 1429, d'une rente annuelle de 40 liv. à prendre sur la Seigneurie d'Avaux, appartenente à *Jean* Bouschet, Chevalier, Seigneur d'Avaux, (beau-pere du donataire) sans pouvoir la vendre, ni engager que du consentement du donateur, d'*André*

BOUSCHET.

(a) Original.

Rouault, Chevalier, de *Richard* d'Appelvoisin, Chevalier, & de *Jean* Gestin, Ecuyer, Seigneur de la Marzelle. *Jean* Bouschet ayant ensuite vendu cette Seigneurie d'Avaux, relevante de Talmond, à *Marie* de Montausier, femme du même *Jean* Gestin, HELIE Chasteigner, qui avoit 300 écus d'or, pour le capital de sa rente, sur cette Seigneurie d'Avaux, la retira enfin, par accord passé entre lui, *Marie* Bouschet, sa femme, d'une part, *Jean* de la Mace, Ecuyer, Seigneur de Villedon, à cause de *Marie* de Montausier, sa femme, veuve alors de *Jean* Gestin, d'autre part, le 1er Mai 1438 (*a*). Il eut aussi de grands différends à démêler avec *Jean* de Puy-de-Fou, cousin-germain de sa femme, à cause de *Catherine* Bouschet, sa mere, tante de cette derniere; & mourut avant qu'ils fussent terminés (*b*).

(*a*) Original.

(*b*) Hist. de Chast. pages 503 & 504, aux preuv. p. 159.

Il avoit épousé, en 1429, MARIE Bouschet, fille & héritiere de *Jean* Bouschet, Chevalier, Seigneur d'Avaux, &c. & de *Catherine* d'Appelvoisin. Elle est nommée avec son mari & défunt son pere, dans l'accord original ci-dessus, du 1er Mai 1438; & se remaria, étant veuve, à *Jean* Renaudineau, Ecuyer, duquel elle eut *Andrée* Renaudineau, qui fut mariée à *André* de la Varenne, Ecuyer, Seigneur de Montbail (*c*). Elle laissa de son 1er mariage :

(*c*) *Ibid.*

1 PIERRE CHASTEIGNER, Seigneur d'Avaux, qui suit.

2 JEAN CHASTEIGNER, est nommé le second de ses freres, dans le partage qu'ils firent le 11 Septembre 1460, des biens de leurs pere & mere, & de leurs ayeul & ayeule (*d*); & s'accorda encore avec son frere aîné, le 1er Octobre 1476 : c'est tout ce qu'on trouve de lui.

(*d*) Original.

3 LOUIS CHASTEIGNER, nommé avec ses freres, dans le partage ci-dessus, du 11 Septembre 1460, se fit d'Eglise, & mourut avant l'an 1476.

4 CATHERINE CHASTEIGNER, nommée aussi avec ses freres, dans le partage original du 11 Septembre 1460, fut mariée, par contrat du 4 Novembre 1465, à JEAN Blanchardin, Seigneur de la Gaignoliere, près de Clisson, en Bretagne; duquel elle eut:

1 FRANÇOIS Blanchardin, Seigneur de la Gaignoliere, mort sans enfans.

5 ANDRÉE CHASTEIGNER, vivante encore, en 1476 (*a*).

(*a*) Hist. de Chast. page 505.

XII.

BOBEL.

PIERRE CHASTEIGNER, Seigneur d'Avaux, de Saint-Vincent-sur-Jard, de la Mothe-de-Boisragon, &c. fit partage, ainsi que ses freres, le 11 Septembre 1460, des biens d'*Helie* Chasteigner, leur pere, fils d'autre *Helie* Chasteigner, & de *Philippe* de la Rochefaton, avec *Pierre*, *Jacques* & *François* Chasteigner, fils de feu *Geoffroy* Chasteigner, qui avoit eu aussi, pour pere & mere, *Helie* Chasteigner & *Philippe* de la Rochefaton: & par ce partage, ils eurent l'Hôtel de Boisragon, la Fontenelle, le Breuil-Halerit, assis en la Chastellenie de Saint-Maixent, & autres biens (*b*). Il transigea aussi avec *Jean* Chasteigner, son frere, par acte du 1er Octobre 1476: & ses prétentions sur la succession de *Guichard* d'Appelvoisin, Chevalier, Seigneur d'Appelvoisin, à cause de *Catherine* d'Appelvoisin, son ayeule maternelle, sœur de *Guichard*, lui susciterent un débat avec *Jean* d'Appelvoisin, Chevalier, Seigneur de Thors, Conseiller & Chambellan du Roi, neveu du même *Guichard* d'Appelvoisin; sur lequel ils s'accorderent enfin, par une transaction faite, à ce sujet, en 1477 (*a*).

(*b*) Original.

(*c*) Hist de Chast. pages 506 & 507.

Il avoit épousé JEANNE Bobel, fille de *Jean* Bobel, Seigneur de la Chevesteliere, rappellé dans le partage ci-dessus du 11 Septembre 1460, à cause de 70 sols de rente, qui lui étoient dus sur la Terre de Guignefolle. Ils laisserent pour fils unique :

1 JEAN CHASTEIGNER, Ier du nom, Seigneur d'Avaux, & de Saint-Vincent, qui suit.

XIII.

CHABOT. *d'or, à trois Chabots de gueules.*

JEAN CHASTEIGNER, Ier du nom, Seigneur d'Avaux, de Saint-Vincent-sur-Jard, &c. eut, en 1506, quelques procès à soutenir, du chef de *Jeanne* Bobel, sa mere, avec *Jean* Grossart, Ecuyer, mari de *Catherine* Bobel.

Il avoit épousé N. . . . . Chabot; de laquelle il eut :

1 FRANÇOIS CHASTEIGNER, mort sans alliance.

2 JEAN CHASTEIGNER, IIe du nom, Seigneur d'Avaux, qui suit.

3 PIERRE CHASTEIGNER, mort sans lignée.

4 MARGUERITE CHASTEIGNER, morte sans enfans.

5 FRANÇOISE CHASTEIGNER, morte aussi sans postérité(*a*).

(*a*) Hist. de Chast. pages 507 & 508.

XIV.

DU PLOYER.

JEAN CHASTEIGNER, IIe du nom, Seigneur d'Avaux, de Saint-Vincent-sur-Jard, &c. mourut sans postérité, en 1535. Ses biens du côté paternel, retournerent alors à *Jean* Chasteigner, IIIe Seigneur de la Rochepozay; & ceux du côté maternel, à *Jean* Chabot.

Il avoit épousé LOUISE du Ployer, fille de N. . . . . du Ployer, Seigneur de la Boissiere & de Saint-Benoît (*b*).

(*b*) *Ibid.* page 508.

§. XI.

SEIGNEURS DE LA MELLERAYE ET DE MAGNÉ.

X.

DE MAGNÉ. *de gueules, à la croix ancrée d'argent.*

SIMON CHASTEIGNER, IIe du nom de sa ligne, Seigneur de la Melleraye, de Magné, d'Eschiré, de Saint-Maxire, de Longesvé, de la Boissiere, de la Cour de Magné, près de Fontaine, &c. (second fils de *Jean* Chasteigner, IIe du nom, Seigneur de Saint-Georges-de-Rexe, & d'*Isabeau* de Gourville, qui ont été rapportés ci-devant, au §. I) eut, par partage avec *Helie* Chasteigner, Seigneur de Saint-Georges-de-Rexe, son frere aîné, fait par contrat du 24 Février 1388, la Terre & Seigneurie de la Melleraye, assise en la Paroisse de Saint-Michel-le-Cloux, qui étoit d'ancienneté en leur Maison. Il est qualifié *SEIGNEUR DE MAGNÉ & D'ESCHIRÉ*, à cause de sa femme, dans un acte de foi-hommage du 13 Février 1392, que *Jean* Rogre, demeurant à Rouvre, lui fit pour ce qu'il tenoit à Ternanteuil & aux environs, en la Paroisse d'Eschiré : rendit lui-même, à cause de sa femme, deux hommages, le penultieme Juin 1393, à *Jean* de Clermont, Vicomte d'Aunay; & mourut peu de temps après (*a*).

(*a*) Hist. de Chast. pages 510 & 511, preuves, page 160.

Il avoit épousé JEANNE de Magné, Dame de la Chastellenie de Magné, d'Eschiré, de Saint-Maxire, de Longesvé, près de Fontenay, de la Boissiere & de la Cour-de-Magné, près de Fontaines, en Saintonge, fille de *Moreau* de Magné, Chevalier, Seigneur des mêmes Terres, & d'*Isabeau* Mignot, fille unique de *Pierre* Mignot, Lieutenant de *Guillaume* Felton, Sénéchal de Poitou, pour le Roi d'Angleterre. *Moreau* de Magné étoit mort, avant la foi-hommage ci-dessus, du penultieme Juin 1393; & JEANNE de Magné vivoit veuve en 1398, que, le Lundi avant la Fête Saint-Denis, elle reçut, comme tutrice de ses enfans, l'hommage que lui fit *François* Chevalier, à cause de *Perrette* de Lugres, sa femme, pour l'Hôtel de Chaix, tenu de la Seigneurie de la Melleraye. Elle étoit remariée, en 1402, à *Thibaud* Portier, Chevalier, Seigneur de Sainte-Neomaye, Sénéchal de Poitou, pour JEAN Duc de Berry, Comte de Poitou; lequel, à cause d'elle, rendit hommage le 18 Mai 1406, de son hebergement de la Cour-de-Magné, à *Alienor* de Perigord, Dame de Fontaines (*a*); & elle laissa de son 1er mariage :

(*a*) Hist. de Chast. pages 510 & 511, preuv. p. 160 & 161.

1 SIMON CHASTEIGNER, IIIe du nom, Seigneur de la Melleraye, &c. succéda à son pere, étant encore en minorité, & eut pour tuteur, lors du second mariage de sa mere, *Guillaume* Ymbaut, qui rendit aveu pour lui & *Jeanne* Chasteigner, sa sœur, de la Terre de la Melleraye, le 15 Janvier 1404, à JEAN Duc de Berry, Comte de Poitou, à cause de son Château de Fontenay-le-Comte. Il reçut lui-même l'aveu que *Jean* Rabateau lui fournit, pour sa Maison de la Motte, assise au village de Serigné, mouvante de la Melleraye, le 30 Novembre 1410; & mourut peu de temps après, sans alliance.

2 JEAN CHASTEIGNER, mort jeune, avant son frere aîné (*b*).

(*b*) *Ibid.* pag. 511 & 512.

3 JEANNE CHASTEIGNER, Dame de la Melleraye & de Magné, qui suit.

XI.

XI.

JEANNE CHASTEIGNER, Dame de la Melleraye, de Magné, d'Eschiré, de Saint-Maxire, de Longesvé, de la Boissiere, de la Cour-de-Magné, &c. après la mort de son frere aîné, survecut long-temps son mari, décédé avant le mois de Mars 1419, qu'elle plaidoit au Parlement, s'en disant veuve; & y plaidoit encore, en 1421 (*a*). Elle fut présente, en 1431, au contrat de mariage d'*Andrée* de Vareze, sa fille, conclu, le 28 Juin, avec *Jean* de Vivonne: plaidoit encore au Parlement, en 1433 (*b*): reçut en 1439, l'aveu de *Hector* Bouchet, Chevalier, Seigneur de Sainte-Gemme & de Puygreffier, pour ce qu'il tenoit d'elle: bailla le sien en 1441, pour le Fief de Longesvé, à l'Abbé de Bourgueil: & *François* Chevalier, Seigneur de Lugres, avoua aussi tenir d'elle son Hôtel de Chaix, en 1446. Elle eut encore plusieurs procès au Parlement contre *Marie* de Maillé, veuve de *Pean* de Maillé, & *Gillet* de Maillé, son fils; contre *Hardouin* & *Gilles* de Maillé; contre *Bertrand* Larchevêque, Seigneur de Soubize, comme tuteur de ses enfans, & de *Jeanne* Rabateau, sa femme; contre *Thomas* de Vivonne, Chevalier, & sa femme; & contre *Louis* Chabot, Chevalier, Seigneur du petit Château, en 1450, 1453, 1456 & 1459. Mais les grandes sommes que ses différends, avec *Jeanne* de Volvire, veuve de *Briant* de Vareze, son fils, lui couterent, la forcerent de vendre ses Terres de Longesvé & de la Boissiere, à *Louis* de Beaumont, Chevalier, Seigneur de la Forest-sur-Sevre. Elle aliena encore la Seigneurie d'Eschiré, que *Guy* de Chourses, Seigneur de Malicorne, son gendre, retira; & mourut en son Château de Magné, en 1461 (*c*).

DE VAREZE. *écartelé au 1 & 4 d'or, au 2 & 3 de gueules.*

(*a*) Regist. du Parl. Poitiers, vol. 4, f° 119 & 250, v°.

(*b*) *Ibid.* vol. 5, f° 198, r°.

(*c*) Hist. de Chast. pages 512 & 513, & aux Preuves.

Elle avoit été mariée à JEAN de Vareze, Chevalier, Seigneur de Châteautiſon, de Miſeré & de Mons, en la Chaſtellenie de Saint-Maixent, Chambellan du Roi, Capitaine de Sivray, qui, à cauſe de ſa femme, reçut l'hommage de *Pierre* Chevalier, Ecuyer, pour ſa Maiſon de Chaix, le 17 Décembre 1418. Il mourut peu après, avant l'an 1419; & eut pour enfans.

DE VOLVIRE. *[B]urelé d'or & de [g]eules, de 10 [p]ieces.*

1 BRIENT de Vareze, Seigneur de Châteautiſon, Miſeré, &c. mourut avant ſa mere.

Il avoit épouſé JEANNE de Volvire, Dame Chaſſenon, qui eut de grands procès, avec ſa belle-mere; & de laquelle il procréa:

1 FRANÇOIS de Vareze, Seigneur de la Melleraye, de Magné, de Saint-Maxire, de Châteautiſon, &c. plaidoit au Parlement en 1476, contre *Pierre* Chaſteigner, Chevalier, Seigneur de la Rochepozay, ſon beau-frere, à cauſe de *Jeanne* de Vareze, ſa femme (*a*); & mourut ſans poſtérité.

(*a*) Regiſt. du Parl. [J]ugés 108, f° 292, [v]° & 325, r°.

2 ANDRÉE de Vareze, Dame de Magné, qui ſuit.

3 JEANNE de Vareze, Dame de la Melleraye, de Châteautiſon, &c. fut mariée, avec diſpenſe, par contrat du 20 Mars 1443, à PIERRE Chaſteigner, Seigneur de la Rochepozay, ſon couſin, iſſu de Germain. Il a été ci-devant parlé d'eux & de leur poſtérité, au §. I. (*b*).

(*b*) Hiſt. de Chaſt. pages 513 & 514.

XII.

DE VIVONNE. *d'hermines, au chef de gueules.*

ANDRÉE de Vareze, Dame de Magné, de Mons, de Châteauneuf en Limoſin, du Breuil-d'Aigounois, de

Chantecaille, &c. étoit déjà veuve de son 1er mari, lorsque, le 3 Août 1432, elle donna quittance à sa mere de la somme de 700 royaux d'or, & d'une robe de drap d'or, fourée de martres, faisant partie de sa dot; acquit de *Nicole* de Bretagne, Comtesse de Penthiévre, la Terre du Pastis, près de Fontenay, qui venoit des Seigneurs de la Chasteigneraye, & devint encore Dame des Terres de Magné & de Châteauneuf, par la mort de *François* de Vareze, son neveu.

DE CHOURSES. *d'argent à 5 faces, ou burelles de gueules.*

Elle avoit été mariée, 1°, par contrat du 28 Juin 1431, à JEAN de Vivonne, Chevalier, Seigneur d'Aubigny, & de Faye, fils aîné de *Renaud* de Vivonne, Chevalier, Seigneur, des Essars & d'Aubigny, & de *Marie* de Mathas. Il mourut avant le 3 Août 1432, laissant de son mariage :

1 MARIE de Vivonne, mariée avec JEAN de Chourses, fils de *Guy* de Chourses, second mari de sa mere, & de *Marie* de Beaumont; duquel elle laissa postérité, parmi laquelle on voit, entre autres, au 4me degré de descendance, JEANNE de Coësmes, femme de FRANÇOIS de Bourbon, Prince de Conti, & au 5me degré, ANNE de Montafié, femme de CHARLES de Bourbon, Comte de Soissons, qui eut d'elle: 1. LOUIS de Bourbon, Comte Soissons. 2. LOUISE de Bourbon, femme de HENRI d'Orléans, Duc de Longueville. 3. MARIE de Bourbon, femme de THOMAS de Savoye, Prince de Carignan (*a*).

(*a*) Hist. de Chast. pages 514, 515 & 516.

Elle avoit été mariée, 2° à GUY de Chourses, Chevalier, Seigneur de Malicorne, veuf de *Marie* de Beaumont; duquel elle procréa :

1 ANTOINE de Chourses, Seigneur de Magné & d'Eschiré, qui mourut avant le 15 Janvier 1487.

COETIVY. *fascé d'or & de sable, de six pieces.*

Il avoit épousé CATHERINE de Coëtivy, fille d'*Olivier* de Coëtivy, Seigneur de Taillebourg, Sénéchal & Lieutenant-Général pour le Roi, en Guyenne, & de *Marguerite* de Valois, seconde *fille naturelle* du Roi CHARLES VII, & d'*Agnès* Sorel. Elle vivoit veuve dès le 15 Janvier 1487, & encore en 1494. Elle laissa de son mariage :

1 ANTOINE de Chourses, étant sous la tutelle de sa mere le 15 Janvier 1487, & mort à l'âge de 14 ans.

2 MARGUERITE de Chourses, femme de JEAN d'Illiers, Seigneur d'Illiers, en Beauce ; duquel elle eut une illustre postérité (*a*).

) Hist. de Chast. s 515, 516, 518 19. Hist des gr. de la Couron. VII, p. 845. E.

§. XII.

SEIGNEURS DE REAUMUR ET D'ANTIGNY.

IX.

SIMON CHASTEIGNER, IIe du nom de sa ligne, Seigneur de Reaumur & d'Antigny (second fils de *Simon* Chasteigner, Seigneur de Saint-Georges-de-Rexe, & de *Letice* de la Guierche, desquels il a été ci-devant fait mention, au §. I.) eut, par partage fait avec *Jean* Chasteigner, IIe du nom, Seigneur de Saint-Georges-de-Rexe, son frere, la Seigneurie de Reaumur, & une partie de la Terre d'Antigny, relevantes de la Baronie de Vouvent. Il transigea, par acte du Mercredi après la Saint-Michel 1348, avec *Aimery* Beufmont, valet, fils d'*Aimery* Beufmont, de Reaumur, touchant un four & quelques devoirs de Fiefs, en contestation entr'eux : consentit au partage fait par *Jean* Chasteigner, à *Gislebert* Chasteigner, leur frere puîné, le jour de Sainte-Catherine 1365 ; & mourut avant le 15 Mai 1396. BOUTOU.

Il avoit épousé JEANNE Boutou, fille de *Jean* Boutou, Ecuyer, qui avoit pour frere *Pierre* Boutou, Chevalier, Seigneur de la Baugisiere, tous deux fils de *Guillaume* Boutou, Ecuyer, Seigneur du même lieu. Elle est rappellée dans un acte de *Louis* Chasteigner, son fils, du 7 Décembre 1390 ; mourut avant le 13 Février 1395 (*a*) ; & laissa de son mariage :

(*a*) Hist. de Chast. pages 522 & suiv. Preuv. p. 163 & 164.

1 JEAN CHASTEIGNER, mort sans postérité.

2 SIMON CHASTEIGNER, IIIe du nom, Seigneur de Reaumur & d'Antigny, qui suit.

LAURENCEAU.

3 LOUIS CHASTEIGNER, Ecuyer, revendit, par acte du 17 Décembre 1390, à *Helie* Chasteigner, Chevalier, Seigneur de Saint-Georges-de-Rexe, son cousin-germain, cent sols de rente, qui lui étoient dus par *Pierre* Jame, pour raison du Treuil, appellé *la Courbe*, & qu'il avoit eu par échange, fait avec le même *Helie* Chasteigner. Il transigea touchant la succession de JEANNE Boutou, sa mere, le 12 Février 1395; reçut une quittance de *Raoulet* Chasteigner, son frere, le 15 Mai 1396; & une autre de *Jean* de Dissay, son beau-frere, le 16 Juin suivant. Ayant acquis une partie de la Terre d'Antigny, de *Simon* Chasteigner, *son frere aîné*, avec *Pierre* de Brillouet, leur beau-frere; & cette Terre ayant été saisie à ce sujet, main-levée en fut cependant accordée, pour moitié, par Sentence des Grandes Assises de Vouvent, du 8 Août 1408, LOUIS Chasteigner ayant rapporté le don des lots & ventes qui lui avoit été fait, pour raison de cette acquisition, le 16 Juillet précédent, par *Jean* Larchevêque, Seigneur de Partenay & de Vouvent (*a*). Duchêne, en son Histoire de Chasteigner, page 526, s'est trompé en appropriant ces derniers faits à *Louis* Chasteigner, Seigneur de Reaumur, neveu de celui-ci.

(*a*) Hist. de Chast. page 524. Preuves, pages 163 & 164.

Il avoit épousé JEANNE Laurenceau, fille de *Heliot* Laurenceau, & de *Jeanne* Sagoise. Elle vivoit encore veuve, en 1452; & laissa de son mariage, une fille unique:

1 MATHURINE CHASTEIGNER, mariée, par traité du 9 Janvier 1435, à JEAN Bernard, Ecuyer, Seigneur

de la Claveliere, Paroisse de Mervent. Ils passerent procuration, avec *Jeanne* Laurenceau, veuve de *Louis* Chasteigner, leur mere & belle-mere, le 9 Juillet 1452; &, par acte du 24 Août 1461, MATHURINE Chasteigner, & JEAN Bernard, son mari, se firent un don mutuel de leurs biens, meubles & acquêts, & du tiers de leurs immeubles (*a*).

(*a*) Hist. de Chast. pages 524, & aux Preuves, pages 165 & 166.

4 RAOULET CHASTEIGNER, Seigneur d'Aziré, est dit fils de feû *Simon* Chasteigner *, dans la quittance qu'il donna à *Louis* Chasteigner, son frere, le 15 Mai 1396, de tous les fruits & profits de sa Terre d'Aziré, près de Niort (*b*); & mourut sans postérité.

(*b*) *Ibid.* Preuves, page 164.

5 MARIE CHASTEIGNER, fut mariee à JEAN de Dissay, Ecuyer, Seigneur de Puypapin, qui donna quittance, le jour Saint-Nicolas en Mai 1381, à compte de la dot de sa femme, à *Louis* Chasteigner, frere de celle-ci; laquelle transigea aussi, avec ce dernier, le 12 Février 1395, touchant la succession de *Jeanne* Boutou, leur mere: & JEAN de Dissay, son mari, donna encore quittance à *Louis* Chasteigner, son beau-frere, de la somme de 50 liv. le 16 Juin 1396. *Marie* Chasteigner fit donnation, le 4 Mars 1402, à *Jeanne* Chasteigner, sa sœur, de tous ses biens provenans de la succession de *Simon* Chasteigner, leur pere (*c*): ce qui prouveroit qu'elle n'avoit point d'enfans.

(*c*) *Ibid.* pag. 524 & 525, & aux Preuv. page 163.

---

* Duchêne, Hist. de Chasteigner, page 526. le fait, par erreur, fils de *Simon* Chasteigner (qui étoit au contraire son frere) & de *Catherine* de Pont-de-Vie. Mais ce *Simon* Chasteigner, étoit vivant en 1397. Or *Raoulet* Chasteigner, dit fils *de défunt Simon* Chasteigner, dans une quittance du 15 Mai 1396, étoit donc fils de *Simon* Chasteigner, & de *Jeanne* Boutou.

6 JEANNE CHASTEIGNER, fut mariée, 1° à PIERRE de Brillouet, Ecuyer; 2° à JEAN Grignon-de-Parsay, Ecuyer, avec lequel elle vivoit en 1395 & 1402 (a).

(a) Hist. de Chast. 525, Preuves, 167.

7 JEANNE CHASTEIGNER, à laquelle *Marie* Chasteigner, sa sœur aînée, fit don de tous ses biens paternels, le 4 Mars 1402, *pour aider à la marier* (b), ne pouvant être *Jeanne* Chasteigner, leur autre sœur, mariée dès 1395, doit donc être ici nécessairement suppléée.

(b) *Ibid.* page 525.

X.

PONT-DE-VIE.

SIMON CHASTEIGNER, IIIe du nom, Seigneur de Reaumur, d'Antigny, d'Aziré, du Four-de-Moreillon, &c s'accorda, par acte du Vendredi avant la Fête de N.D. 1397, touchant l'hommage que lui devoit *Guillaume* Audoyer, valet, Seigneur du Plessis, & qu'il reçut. Il avoit vendu à *Louis* Chasteigner, *son frere*, & à *Pierre* Brillouet, son beau-frere, une partie de sa Terre d'Antigny; & cette vente ayant donné matiere à la saisie de la même Terre, par le Seigneur de Vouvent, main-levée en fut cependant accordée, pour la moitié, par Sentence des Assises de Vouvent, du 8 Août 1408. Il mourut avant le 17 Octobre 1422 (c).

(c) *Ibid.* p. 525, Preuves, pag. 164 & ...

Il avoit épousé CATHERINE de Pont-de-Vie, fille de *Jean* de Pont-de-Vie, & d'*Elvis* de Bessay. Elle étoit aussi morte avant le 17 Octobre 1422; & laissa pour enfans:

1 LOUIS CHASTEIGNER, Ier du nom, Seigneur de Reaumur & d'Antigny, qui suit.

2 CATHERINE

2 CATHERINE CHASTEIGNER, fut mariée à PIERRE de Bernean, Ecuyer, avant le 4 Septembre 1411, qu'*Elvis* de Bessay, veuve de *Jean* de Pont-de-Vie, son ayeule maternelle, lui fit don de tous ses biens, meubles & immeubles. Elle vivoit encore avec son mari, le 10 Novembre 1430 (*a*).

(*a*) Hist. de Chast. page 525, Preuves, pages 164 & 167.

XI.

LOUIS CHASTEIGNER, Ier du nom, Seigneur de Reaumur, d'Antigny, &c. fit, par acte du 17 Octobre 1422, quelques Fondations pieuses, en la Chapelle d'Aziré, pour ses pere & mere, ses enfans & lui: & par autre acte du 5 Avril 1426, il s'accorda avec *Pierre* de Bernean, son beau-frere, époux de *Catherine* Chasteigner, touchant, entre autres choses, les arrérages d'une rente de 36 liv., vendue à *Jean* de Pont-de-Vie, ayeul maternel de LOUIS & de *Catherine* Chasteigner, par défunt *Simon* Chasteigner, leur pere (*b*).

(*b*) *Ibid.* page 526, Preuv. p. 164 & 188.

On ignore le nom de sa femme; mais il laissa pour enfans:

1 GUILLAUME CHASTEIGNER, Ier du nom, Seigneur de Reaumur, & d'Antigny, qui suit.

2 N. . . . . CHASTEIGNER, fut mariée à GUILLAUME de Gravi, de la Maison d'Allery: & d'eux vint par degrés, MARGUERITE de Gravy, femme d'ARTUS Rataud, Chevalier, Seigneur de Curzay, Bailly de Gastine; duquel elle étoit veuve, en 1536, que le 18 Octobre, elle donna procuration pour la vente de ce qui lui appartenoit, dans les Seigneuries de Reaumur & d'Antigny.

3 N. . . . CHASTEIGNER, femme de JEAN Rousseau (*c*).

(*c*) *Ibid.* p. 527, & aux additions.

XII.

RAYMOND. GUILLAUME CHASTEIGNER, Ier du nom, Seigneur de Reaumur, d'Antigny, d'Aziré, &c. transigea, ainsi que sa femme, par acte du pénultieme Novembre 1447, avec *Jean* de Cordaux, Seigneur de Cordaux, & *Hardouine* de Bouliers, sa femme, touchant une vigne assise près de Thiors, en contestation entr'eux. Il vivoit encore le 20 Avril 1458; & mourut quelque temps après.

Il avoit épousé PENTECOSTE Raymond, sœur de *Roger* Raymond, & fille de *Colin* Raymond, Ecuyer, Seigneur de Thiors, de la Court-aux-Raymonds, &c. & de *Marguerite* de Vezançay. PENTECOSTE Raymond étoit aussi veuve de *Louis* de la Chapellerie, Ecuyer, Seigneur de la Chapellerie, Paroisse de Pougnes, de la Thibaudiere, Paroisse de Cramard, & de Rouilly; avec qui elle avoit été mariée, dès l'an 1405, & duquel elle avoit eu *Jean* de la Chapellerie, & *Pierre* de la Chapellerie, Seigneur de la Couaillere. Elle stipula, avec son mari, dans la donation qu'ils firent à leur fils, le 20 Avril 1458: fit son testament, en 1463, par lequel elle ordonna sa sépulture en l'Eglise de Cramard, devant le grand Autel, auprès du tombeau de *Louis* de la Chapellerie, son premier mari (*a*); & laissa de son second, un fils unique:

(*a*) Hist. de Chast. pages 527 & 528, Preuv. page 165.

1 GUILLAUME CHASTEIGNER, IIe du nom, Seigneur de Reaumur & d'Antigny, qui suit.

XIII.

DE LA PAINTROLIERE. GUILLAUME CHASTEIGNER, IIe du nom, Seigneur de

Reaumur, d'Antigny, d'Aziré, de la Grolliere, &c. reçut en don de ses pere & mere, par contrat du 20 Avril 1458, les lieux & villages de la Nouhe-Bodin, & de la Florenciere, assis en la Paroisse de Reaumur : & par des Lettres du 1er Octobre 1462, *Louis* d'Amboise, Vicomte de Thouars, Prince de Talmond, lui abandonna certains profits de Fiefs, moyennant la somme de 10 écus d'or, & quelques réserves.

Il avoit épousé, par contrat du 18 Août 1444, (fait en présence de ses pere & mere, qui lui donnerent, par cet acte, la Métairie de Thiors, assise en la Paroisse de Saint-Varant, près de Thouars) MARGUERITE de la Paintroliere, Dame des Benastonieres, Paroisse de Chavagne, en Parois, fille de *Guillaume* de la Paintroliere, dit *Ruffineau*, Ecuyer, Seigneur de la Paintroliere, & de *Jeanne* Benaston (*a*). Ils laisserent de leur mariage :

(*a*) Hist. de Chast. page 529, Preuves, pages 165 & 166.

1 LOUIS CHASTEIGNER, IIe du nom, Seigneur de Reaumur & d'Antigny, qui suit.

2 JEAN CHASTEIGNER, Seigneur du Plessis-Maugarny, des Benastonieres, &c. Capitaine, Maître des Eaux-&-Forêts de Château-Regnaud, en Touraine, vivoit encore avec sa femme, en 1533, & mourut sans postérité.

Il avoit épousé, par contrat du 29 Janvier 1492, PERRETTE Aubin, Dame de Champdoiseau, fille de *Jean* Aubin, Seigneur d'Apilly, & de *Catherine* de l'Isle, sœur d'*Odette* de l'Isle, veuve alors de *Renaud* de Beaugency, Chevalier.

3 BERTHOMÉE CHASTEIGNER, fut mariée, 1° à GUILLAUME Grelier, Ecuyer, Seigneur de la Grand-Ré.

2° à LOUIS Bouchereau, Ecuyer, Seigneur du Teil, avec lequel elle vivoit en 1506 & 1518.

4 JACQUETTE CHASTEIGNER, femme, 1° de NICOLAS David, Ecuyer. 2° de BONAVENTURE Bruneau, Seigneur de la Roche (a).

(a) Hist. de Chast. pages 530 & 531.

XIV.

DE VILLENEUVE.

LOUIS CHASTEIGNER, IIe du nom, Seigneur de Reaumur, d'Antigny, d'Aziré, &c. vivoit encore en 1519.

Il avoit épousé, par contrat du 20 Janvier 1489, LOUISE de Villeneuve, sœur de *Nicolas* de Villeneuve, Ecuyer, Seigneur de la Grignoniere, Paroisse de Sainte-Gemme-des-Bruheres, & fille de *François* de Villeneuve, Seigneur de la Spaye, & de *Jeanne* Jousseaume. Elle eut pour enfans, de son mariage :

1 ANTOINE CHASTEIGNER, Seigneur de Reaumur & d'Antigny, qui suit.

2 LOUIS CHASTEIGNER, Chanoine de l'Eglise Cathedrale de Luçon, vivoit encore en 1545.

3 YVES CHASTEIGNER, aussi Chanoine de Luçon.

4 CATHERINE CHASTEIGNER, femme de PIERRE Mousseau, Seigneur du Pallys.

5 MARGUERITE CHASTEIGNER, dont on ne voit que le nom.

6 MARIE CHASTEIGNER, fut mariée à JEAN de Remilly, dit de *Sacquenay*, Seigneur de Foulein & de Mentoches, en la Comté de Bourgogne.

7 LOUISE CHASTEIGNER, mariée, 1° à PIERRE de Dampierre, Seigneur de Laval. 2° à CARBON de Mont, Ecuyer; laissa de son 1er mariage :

1 ANNE de Dampierre, femme de JEAN d'Antistz, Seigneur de Mausan (*a*).

(*a*) Hist. de Chast. pages 531 & 532.

XV.

CHAMP-GIRAUD.

ANTOINE CHASTEIGNER, Seigneur de Reaumur, d'Antigny, de la Ré, d'Aziré, &c. Gentilhomme de la Chambre de HENRI d'Albret, Roi de Navarre, mourut avant l'an 1548.

Il avoit épousé, par contrat du dernier Juillet 1533, (fait en présence, entre autres, de *Jean* Chasteigner, son oncle, qui lui fit don de 4000 écus) ARTHUSE de Champ-Giraud, fille de *Pierre* de Champ-Giraud, Ecuyer, Seigneur de Lux, & de PHILIPPE de Moustiers, fille de *Nicôlas* de Moustiers, Seigneur de la Folie-Herbaud. Ils eurent pour enfans :

1 MATHURIN CHASTEIGNER, Ecuyer, Seigneur de Reaumur, succéda bien jeune, à son pere, dès l'an 1548; & mourut sans postérité.

2 GISLEBERT CHASTEIGNER, Seigneur, de Champ-doiseau, &c. se trouva à la défense de Poitiers, lors du siége qu'en fit l'Amiral de Chastillon, en 1569; & fut

tué près de Vouvent, sans postérité, par le Seigneur de la Cressoniere.

3 LOUISE CHASTEIGNER, Dame de Reaumur, qui suit.

4 N. . . . . CHASTEIGNER, fut mariée au Seigneur de la Roche-Jaquelin, & mourut sans enfans, avant sa sœur (a).

(a) Hist. de Chast. p. 533 & 534.

XVI.

MASSON.

LOUISE CHASTEIGNER, Dame de Reaumur, d'Aziré, &c. fut mariée à RENÉ Masson, Seigneur de la Vaironiere; dont elle eut :

1 ANTOINETTE Masson, qui porta en mariage la Terre de Reaumur & ses autres biens paternels & maternels, à ANTOINE Boscher, Seigneur de la Boscherie-Saint-André (b).

(b) Ibid. page 534.

§. XIII.

SEIGNEURS DE PRINÇAY, DE QUAIRAY, DE BENET EN PARTIE, DU BOURGNEUF-SAINT-GELAIS, DE LA BLOUERE & DE TENNESSUE.

VII.

GUILLAUME CHASTEIGNER, Ier du nom, (second fils de *Gislebert* Chasteigner, IIe du nom, Seigneur de la Melleraye, & de N. . . . . Dame de la Laudiere, mentionnés ci-devant, au §. I.) né, à ce qu'il paroît, vers l'an 1235, est nommé avec *Ithier* de Maignac, *Geoffroy* de Maignac, *Hugues* de Saint-Gelais, *Guillaume* de Saint-Gelais, & *Guillaume* Chabot, dans des Lettres de l'an 1258 (*a*). On ne sçait rien du surplus de ses actions, ni du nom de sa femme, dont il eut entre autres enfans :

(*a*) Hist. de Chast. Preuves, page 169.

1 GUILLAUME CHASTEIGNER, IIe du nom, qui suit.

VIII.

GUILLAUME CHASTEIGNER, IIe du nom, a le titre de *Valet*, dans l'hommage qu'il rendit pour le Fief Chamier, assis en la Paroisse d'Azay, près de Saint-Maixent, à l'Abbé de Saint-Maixent, par Lettres du Mercredi avant le Dimanche *Oculi mei* 1312 (*b*). Il est qualifié *Ecuyer* (*Armiger*) dans un Arrêt qu'il obtint au Parlement de Paris, le 3 Juillet 1342,

(*b*) *Ibid.* page 190.

(a) Regiſtres du [Par]lement, jugés 5, [f°] 390, v°.

contre *Savary* de Vivonne, Chevalier, Seigneur de Thors (*a*). Autre *Savary* de Vivonne, fils du même *Savary* de Vivonne, étoit alors marié à *Marie* Chaſteigner, Dame de la Chaſteigneraye, proche-parente de GUILLAUME Chaſteigner; qui, plaidoit encore contre l'Abbeſſe & le Couvent de Fontevrault en 1345; que, le 19 Avril, il fut rendu Arrêt au Parlement entr'eux (*b*).

(b) Regiſtres du [Pa]rlement, dit Gil-[be]rt, vol. 2, f° 157.

On ignore auſſi le nom de ſa femme, de laquelle il laiſſa :

1 JEAN CHASTEIGNER, IIe du nom, qui ſuit.

2 HUTESSE (*aliàs* EUSTACHE) Chaſteigner *, fut mariée à GAUVAIN Chenin, vivant en 1331 & 1334; lequel ſe remaria, étant veuf, à *Jeanne* l'Eſcuyer, qui teſta en 1348. Il avoit eu de ſon premier mariage :

1 HELIE Chenin, Seigneur de la Jarrie en Aunis, qui de JEANNE de Couloigne, ſa femme, eut :

1 JACQUES Chenin, Seigneur de Luſſac & de Pontmorin, mort ſans poſterité de JEANNE de Bauſſay, ſa femme.

2 JEAN Chenin, duquel vraiſemblablement vint GAUVAIN Chenin, qui rendit aveu à l'Abbaye de Saint-Maixent, pour le Fief Chamier, en 1403, à cauſe de *Jeanne* de Saint-Gelais, ſa femme.

(c) Hiſt. de Chaſt. [P]reuves, page 190, [&] aux additions de [l]a page 576.

3 JEANNE Chenin, dont on ne trouve que le nom (*c*).

---

* Duchêne, Hiſtoire de Chaſteigner, aux additions dit, ſans aucune preuve « qu'il y » a apparence qu'elle étoit fille de *Giſlebert* Chaſteigner »: c'étoit ſon oncle.

IX.

IX.

JEAN CHASTEIGNER, IIe du nom, Chevalier, ne prenoit encore aucun titre, en l'an 1335, que, le 27 Avril, il stipula aux accords du mariage de *Marie* & *Marguerite* Chasteigner, ses cousines, filles de *Thibaut* Chasteigner, dernier Seigneur de la Chasteigneraye, l'un avec *Savary* de Vivonne, & l'autre avec *Guillaume* de Vivonne, tous deux fils de *Savary* de Vivonne, Chevalier, Sire de Thors, qui traita aussi pour ses enfans, à ces accords; dans lesquels JEAN Chasteigner se dit expressement « *appartenir de lignage auxdites filles*, DE PAR » LEUR PERE » : ce qui est une nouvelle preuve que, sans être sorti du mariage de *Simon* Chasteigner, Seigneur de la Melleraye & de Saint-Georges-de-Rexe, avec *Letice* de la Guierche, sœur de *Jeanne* de la Guierche, mere de *Marie* & de *Marguerite* Chasteigner; il étoit cependant assez proche-parent d'elles, comme issu de leur estoc & ligne paternelle, ainsi que *Simon* Chasteigner, qui de plus étoit leur oncle, à cause de sa femme, pour être chargé de traiter de leurs intérêts dans des accords de mariage (*a*). Il est qualifié *Ecuyer* (*Scutifer*) dans un Arrêt du Parlement, du 24 Juillet 1342, qui paroît le concerner (*b*), & dans plusieurs autres de 1343 & 1344, plaidant contre *Guy* Larchevêque, Seigneur de Taillebourg & d'Aspremont, au sujet de plusieurs Fiefs situés en la Paroisse d'Aspremont, rélevans du Seigneur de Taillebourg (*c*); & il a le titre de *Chevalier*, est dit *habitant de Fontenay-le-Comte*, & nommé avec autre *Jean* Chasteigner, Chevalier, *habitant de la Rochelle* *, parmi ceux qui prêterent serment au Roi d'Angleterre en 1361, lors de la délivrance

(*a*) Original.

(*b*) Registres du Parlement, jugés 5, f° 398.

(*c*) *Ibid.* Jugés 9, f° 43 v°, 196 v° & 308.

* L'un des auteurs des Seigneurs de Saint-Georges-de-Rexe, qui possedoit des biens considérables dans ce canton.

de diverſes Places du Poitou, faite au nom de JEAN Roi de France, par le Maréchal de Boucicault, à *Jean* Chandos, Commiſſaire d'EDOUARD III, Roi d'Angleterre, en vertu du Traité de Paix, conclu entre ces deux Rois (*a*).

(*a*) Archives de la Tour de Londres. Expédition autenti-

De ſa femme, dont le nom eſt ignoré, il laiſſa entre autres enfans :

1 JEAN CHASTEIGNER, IIIe du nom (*aliàs* PIERRE) Seigneur de Prinçay & de Quairay, en partie, &c. qui ſuit.

2 Autre JEAN CHASTEIGNER, Prêtre, né vers l'an 1360, étoit plus que majeur, lorſqu'il fut préſent à un échange d'héritages, & à un bail à cens, fait le 1er Février 1404, par *Jean* Bauſſay, Seigneur en partie de Mallevaut, beau-pere de ſon frere aîné; & a, dans ces deux actes, le titre de *Monſeigneur* (*b*). Par deux Arrêts du Parlement, dès 13 Février 1419, & 13 Juillet ſuivant 1420, on voit qu'ayant été nommé, *pleno jure ordinario*, à la Cure de Saint-Gregoire d'Augé (près de Mallevaut) par l'Evêque de Poitiers, qui l'affectionnoit, il fut obligé de plaider, à ce ſujet, contre *Etienne* Raffaut, refuſé par ce Prélat, quoique préſenté à la même Cure, par l'Abbé de Saint-Maixent, comme y ayant droit de préſentation : JEAN Chaſteigner ſe dit, dans celui de ces Arrêts, du 13 Février 1419, *Bon Clerc, Prêtre* & *GENTILHOMME NATIF DU PAYS*, *ayant tenu Cure :* ce qui prouve qu'il étoit déjà âgé (*c*).

(*b*) Originaux.

(*c*) Regiſtres du Parlement. Expédition autentique.

X.

DE BAUSSAY. *D'or à la croix ancrée de gueules.*

JEAN CHASTEIGNER, IIIe du nom, (nommé auſſi PIERRE)

Seigneur de Prinçay & de Quairay en partie, du Bourgneuf-Saint-Gelais, & de plusieurs Fiefs assis dans les Paroisses de Benet, Villers, & environs, près de Fontenay-le-Comte; ainsi qu'il est prouvé par divers partages faits, entre ses enfans & petits-enfans, en 1467 & 1491, & par un dénombrement & une foi-hommage des 19 & 20 Juin 1490, étoit né, à ce qu'il paroît, vers l'an 1355. Il est nommé avec sa femme, dans un ancien papier censier, où il est fait mention des rentes de Beaussay « *baillées*, y est-il dit, *par* JEAN *Chasteigner, & sa* » *femme*, lesquelles furent feû Paynea » qui, comme possesseur à titre de bail, ou de ferme, avoit donné l'une de ces rentes sur une maison, à *Thevot*, gendre de *Jean* de la Garde, suivant ce même papier censier, *dès le* 28 *Octobre* 1416 : ce qui prouve clairement que JEAN Chasteigner vivoit avec sa femme, avant cette époque de 1416 (*a*). Il servoit encore comme *Ecuyer*, dans la Compagnie de Messire *Geoffroy*, Vicomte de Rochechouart, Chevalier Banneret, en 1418, suivant la montre qui en fut faite le 17 Septembre, à Saint-Sauveur de Chanos (*b*); & plaidoit au Parlement, conjointement avec autre *Jean* Chasteigner, Prêtre, son frere puîné, en en 1419 & 1420, touchant les revenus de la Cure de Saint-Gregoire de la ville d'Augé, dont il l'avoit aidé à s'emparer (*c*). Il mourut vers l'an 1425; & il se trouve encore rappellé avec sa femme, remariée en secondes noces, dès 1430, dans des Lettres de remission du mois de Novembre 1465, dans la Sentence d'entérinement de ces Lettres, du 17 Avril 1466, & dans d'autres actes.

(*a*) Original de l'Ecriture du temps.

(*b*) Archives de Saint-Martin-des-Champs.

(*c*) Registres du Parlement.

Il avoit épousé, vers l'an 1410, JEANNE Baussay, Dame de Mallevaut, Paroisse de Cherveux, fille & héritiere, en partie, de *Jean* Baussay, Sires de Baussay, & de Mallevaut, & de *Thomasse* de Vaud. Elle vivoit avec son mari, avant l'an 1416, suivant l'ancien papier censier, ci-dessus énoncé.

Jean Bauſſay, ſon pere, avoit fait un bail à cens d'un hebergement aſſis à Mallevaut, moyennant 7 ſols de cens annuel & perpétuel, payables à ſon *Ouſtel de Mallevaut*, & un échange d'héritages, le 1er Février 1404 (*a*). Il prit le titre de *Sires de Bauſſay*, demeurant à Mallevaut, dans un bail à rente perpétuelle, du 12 Juin 1412, d'une piece de vigne, aſſiſe au Fief appellé *Meſrobert*, moyennant 2 ſols de rente, payables auſſi en ſon *Ouſtel* de Mallevaut (*b*); & lui, ou *Jean* Bauſſay, ſon fils, *Paroiſſien de Cherveux*, a le titre de *Valet* (Ecuyer) dans un échange d'héritages du 28 Janvier 1413, fait avec *Jeanne* Meynard, femme autoriſée de *Jean* Babeya, Paroiſſien d'Eſchiré (*c*). Il ne vivoit plus le 22 Mai 1419, que *Thomaſſe* de Vaude (*aliàs* de Vaulx) *Paroiſſienne de Cherveux* (comme Dame de Mallevaut, qui eſt de cette Paroiſſe) ſe dit ſa veuve, (*Degreppie*) dans une vente par elle faite alors, de douze boiſſeaux froment de rente annuelle & perpétuelle, à prendre ſur tous ſes biens (*d*). JEANNE Bauſſay, leur fille, étoit remariée en ſecondes noces à *Guillaume* Maynaud, dit *Souſchier*, Ecuyer, Seigneur de Gagemont, dès le 6 Mars 1430, que celui-ci rendit aveu, à cauſe d'elle, pour raiſon du Fief de Mallevaut, tenu à foi-hommage plein, à un éperon blanc de 5 ſols, pour tout devoir (*e*). Ils tranſigerent avec *Jean* Thibault, Prêtre, par acte du 14 Septembre 1437, au ſujet d'une piece de terre aſſiſe près de Saint-Gelais, à la Croix de la Briſſeſſe, dont la poſſeſſion leur fut abandonnée, « parce que feû *Jean* Bauſſay, pere de JEANNE Bauſſay, eſt-» il dit dans l'acte, avoit toujours été Seigneur de cette Terre, » & en étoit vêtu & ſaiſi à ſa mort (*f*) ». *Guillaume* Maynaud, a le titre d'*Ecuyer*, dans un bail perpétuel qu'il fit, à cauſe de ſa femme, le 7 Avril 1450, d'un hebergement, avec ſes appartenances, aſſis au lieu de Saint-Gelais, moyennant 5 ſols, une geline, & un denier de cens & rente, payables, chaque année, en leur Hôtel de Bourgneuf, ſitué au même lieu de

(*a*) Originaux.
(*b*) Original.
(*c*) Original.
(*d*) Original.
(*e*) Copie autentiq.
(*f*) Original.

Saint-Gelais (*a*). Il eſt auſſi qualifié *Ecuyer*, *Seigneur de Gagemont*, dans un autre bail à cens & rente de pluſieurs héritages, du 2 Avril 1453 (*b*); & obtint encore, à cauſe de ſa femme, des Lettres du Sénéchal de Saint-Maixent, le 18 Août 1460, afin d'évocation aux grandes Aſſiſes de Saint-Maixent, de la cauſe pendante, entr'eux, par-devant le Juge de Luſſay, rélevant de Saint-Maixent, & le Procureur de cette Cour de Luſſay, touchant certain droit de meſurage à eux appartenant, tant au village de Luſſay, à la Faugere & à la Bigaudere, Paroiſſe de Cherveux, qu'ailleurs, ſous l'hommage du Seigneur de Saint-Maixent (*c*). Il fut tué dans une querelle particuliere, par *Louis* Chaſteigner, ſon beau-fils, en 1465. JEANNE Bauſſay, reſtée veuve, tranſigea ſur le partage à faire entre ſes enfans du premier & de ſon ſecond lit, par acte du 14 Mars, que l'on comptoit encore 1465 (*d*); & elle eſt qualifiée *Noble femme*, *veuve de feû Guillaume Maynaud*, *Ecuyer*, *Dame de Mallevaut & de Gagemont*, dans la procuration générale qu'elle donna le 25 Avril 1466, étant fort âgée, à *Ithier* Thibault & *Louis* Chaſteigner, Ecuyers, à effet de vacquer pour elle, en toutes ſes affaires (*e*). Il paroît qu'elle ne ſurvecut pas long-temps à cet acte, & qu'elle mourut avant le mois de Septembre 1467, que le même *Louis* Chaſteigner, ſon fils, rendit aveu, en ſon particulier, pour le Fief de Mallevaut (*f*).

(*a*) Original.

(*b*) Original.

(*c*) Original.

(*d*) Original.

(*e*) Original.

(*f*) Original. Hiſt. de Chaſt. page 570.

Elle avoit eu pour enfans, de ſon 1er Mariage:

1 LOUIS CHASTEIGNER, Ier du nom, Seigneur de Mallevaut, du Bourgneuf-Saint-Gelais & de la Blouere, qui ſuit.

2 MARGUERITE CHASTEIGNER, Dame de Luſſay, de Bourgneuf-Saint-Gelais & de Mallevaut en partie, eſt nommée avec *Louis* Chaſteigner, ſon frere, *Catherine*

& *Georgette* Maynaud, leurs ſœurs uterines, dans la tranſaction, ci-deſſus, faite avec leur mere commune, par laquelle il fut convenu qu'ils partageroient tous également l'Hôtel de Mallevaut; & ils tranſigerent auſſi avec *Pierre* de la Roche, Ecuyer, Seigneur de Luſſay, le 9 Mai 1468, au ſujet de leur droit de bailler meſures au Lieu de Luſſay, dont ils ſe déſiſterent (*a*). Elle & *Louis* Chaſteigner, ſon frere, firent encore un bail à cens perpétuel de quelques héritages aſſis à Saint-Gelais, en 1469 & 1471 (*b*) : & par le partage qu'elle conclut le 6 Avril 1491, avec *Pierre* & *Antoine* Chaſteigner, ſes neveux, il lui échut, *du côté paternel*, les biens aſſis à Saint-Gelais, avec ceux ſitués dans les Paroiſſes de Benetz, Villers & aux environs (*c*). Elle fit ſon teſtament, étant fort âgée, le 5 Mars 1495, par lequel elle élut ſa ſépulture au Cimétiere de Cherveux; ordonna quelques legs pieux; donna à *Antoine* Chaſteigner, ſon neveu, tous ſes biens, & le nomma ſon exécuteur teſtamentaire (*d*). Elle lui avoit déjà fait don de tout ſon droit ſur l'*Hôtel du Bourgneuf-Saint-Gelais*, Paroiſſe Saint-Gelais : & par acte du 2 Juin 1497, elle amortit encore, en ſa faveur, 8 liv. de rente qu'elle s'étoit réſervée, lors de cette donation (*e*).

(*a*) Original.

(*b*) Originaux.

(*c*) Original.

(*d*) Original.

(*e*) Original.

XI.

SAINT-AUBIN. [...]ent, *à la bande* [...]r, *chargée de beſans d'or.*

LOUIS CHASTEIGNER, Ier du nom, Ecuyer, Seigneur de Mallevaut, de Bourgneuf-Saint-Gelais, de Prinçay & de Quairay en Partie, de la Blouere, &c. né au plutôt vers 1411, a le titre d'*Ecuyer*, dans le don que *Guillaume* Maynaud, Ecuyer, ſon beau-pere, & *Jeanne* Bauſſay, ſa mere, lui firent le 21 Août 1462, de tout leur droit, ſur les dîmes de Mallevaut (*a*). Il est dit fils de *Jean* Chasteigner, & de *Jeanne* Baussay, dans les Lettres de Remission que le Roi LOUIS XI. lui octroya, étant à Orléans, au mois de Novembre 1465, pour avoir tué, dans une querelle particuliere, *Guillaume* Maynaud, son beau-pere; ainsi que dans la Sentence d'entérinement de ces Lettres, rendue par le Sénéchal de Poitou, le 17 Avril 1466 (*b*). Les motifs qui déterminerent Sa Majesté à les accorder à LOUIS Chasteigner, constatent ses services importans: « comme ledit LOUIS Chasteigner (y est-t-il dit) » étant un *vaillant homme, ayant suivi les guerres . . . s'étant » mis sus, par Ordonnance du Roi, comme les autres Nobles du » Pays . . . & tenu au Château du Coudray-Salebart, avec autres, » pour la Garde d'icelui, OU IL A TOUJOURS ESTÉ A SES » DESPENS* (*c*) ». Par une transaction du 14 Mars, que l'on comptoit encore 1465, faite entre lui, d'une part, & *Jeanne* Baussay, sa mere, veuve de *Guillaume* Maynaud, *Catherine* & *Georgette* Maynaud, leurs filles, d'autre part, au sujet des biens immeubles & héritages, qui devoient appartenir à celles-ci, après la mort de *Jeanne* Baussay, LOUIS Chasteigner s'étoit désisté de son droit d'aînesse, sur l'Hôtel de Mallevaut, qu'il convint de partager, par égales portions, avec *Marguerite* Chasteigner, sa sœur paternelle & maternelle, & *Catherine* & *Georgette* Maynaud, leurs sœurs maternelles, qui, de leur côté, abandonnerent toute poursuite, pour raison de l'homicide commis en la personne de leur pere, par LOUIS Chasteigner: & pour procéder enfin à ce partage ils commirent, par le même acte, *Pierre* de Beaumont & *Jean* de la Largiere, Ecuyers (*d*). *Jeanne* Baussay, sa mere, devenue fort âgée, lui donna sa procuration générale, par acte du 25 Avril 1466 (*e*). Il rendit aveu, pour raison de son Fief de Mallevaut, à *Louis* de Poigne, Ecuyer, Seigneur de Mallevaut, au mois de Septembre 1467 (*f*): se désista, avec *Marguerite* Chasteigner, sa sœur-germaine, *Catherine* & *Georgette* Maynaud, leurs

(*a*) Original.

(*b*) Original.

(*c*) Hist. de Chast. Preuv. page 175.

(*d*) Original.

(*e*) Original.

(*f*) Original.

ſœurs utérines, du droit de bailler meſures au Lieu de Luſſay, au profit de *Pierre* de la Roche, Ecuyer, Seigneur de Luſſay, par acte du 9 Mai 1468 (*a*); & bailla à cens perpétuel, avec la même *Marguerite* Chaſteigner, par actes des dernier Avril 1469, & 16 Avril 1471, pluſieurs héritages aſſis à Saint-Gelais, moyennant une rente Noble & Seigneuriale, en argent & en grains, avec un denier de cens, *rendables en leur Hôtel du Bourgneuf*, ſitué au même lieu de Saint-Gelais (*b*). *Aimery* de Saint-Aubin, Ecuyer, Seigneur de la Blouere, ſon beau-pere, par ſon premier teſtament du 9 Mars, que l'on diſoit encore 1471, lui donna la jouiſſance, pendant ſa vie, de la Terre & Seigneurie de la Blouere, avec tous ſes meubles, & le nomma ſon exécuteur teſtamentaire (*c*). Il fit la foi-hommage & rendit aveu au Roi, à cauſe de ſa Chaſtellenie de Saint-Maixent, le 24 Août 1473, pour un Office de Sergenterie, par lui tenu à foi-hommage lige de Sa Majeſté (*d*): & *Aimery* de Saint-Aubin, ſon beau-pere, en confirmant, par un ſecond teſtament, du 28 Août 1475, toutes les diſpoſitions qu'il avoit faites en ſa faveur, & en celle de ſes enfans, par celui du 9 Mars 1471, y déclara auſſi que LOUIS Chaſteigner, ſon gendre, *avoit été*, pour lui teſtateur, *au ſervice du Roi* (*e*). Tombé de vieilleſſe, & ne pouvant plus gouverner ſes biens, il fit partage à ſes enfans, par acte du 1er Février 1480, où il eſt qualifié *Seigneur de Prinçay* (*f*): & par autre acte du 9 Mai 1481, il céda ſon Hôtel de la Blouere, avec ſes dépendances, ſauf le logement, la chaſſe, la pêche & autres conditions, à *Pierre* Chaſteigner, ſon fils aîné (*g*). Il fit encore la foi-hommage au Roi, le 11 Juillet 1482, pour l'Office de Sergenterie de Saint-Maixent; dont il afferma l'exercice, par acte du 15 Février ſuivant, encore 1482, à *Mathurin* du Pont, Seigneur des Fontaines (*h*). Il a le titre d'*Ecuyer*, dans tous ces actes, & mourut fort âgé, avant le 19 Juin 1490.

(*a*) Original.
(*b*) Originaux.
(*c*) Original.
(*d*) Original.
(*e*) Original.
(*f*) Original.
(*g*) Original.
(*h*) Originaux.

Il avoit épousé, vers l'an 1440, CATHERINE de Saint-Aubin, Dame de la Blouere, fille & héritiere d'*Aimery* de Saint-Aubin, Ecuyer, Seigneur de la Blouere, & de *Catherine* d'Aine (*a*). Elle étoit morte dès le 9 Mars 1471, suivant le premier testament de son pere, énoncé ci-dessus, qui y fait mention d'elle & de son mari; ainsi que dans son second testament, du 28 Août 1475. Elle est encore rappellée avec son mari, dans la ratification, par ses enfans, le 21 Septembre 1476, d'une donation qu'elle lui avoit autrefois faite; & dans des Lettres en forme de partage, du 1er Février 1480 (*b*).

(*a*) Hist. de Chast. page 570.

(*b*) Originaux.

Ils laisserent de leur mariage:

1 PIERRE CHASTEIGNER, Seigneur de la Blouere, qui suit.

2 ANTOINE CHASTEIGNER, auteur des *SEIGNEURS DE MALLEVAUT ET DE ROUVRE*, rapportés ci-après, au §. XV.

XII.

DE CHATEAUNEUF. *d'or à une étoille de gueules, de huit raies.*

PIERRE CHASTEIGNER, Ecuyer, Seigneur de la Blouere, Paroisse d'Adilly, près de Parthenay, &c. fut substitué avec *Antoine* Chasteigner, son frere puîné, à la propriété, par égale portion, de la Terre & Seigneurie de la Blouere, dont *Louis* Chasteigner, leur pere, avoit la jouissance usufruitiere, par les testamens d'*Aimery* de Saint-Aubin, Ecuyer, leur ayeul maternel, des 9 Mars 1471, & 28 Août 1475: testamens qu'ils ratifierent, par acte du 21 Septembre 1476, avec la donation usufruitiere faite à leur pere, par *Catherine* de

Saint-Aubin, leur mere, de tous ſes biens, meubles & immeubles (*a*). Par les Lettres de partage que *Louis* Chaſteigner fit à ſes enfans, le 1er Février 1480, il lui échut, pour ſon droit d'aineſſe & de nobleſſe, la Terre & Seigneurie de la Blouere, avec ſes appartenances & dépendances; & il fut convenu, quant aux biens de la ſucceſſion de *Catherine* de Saint-Aubin, ſa mere, qu'il en jouiroit par égalité, avec *Antoine* Chaſteigner, ſon frere (*b*). *Louis* Chaſteigner, ſon pere, lui fit encore ceſſion, ainſi qu'à *Marguerite* de Châteauneuf, ſa femme, par acte du 9 Mai 1481, de la propriété de la Terre & Seigneurie de la Blouere, dont il avoit déjà l'uſufruit, ſous quelques conditions (*c*); &, par acte du 19 Juin 1490, fait avec *Antoine* Chaſteigner, ſon frere, au ſujet des biens de la ſucceſſion de *Louis* Chéſteigner, leur pere, il fut encore convenu que, comme aîné, il auroit l'Hôtel de la Blouere, & qu'ils jouiroient par moitié, des biens de *Catherine* de Saint-Aubin, leur mere, juſqu'à partage définitif entr'eux (*d*). Il fut préſent & ſtipula au contrat de mariage d'*Antoine* Chaſteigner, ſon fils, avec *Françoiſe* Napton, fait le 2 Juin 1508 (*e*): le temps de ſa mort eſt ignoré.

(*a*) Original.
(*b*) Original.
(*c*) Original.
(*d*) Original.
(*e*) Original.

Il avoit épouſé MARGUERITE de Châteauneuf, laquelle eſt nommée dans la ceſſion ci-deſſus énoncée, faite à ſon mari, le 9 Mai 1481, par *Louis* Chaſteigner, ſon pere; & ſtipula avec lui, au contrat de mariage de leur fils, du 2 Juin 1508.

Ils eurent de leur mariage:

1 ANTOINE CHASTEIGNER, Ier du nom, Seigneur de la Blouere, qui ſuit.

XIII.

ANTOINE CHASTEIGNER, Ier du nom, Seigneur de la Blouere, &c. servoit encore en 1528, en qualité d'*Ecuyer*, dans la Compagnie du Comte de Laval (*a*); & mourut avant le 1er Septembre de la même année 1528, que ses enfans firent partage de sa succession.

NAPTON. *de sinople, à la croix d'or.*

(*a*) Notices de M. le Marquis de Lambertie.

MESCHINI.

Il avoit épousé, 1°, par contrat du 2 Juin 1508, fait en présence de ses pere & mere, FRANÇOISE Napton, Dame de la Broussardiere, fille & héritiere de *Louis* Napton, Ecuyer, Seigneur de la Broussardiere, & d'*Isabeau* de Chantefain (*b*). Elle mourut avant son mari, & laissa pour enfans:

(*b*) Original.

1 THOMAS CHASTEIGNER, Seigneur de la Blouere, qui suit.

2 GUILLEMETTE CHASTEIGNER, étoit mariée à JACQUES Moreau, Ecuyer, Seigneur de la Mosnerie, & de la Dreille, Paroisse de Moustiers-sous-Chantemerle (fils de *Pierre* Moreau, Seigneur de la Mosnerie, & de *Françoise* Bodet, Dame de la Dreille) lors du partage qu'il fit, à cause d'elle, le 1er Septembre 1528, avec *Thomas* Chasteigner, son beau-frere, tant des biens & successions d'*Antoine* Chasteigner, & *Françoise* Napton, que de *Pierre* Chasteigner & *Marguerite* de Châteauneuf, pere, mere, ayeul & ayeule paternels de sa femme, ainsi que de ceux de ses ayeuls maternels: & par cet acte il lui échut la moitié des Hôtels & Métairies de la Dorbelliere, de la Chaignelaye, & de la Broussardiere, avec d'autres biens & rentes, sous quelques légéres charges (*c*).

(*c*) Original.

Il avoit épouſé 2° FRANÇOISE Meſchine, *Damoiſelle*, qui ſurvecut ſon mari, avec lequel elle eſt nommée, comme ſa ſeconde femme, dans le partage ci-deſſus, du 1er Septembre 1528, où il fut auſſi ſtipulé concernant ſon douaire. Elle n'en eut point d'enfans.

XIV.

UISCHARD. *argent, à 3 têtes leopard de ſable, mpaſſées & couronées de gueules.*

THOMAS CHASTEIGNER, Ecuyer, Seigneur de la Blouere, de la Brouſſardiere, &c. partagea avec *Jacques* Moreau, Ecuyer, Seigneur de la Moſnerie, mari de *Guillemette* Chaſteigner, ſa ſœur, de l'avis de *René* Guiſchard, Seigneur de la Couſerelle, ſon beau-pere, par acte du 1er Septembre 1528, les biens & ſucceſſions d'*Antoine* Chaſteigner & *Françoiſe* Napton, ſes pere & mere; ceux de *Pierre* Chaſteigner & *Marguerite* de Châteauneuf, ſes ayeuls paternels, & ceux de *Louis* Napton & d'*Iſabeau* de Chantefain, ſes ayeuls maternels (*a*). Il fit ſon teſtament le 8 Décembre 1559; & mourut avant le 29 Avril 1563, que le partage de ſes biens fut ordonné en Juſtice, entre ſes enfans (*b*).

(*a*) Original.

(*b*) Original.

Il avoit épouſé CATHERINE Guiſchard, de la Maiſon de Peyré, près de Parthenay, fille de *René* Guiſchard, Ecuyer, Seigneur de la Couſerelle, qui fut préſent, comme arbitre, au partage ci-devant mentionné, du 1er Septembre 1528. Elle vivoit encore veuve, le 29 Avril 1563, qu'il intervint jugement, au ſujet du partage à faire entre ſes enfans mineurs & majeurs (*c*); & mourut avant le 28 Juillet 1580, ayant laiſſé de ſon mariage:

(*c*) Original.

1 BONAVENTURE CHASTEIGNER, Seigneur, de la Blouere, qui ſuit.

2 CLAUDE CHASTEIGNER, Seigneur de la Chaignelaye, lequel laissa postérité, rapportée au §. XIV.

3 ANTOINE CHASTEIGNER, Ecuyer, Seigneur de la Broussardiere, près de Colonges-lès-Reaux, étoit encore sous la tutelle de sa mere, lors du Jugement rendu le 29 Avril 1563, entre ses freres & sœurs & elle, au sujet de leur partage; & servoit dans la Compagnie du Comte du Lude, en 1573 (*a*). Il fit un échange de biens immeubles, le 28 Juillet 1580, avec *Bonaventure* Chasteigner, Seigneur de la Blouere, son frere aîné, qui lui céda la Terre de la Broussardiere, & quelques autres héritages; & qui, par son testament du 18 Mai 1585, le pria d'en accepter l'exécution & la tutelle de ses enfans (*b*). Cette tutelle lui ayant été adjugée, par Sentence du Sénéchal d'Oirvau, du 5 Décembre 1588, il procéda en conséquence, par acte du 2 Janvier 1589, pour *Nicolas* & *Louise* Chasteigner, ses neveu & niece, au partage des biens de leur pere, ainsi qu'à la liquidation des droits de *Renée* Garnier, leur belle-mere: & par autre acte du 28 Septembre suivant, il procéda encore, comme tuteur, au partage à faire entre le même *Nicolas* Chasteigner, Seigneur de la Blouere, & *Philippe* Chasteigner, sa sœur, femme de *Laurent* de la Haye, Ecuyer, des biens & successions de *Bonaventure* Chasteigner, leur frere utérin, & de *Louise* Chasteigner, leur sœur germaine (*c*). Il est aussi nommé dans la Sentence d'émancipation de *Nicolas* Chasteigner, son neveu, du 27 Avril 1590; & assista à son mariage contracté avec *Françoise* des Francs, le 21 Avril 1597 (*d*). Il fut renvoyé, comme Noble, par Sentence des Commissaires, pour le régallement des Tailles de Poitou, rendue sur la production de ses Titres, le 5 Mars 1599 (*e*).

(*a*) Notices de M. le Marquis de Lamberie.

(*b*) Originaux.

(*c*) Originaux.

(*d*) Originaux.

(*e*) Original.

Il avoit épousé, par contrat du 5 Mars 1586, fait en présence de *Jacqueline* de la Fayette, Comtesse du Lude, veuve de *Guy* de Daillon, Comte du Lude, Chevalier des deux Ordres du Roi, LOUISE Thibault, fille de feû Noble *Jean* Thibault, Seigneur de Brisseau, en Touraine, Copie autentiq. & de *Françoise* d'Argis (*a*). Mais on ignore s'ils laisserent postérité de leur mariage.

4 RENÉE CHASTEIGNER, étoit mariée à JEAN des Prez, Ecuyer, Seigneur de la Touche-d'Aiffre, lors du Jugement ci-dessus, rendu le 29 Avril 1563, au sujet du partage, entr'elle & ses freres & sœurs, des biens de leur pere.

5 PERRINE CHASTEIGNER, étoit encore mineure, lors du même Jugement touchant son partage, du 29 Avril 1563, & fut mariée à CHRISTOPHE Sirot, Ecuyer, Seigneur des Champs, Paroisse de Saint-Gelais, avant le 5 Décembre 1588, qu'il fut présent, comme proche-parent, à cause d'elle, à la Sentence concernant la tutelle de *Nicolas* Chasteigner, Seigneur de la Blouere, leur neveu ; à l'émancipation duquel il comparut aussi, (b) Originaux. le 27 Avril 1590 (*b*).

6 MARGUERITE CHASTEIGNER, est nommée avec ses freres & sœurs, mineurs comme elle, dans le Jugement rendu à l'occasion de leur partage, le 29 Avril 1563 ; & fut mariée à N. . . . . Seigneur de Lambertiere.

7 CATHERINE CHASTEIGNER, est aussi nommée dans le même Jugement sur partage, du 29 Avril 1563.

XV.

BONAVENTURE CHASTEIGNER, Ecuyer, Seigneur de la Blouere, de Cugnelon, de Vignault en Nieuil sur l'Autize, de la Taburtiere & de la petite Roussiere, Paroisse de Xanton, &c. est dit fils aîné, & principal héritier de *Thomas* Chasteigner, Seigneur de la Blouere, dans le Jugement rendu entre lui, ses freres & sœurs, & *Catherine* Guischard, leur mere & tutrice, le 29 Avril 1563, au sujet du partage de tous les biens de leur pere (*a*). Il vendit sa Terre de Cugnelon, à un nommé Bynnet, qui en fit hommage au Seigneur de Bouliers, le 27 Juin de la même année 1563 (*b*) : étoit en 1572, *premier Gendarme* de la Compagnie de *Guy* de Daillon, Comte du Lude, Gouverneur de Poitou, dont il fut fort aimé (*c*) : fit, le 28 Juillet 1580, un échange avec *Antoine* Chasteigner, son frere, auquel il céda la Terre de la Broussardiere, au moyen de l'abandon, par celui-ci, de tous ses droits en la succession de leurs pere & mere ; & fut présent au contrat de mariage de *Philippe* Chasteigner, sa fille aînée, le 20 Juillet 1587 (*d*). Il avoit fait, le 18 Mai 1585, son testament, par lequel il ordonna sa sépulture en l'Eglise de Saint-Pierre d'Adilly, au tombeau de ses prédécesseurs, & des legs pieux & aumônes ; dispofa en faveur de *Bonaventure* Chasteigner, son fils du second lit ; & pria *Antoine* Chasteigner, son frere, d'en être exécuteur, lui remettant tous ses biens & la tutelle de ses enfans (*e*). Il mourut avant le 18 Mars 1588, que RENÉE Garnier, sa seconde femme, & sa veuve, fit insinuer ce testament en la Sénéchaussée de Poitiers.

DE LA FOREST. *d'argent, à trois tourteaux de sable.*

GARNIER.

(*a*) Original.

(*b*) Hist. de Chast. page 571.

(*c*) *Ibid.*

(*d*) Originaux.

(*e*) Original.

Il avoit épousé, 1° vers l'an 1560, LOUISE de la Forest, fille de *René* de la Forest, Seigneur de Beaurepaire, près

Bressuire, & de *Renée* Bodin, & sœur de *Renée* de la Forest, mariée, par contrat du 6 Octobre 1560, à *François* de Vignerot, Ier du nom, Ecuyer, Seigneur du Pont-Courlay; qui eut d'elle *René* de Vignerot, Chevalier, Seigneur du Pont-Courlay & de Glenay, marié, par contrat du 28 Août 1603, à *Françoise* du Plessis, fille de *François* du Plessis, Seigneur de Richelieu, Chevalier des Ordres du Roi, Conseiller d'Etat, & de *Susanne* de la Porte, & sœur du Cardinal, Duc de Richelieu; dont les descendans subsistent en la personne du Maréchal, Duc de Richelieu & de sa postérité (*a*). LOUISE de la Forest mourut avant le 20 Juillet 1587, que fut contracté le mariage de *Philippe* Chasteigner, sa fille, dans lequel elle est rappellée avec son mari; ainsi que dans d'autres actes originaux. Elle laissa de son mariage :

(*a*) Hist. de Chast. page 572. Hist. des gr. Off. de la Couronne, tom. IV, pag. 374 & suiv.

1 NICOLAS CHASTEIGNER, Ier du nom, Seigneur de la Blouere, qui suit.

2 PHILIPPE CHASTEIGNER, fut mariée, par contrat fait en présence de son pere, le 20 Juillet 1587, à LAURENT de la Haye, Ecuyer, Seigneur du Plessis-Clessé, près de Parthenay (*b*). Ils sont nommés tous deux dans la Sentence de tutelle de *Nicolas* Chasteigner, leur frere, du 5 Décembre 1588; & firent partage, avec lui, le 28 Septembre 1589. LAURENT de la Haye est aussi nommé dans la Sentence d'émancipation du même *Nicolas* Chasteigner, son beau-frere, du 27 Avril 1590; & fut présent à son mariage, contracté le 21 Avril 1597 (*c*).

(*b*) Original.

(*c*) Originaux.

3 LOUISE CHASTEIGNER, étoit âgée de 10 à 11 ans, lors de la Sentence de tutelle ci-dessus, du 5 Décembre 1588, où elle est nommée; ainsi que dans le partage du 2 Janvier 1589; & mourut avant le 28 Septembre suivant.

Il

Il avoit épousé, 2° Renée Garnier, *Damoiselle.* Elle est nommée dans le testament de son mari, du 18 Mai 1585, par lequel il lui réserva la tutelle de *Bonaventure* Chasteigner, leur fils; testament qu'elle fit insinuer, étant veuve, au Greffe de la Sénéchaussée de Poitiers, le 18 Mars 1588. Elle est aussi reprise, comme veuve de *Bonaventure* Chasteigner, dans la Sentence de tutelle, du 5 Décembre de la même année 1588; & transigea pour son douaire & les droits de son fils, par acte du 2 Janvier 1589 (*a*). Elle eut pour fils unique :

(*a*) Originaux.

1 BONAVENTURE Chasteigner, Ecuyer, qui eut, par le testament de son pere, du 18 Mai 1585, en préciput & sans rapport, tous ses biens, meubles, acquêts & conquêts-immeubles, dans le cas seulement où les autres enfans du Testateur ne voudroient lui laisser, pour ses droits, la Maison & Métairie de la Pochoniere & le Bordage de la Chaillerie, Paroisse Saint-Marsault, acquis, par le même Testateur, de *François* de Layne, Ecuyer (*b*). Cette disposition n'eut aucun effet, Bonaventure Chasteigner étant mort, quelque temps après son pere, & avant le 2 Janvier 1589, que *Renée* Garnier, sa mere, transigea comme son héritiere.

(*b*) Original.

XVI.

NICOLAS Chasteigner, Ier du nom, Ecuyer, Seigneur de la Blouere, de Tennessue, &c. étoit âgé de 15 à 16 ans, lors de la Sentence rendue, sur l'avis de ses plus proches parens, le 5 Décembre 1588, en la Sénéchaussée d'Oirvau, touchant sa tutelle & curatelle, qui fut adjugée à *Antoine* Chasteigner, son oncle paternel; sous l'autorité duquel il transigea, par forme de partage, le 2 Janvier 1589, avec

De Francs. *d'argent, à deux fasces de sable.*

Renée Garnier, sa belle-mere, relativement au douaire & autres prétentions de celle-ci, & touchant la portion de meubles qui pouvoient lui appartenir, comme héritiere de *Bonaventure* Chasteigner, son fils (*a*). Il fit aussi partage, le 28 Septembre de la même année 1589, assisté encore d'*Antoine* Chasteigner, Seigneur de la Broussardiere, son oncle, avec *Laurent* de la Haye, Seigneur du Plessis, & *Philippe* Chasteigner, sa femme, des biens qui leur étoient échus, par le décès de *Bonaventure* Chasteigner, & de *Louise* Chasteigner, frere consanguin & sœur germaine, de NICOLAS & *Philippe* Chasteigner, contractans : & par ce partage il lui échut, entre autres biens, l'Hôtel & Seigneurie de la Blouere (*b*). Ayant obtenu des Lettres de bénéfice d'âge, elles furent entérinées par Sentence rendue en la Sénéchaussée de Poitiers, le 27 Avril 1590, qui, en l'émancipant, le déclara capable de régir & administrer ses biens. Il vivoit encore, le 22 Septembre 1619, qu'il stipula, avec sa femme, au contrat de mariage d'*Antoine* Chasteigner, leur fils; & mourut à la fleur de son âge, deux mois avant le 7 Juillet 1620, que sa veuve transigea avec leurs enfans (*c*).

(*a*) Originaux.

(*b*) Original.

(*c*) Originaux.

Il avoit épousé, par contrat du 21 Avril 1597 (où il est aussi dit fils de défunts *Bonaventure* Chasteigner & de *Louise* de la Forest) FRANÇOISE des Francs, fille de feû *Jacques* des Francs, Ecuyer, Seigneur de la Bretonniere-des-Francs, des Vrignaudieres, &c. & de *Marie* de Tusseau; laquelle y stipula pour sa fille, assistée encore de ses autres parens Nobles, entre autres de *Philippe* de Tusseau, Ecuyer, Seigneur de la Coustiere, son oncle maternel, & de *Louis* de Tusseau, Seigneur de Maison-Ittiers, son cousin-germain maternel (*d*). Elle assista avec son mari, au mariage de leur fils aîné, le 22 Septembre 1619; en étoit veuve le 7 Juillet 1620, qu'elle transigea pour ses droits, avec ce dernier : & par cet acte il étoit porté qu'au

(*d*) Original.

cas qu'elle se séparât de son fils, elle seroit tenue de payer 200 liv. par an, pour les pensions de *Françoise* & *Charlotte* Chasteigner, ses filles (*a*).

(*a*) Originaux.

Ils laisserent pour enfans :

1 ANTOINE CHASTEIGNER, IIe du nom, Seigneur de la Blouere, qui suit.

2 CHARLES CHASTEIGNER, Chevalier de l'Ordre de Saint-Jean de Jerusalem, est dit fils de *Nicolas* Chasteigner, Ecuyer, Seigneur de la Blouere, & de *Françoise* des Francs, dans les preuves de noblesse qu'il fit pour Malthe, le 10 Mars 1614; & dans le procès-verbal d'enquête secrette, faite le lendemain 11 Mars, pour les mêmes preuves, qui furent reçues le 5 Mai suivant (*b*). Il fut tué au printemps de son âge, combattant généreusement sur mer, pour la défense de la Religion & de la Patrie, contre les Turcs, le 26 Juin 1625 (*c*).

(*b*) Original.

(*c*) Mattirologe des Chevaliers de Malte, par Matthieu de Goussencourt.

3 RENÉE CHASTEIGNER, fut mariée à JEAN de Linax, Ecuyer, Seigneur de Villegué, avec lequel elle est nommée, dans la transaction ci-dessus, passée le 7 Juillet 1620, entre *Françoise* des Francs, sa mere, & *Antoine* Chasteigner, Seigneur de Tennessue, par laquelle ce dernier s'obligea, entre autres choses, de payer à RENÉE Chasteigner, sa sœur, l'importance de ses droits successifs.

4 MARGUERITE CHASTEIGNER, mariée à ANTOINE Richier, Seigneur de la Faye, près de Parthenay (*d*).

(*d*) Hist. de Chast. page 572.

5 FRANÇOISE CHASTEIGNER, Religieuse au Monastere de Sainte-Croix de Poitiers, est rappellée, au sujet de sa pension, dans la transaction du 7 Juillet 1620.

6 CHARLOTTE CHASTEIGNER, Religieuse au même Monastere de Sainte-Croix de Poitiers, est aussi nommée, au sujet de sa pension, dans la transaction du 7 Juillet 1620.

XVII.

TOURNEUR: ...r, à trois tours ...or, 2 & 1.

ANTOINE CHASTEIGNER, IIe du nom, Ecuyer, Seigneur de la Blouere, de Tennessue, &c. transigea sous l'autorité d'un curateur, par acte du 7 Juillet 1620, avec *Françoise* des Francs, sa mere, veuve de *Nicolas* Chasteigner, Seigneur de la Blouere, au sujet de leurs droits respectifs, en la succession du même *Nicolas* Chasteigner; & fut maintenu dans sa noblesse, sur la production de ses titres, par Sentence des Elus sur le fait des tailles, du 30 Juin 1634. Il stipula avec sa femme, par Procureur, au contrat de mariage de leur fils aîné, accordé le 28 Juillet 1654 (*a*); & mourut avant le 9 Août 1667.

(*a*) Originaux.

Il avoit épousé, par contrat du 22 Sepembre 1619 (fait en présence de ses pere & mere) JEANNE le Tourneur, fille de *Pierre* le Tourneur, Ecuyer, Seigneur de Barbiere & de Biard, & de *Jeanne* Gobin, qui stipulerent pour elle à cet acte (*b*). Elle est nommée, avec son mari, dans le contrat de mariage de leur fils, du 28 Juillet 1654; & fut maintenue, étant veuve, dans sa noblesse, par Sentence de M. de Barentin, du 9 Août 1667 (*c*). Ils eurent pour enfans:

(*b*) Original.

(*c*) Originaux.

1 NICOLAS CHASTEIGNER, IIe du nom, Seigneur de la Blouere, & de Tennessue, qui suit.

2 RENÉE CHASTEIGNER, fut mariée à PIERRE Molineau, Seigneur de Mons, avec lequel elle est nommée dans le contrat de mariage de *Nicolas* Chasteigner, son frere aîné, du 28 Juillet 1654.

3 FRANÇOISE CHASTEIGNER, étoit aussi mariée à FRANÇOIS de Mourais, Chevalier, Seigneur de Mortagne-Saint-Vivien, lors du même contrat de mariage, du 28 Juillet 1654, dans lequel elle est également rappellée avec son mari, à l'occasion de sa dot.

XVIII.

NICOLAS CHASTEIGNER, IIe du nom, Chevalier, Seigneur de la Blouere, de Tennessue, &c. fut maintenu dans sa noblesse, avec *Jeanne* le Tourneur, sa mere, par Sentence de M. Barentin, Commissaire du Roi, pour la recherche des Nobles, rendue sur la production de ses Titres, le 9 Août 1667 (*a*); & mourut avant le 27 Octobre 1687, que ses enfans procéderent au partage de ses biens.

JAILLARD. *d'azur à 3 tours d'or mal ordonnées, 1 en chef, & 2 en pointe.*

(*a*) Original.

Il avoit épousé, par contrat du 28 Juillet 1654 (conclu en vertu du pouvoir de ses pere & mere) MARIE Jaillard, fille de *Louis* Jaillard, Chevalier, Seigneur de Saint-Juisre, & de *Louise* Jousseaume, qui y stipulerent pour elle, assistée encore de *Gislebert* Jousseaume, Chevalier, Seigneur de la Rainerie, & de *Claude* Lambert, ses ayeul & ayeule maternels (*b*). Elle étoit aussi morte, lors du partage fait entre ses enfans, le 27 Octobre 1687; ayant laissé de son mariage:

(*b*) Original.

1 JEAN CHASTEIGNER, IVe du nom, Seigneur de Tenneſſue, & de la Blouere, qui ſuit.

2 RENÉ CHASTEIGNER, Chevalier, Seigneur de la Blouere, de Grand-Cheſne, du Bouchaud, &c. fit partage avec ſes freres & ſœurs, touchant ſes droits en la ſucceſſion de ſes pere & mere, par acte du 27 Octobre 1687, qu'ils ratifierent le 7 Janvier 1688 (*a*).

(*a*) Original.

3 FRANÇOIS CHASTEIGNER, Chevalier, Seigneur de Puymillet, partagea auſſi avec ſes freres & ſœurs, par le même acte du 27 Octobre 1687, ratifié le 7 Janvier 1688.

4 MARIE CHASTEIGNER, Dame du Bois-Ronnay, eſt auſſi l'une des copartageantes, énoncées au partage de 1687.

5 LOUISE CHASTEIGNER, Dame de Saint-Germain, ſtipula de même, avec ſes freres & ſœurs, au partage du 27 Octobre 1687.

6 MADELEINE-CALIXTE CHASTEIGNER, Dame de Colle, partagea également avec ſes freres & ſœurs, par acte du 27 Octobre 1687, ratifié le 7 Janvier 1688.

XIX.

EGNAULT.

JEAN CHASTEIGNER, IVe du nom, Chevalier, Seigneur de Tenneſſue, de la Blouere, du Bois, de la Boſſiere, de Saint-Juiſre, &c. tranſigea, comme fils aîné & principal héritier de *Nicolas* Chasteigner, Chevalier, Seigneur de Tennessue, & de *Marie* Jaillard, ses pere & mere, par acte du 27 Octobre 1687, avec ses freres & sœurs, au sujet du partage de leurs droits, en la succession de ces derniers; & ils ratifierent ce partage par autre acte du 7 Janvier 1688 (*a*). Il commandoit un Escadron de Gentilshommes du Poitou, en 1702, suivant un Certificat du 20 Août, du Marquis de Verac, Lieutenant-Général pour le Roi, en cette Province (*b*); & mourut en 17....

GUISCHARD. *d'argent à 3 têtes de Leopard, de sable, lampassées & couronnées de gueules.*

CHARRAULT.

(*a*) Original.

(*b*) Original.

Il avoit épousé, 1° LOUISE-FRANÇOISE Regnault, rappellée dans le second contrat de mariage de son mari, & de laquelle il ne paroît pas qu'il laissa postérité.

Il avoit épousé, 2° par contrat du 15 Mai 1688, où il nomme encore ses pere & mere, GABRIELLE Guischard *, fille de *Jacob* Guischard, Chevalier, Seigneur d'Orfeuil, & de défunte *Gabrielle* Chasteigner. *Jacob* Guischard y stipula pour sa fille, qui y fut aussi assistée de *Charles* Guischard, Chevalier, Seigneur de la Grossiere, son frere aîné, & de ses autres freres puînés (*c*). Elle mourut en 17....; laissant entre autres enfans, de leur mariage :

(*c*) Original.

1 JEAN-CHARLES CHASTEIGNER, Seigneur de Tennessue & de la Blouere, qui suit.

2 N. . . . . . CHASTEIGNER, mariée à N. . . . . . des Tries, mourut sans postérité.

* Maison Noble & ancienne du Poitou. Voyez pour l'illustration de *Gabrielle* Guischard, par ses Ascendances, les Tables des Alliances, placées à la fin de cette Histoire.

3 N. . . . . CHASTEIGNER, fut mariée à N. . . . . . . Andayer-de-Moric, Chevalier, Seigneur de la Maison-neuve, en bas Poitou, &c. Ils eurent, entre autres enfans :

1 N. . . . . . Andayer, dit le *Marquis d'Andayer*, Chevalier, Seigneur de la Maison-Neuve, &c. qui, de son mariage avec N. . . . . . d'Orvault, a laissé plusieurs enfans.

Il avoit épousé, 3°, par contrat du 21 Février 1710, CATHERINE Charault, Damoiselle; de laquelle il eut :

HAMBELLAIN. *ur, à une bran- de trois lys d'ar- t, naissante de la nie de l'Ecu; & chef un soleil d'or.*

1 BONAVENTURE-RENÉ CHASTEIGNER, Seigneur de Puymillet, &c. dit le *Chevalier de Tennessue*, Chevau-leger de la Garde ordinaire du Roi, Chevalier de l'Ordre Royal & Militaire de Saint-Louis, & pensionné de Sa Majesté; né le 8 Mai 1712, mourut le 29 Janvier 1778.

Il avoit épousé, par contrat du 19 Janvier 1745, MARIE-ANNE de Chambellain; de laquelle il laissa pour enfans :

1 RENÉ-BONAVENTURE-FRANÇOIS CHASTEIGNER, né le 14 Novembre 1752, Eleve de l'Ecole-Royale-Militaire.

2 ANNE-MARIE-CHARLOTTE CHASTEIGNER, née le 17 Août 1746, Eleve de la Maison Royale de Saint-Cyr.

3 CATHERINE-FRANÇOISE CHASTEIGNER, née le 1er Août 1747.

4 JEANNE-

4 JEANNE-LOUISE CHASTEIGNER, née le 28 Juillet 1748.

5 RENÉE-JEANNE-FRANÇOISE CHASTEIGNER, née le 16 Juillet 1750.

XX.

JEAN-CHARLES CHASTEIGNER, Chevalier, Seigneur de Tenneſſue, de la Blouere, de la Boiſſiere, d'Adilly, de la Chintre, de Saint-Suyre, de Maziere, &c. dit le *Comte de Tenneſſue*, mourut en 17....

THERONNEAU. *d'argent, au ſautoir de gueules, accompagné de 4 aiglettes décollées d'azur.*

Il avoit épouſé, par contrat du 3 Mai 1732, MARIE-HENRIETTE Theronneau, fille majeure de *Gabriel* Theronneau, Chevalier, Seigneur de la Boucherie, & de *Françoiſe* de Cruſſy-de-Marſillac, qui y ſtipulerent pour leur fille. Elle a eu pour enfans :

1 JEAN-GABRIEL-LEANDRE CHASTEIGNER, Chevalier, Seigneur de Tenneſſue, de la Blouere, &c. ancien Mouſquetaire de la ſeconde Compagnie de la Garde du Roi, vit encore ſans alliance, en 1779.

2 ALEXANDRE-HENRY-ROCH CHASTEIGNER, dit le *Comte de Chaſteigner*, fut fait Aide-Maréchal-Général des Logis des Armées du Roi, en 1772; obtint de Sa Majeſté la Commiſſion de Lieutenant-Colonel de Dragons, le 28 Juillet 1773, étant alors Aide-Major, avec rang de Capitaine, dans le Régiment de Dragons de Cuſtine; & fut créé Chevalier de l'Ordre Royal & Militaire de Saint-Louis, le 26 Février 1774. Il eſt

actuellement Commandant pour le Roi à Saint-Malo, depuis 1778; & le 8 Octobre de cette année, deux Corsaires Anglois, ayant donné chasse à plusieurs petits-bâtimens François, étant entrés ensuite dans la Baye de Cancalle, ville au Nord-d'Est de Saint-Malo, & se préparant à débarquer près de la pointe de Châteauricheux, où commence la digue des marais de Dol, avoient déjà répandu l'alarme dans le Pays, lorsque le Comte de Chasteigner, arrivé vers midi, sur les hauteurs de Cancalle, avec 50 Grénadiers commandés par M. le Fevre, & 75 Fusilliers du Régiment Royal-Roussillon, 4 pieces de canon, & un détachement du Corps-Royal, força ces Corsaires de rentrer hâtivement dans leurs Vaisseaux, & de prendre le large. Le Comte de Chasteigner ne se retira à 5 heures du soir, qu'après avoir fait rentrer toutes les Troupes dans leurs quartiers.

3 MARIE-HENRIETTE-CELESTE CHASTEIGNER, vivante encore sans alliance, en 1779.

§. XIV.

SEIGNEURS DE LA CHAIGNELAYE.

XV.

CLAUDE CHASTEIGNER, Ecuyer, Seigneur de la Chaignelaye, Paroiſſe de Cherveux, &c. (fils puîné de *Thomas* Chaſteigner, Seigneur de la Blouere, & de *Catherine* Guiſchard, dont on a ci-devant fait mention, au §. XIII.) eſt dit mineur, dans le jugement intervenu entre ſes freres & ſœurs, & leur mere, le 29 Avril 1563, au ſujet du partage des biens de leur pere. Il eſt auſſi qualifié *Ecuyer, Seigneur de la Chaignelaye*, dans la Sentence de tutelle de *Nicolas* & *Louiſe* Chaſteigner, ſes neveu & niece, du 5 Décembre 1588; ainſi que dans la Sentence d'émancipation du même *Nicolas* Chaſteigner, du 27 Avril 1590 (*a*). BIRON.

Il avoit épouſé, en l'an 1562, GUILLEMETTE Biron (*b*), de laquelle il laiſſa :

1 RENÉ CHASTEIGNER, Seigneur de la Chaignelaye, qui ſuit.

2 JACQUES CHASTEIGNER, Ecuyer, Seigneur de la Pliſſoniere, Paroiſſe de Fenjou, près de Chandenier, mourut, ſans enfans de JEANNE de Manne, fille du Seigneur des Couſts, Paroiſſe de Chives, & de N.... de Ponthieu, de la Maiſon du Breuil-de-Chives (*c*). DE MANNE.

(*a*) Originaux.

(*b*) Hiſt. de Chaſt. aux additions de la page 572.

(*c*) Ibid.

XVI.

GIRAULT.

RENÉ CHASTEIGNER, Ecuyer, Seigneur de la Chaignelaye & de la Roche-Meudon, Paroisse des Grouzelliers, &c. eut de FRANÇOISE Girault, sa femme :

1 JEAN CHASTEIGNER, Ecuyer, Seigneur de la Chaignelaye, qui suit.

XVII.

THIBAULT-DE-LA-CARTE. *Azur, à la tour d'argent, maçonnée de sable.*

JEAN CHASTEIGNER, Ecuyer, Seigneur de la Chaignelaye, de la Roche-Meudon, &c. comparut le 16 Septembre 1691, au contrat de mariage de *René* Chasteigner, Seigneur de Rouvre, dont il s'y dit *Cousin* (*a*); & mourut sans postérité.

Il avoit épousé N. . . . . . Thibault-de-la-Carte.

(*a*) Original.

§. XV.

SEIGNEURS DE ROUVRE, DE MALLEVAULT, DE LA GROLLIERE, DE TOUFFOU, DE LA MELLERAYE, &c.

XII.

THIBAULT-DE-LA-CARTE. *d'azur, à la tour d'argent, maçonnée de sable.*

ANTOINE CHASTEIGNER, Ecuyer, Seigneur de Mallevaut, de Rouvre, de Quairay en Partie, du Bourgneuf-Saint-Gelais, &c. (second fils de *Louis* Chasteigner, Ier du nom, Ecuyer, Seigneur de Mallevaut, & de *Catherine* de Saint-Aubin, ci-devant mentionnés, au §. XIII.) fut substitué avec *Pierre* Chasteigner, son frere aîné, à la propriété de la Terre & Seigneurie de la Blouere, par les deux testamens d'*Aimery* de Saint-Aubin, leur ayeul maternel, des 9 Mars 1471, & 28 Août 1475, qu'il ratifia, par acte du 21 Septembre 1476: & par des Lettres en forme de partage du 1er Février 1480, il fut convenu, qu'il auroit les biens assis à Mallevaut, avec la moitié de ceux de *Catherine* de Saint-Aubin, sa mere, sauf l'Hôtel de la Blouere, qui demeura à *Pierre* Chasteigner, son frere, pour son droit d'aînesse. Ils transigerent encore, le 19 Juin 1490, au sujet du partage des biens de leur pere, & d'*Aimery* de Saint-Aubin, leur ayeul; & par cet acte, ANTOINE Chasteigner eut définitivement les Fiefs de Mallevaut, Paroisse de Cherveux, de Saint-Gelais, de Rouvre, & autres, avec la moitié des biens de *Catherine* de Saint-Aubin (*a*). Il rendit aveu, le même jour 19 Juin 1490, à *Jean* de Partenay, Seigneur d'Availles, pour son Fief de Quairay; & en fit hommage, le

(*a*) Originaux.

lendemain 20 Juin. Il partagea auſſi, comme ayant droit de *Pierre* Chaſteigner, ſon frere, le 6 Avril 1491, avec *Marguerite* Chaſteigner, leur tante, les ſucceſſions de *Pierre* (*aliàs Jean*) Chaſteigner, & *Jeanne* Bauſſay, leurs ayeul & ayeule, pere & mere de *Marguerite* Chaſteigner, qui eut les biens ſitués à Saint-Gelais, à Benetz, Villers, & environs, « *qui* » *furent*, y eſt-il dit, *dudit Pierre* (*Jean*) *Chaſteigner;* » & il fut convenu qu'à ANTOINE Chaſteigner demeureroit l'Hôtel de Mallevaut, avec tous les biens de *Jeanne* Bauſſay (*a*). Il fit auſſi la foi-hommage, & rendit aveu, le 5 Avril 1494, pour ſon Fief de Quairay, à *Trenchant* de Partenay; & *Marguerite* Chaſteigner, ſa tante, qui le nomma exécuteur de ſon teſtament du 5 Mars 1495, & lui avoit fait don de ſon Hôtel du Bourg-neuf-Saint-Gelais, amortit encore en ſa faveur, par acte du 2 Juin 1497, une rente de 8 liv. qu'elle s'étoit réſervée, lors de ce don (*b*). Il eſt dit mort, *depuis peu de temps*, dans une Sentence de tutelle, du 16 Août 1499.

(*a*) Original.

(*b*) Originaux.

Il avoit épouſé, par contrat du 27 Janvier 1494, LOUISE Thibault-de-la-Carte, ſœur de *Nicolas* Thibault, Ecuyer, & fille de *Floridas* Thibault, Ecuyer, Seigneur de la Carte, &c. & de *Marguerite* Arembert (*c*). Etant veuve, elle obtint Sentence du Juge de Mallevaut, le 16 Août 1499, qui lui adjugea la tutelle & adminiſtration des perſonnes & biens de *Marguerite* & *Geoffroy* Chaſteigner, ſes enfans mineurs: & le même jour 16 Août, elle donna, en cette qualité, une procuration générale à *Nicolas* Thibault, Ecuyer, ſon frere, pour la geſtion de toutes ſes affaires. C'eſt auſſi, comme tutrice de ſes enfans, que, le 29 Avril 1501, elle rendit aveu, pour ſon Fief de Mallevaut; & qu'elle fit la foi-hommage, pour celui de Quairay, à *Trenchant* de Partenay, le dernier Mai 1508. Elle fut préſente au contrat de mariage de ſon fils, en 1522; & vivoit encore veuve le 23 Juin 1541, ſuivant une Sentence de maintenue de nobleſſe de 1699 (*d*). Elle eut de ſon mariage:

(*c*) Original.

(*d*) Originaux.

1 GEOFFROY CHASTEIGNER, Seigneur de Mallevaut & de Rouvre, qui suit.

2 MARGUERITE CHASTEIGNER, est nommée avec son frere, dans la Sentence de tutelle, ci-dessus mentionée, du 16 Août 1499.

XIII.

GEOFFROY CHASTEIGNER, Ecuyer, Seigneur de Mallevaut, de Rouvre, de Quairay, de Prinçay, du Bourgneuf & du Cloudis, Paroisse Saint-Gelais, de la Piquaisiere, Paroisse Saint-Christophe, sur Roc, &c. est dit fils mineur de défunt *Antoine* Chasteigner, Ecuyer, & de *Louise* Thibault, dans la Sentence de tutelle, que celle-ci obtint, en la Justice de Mallevaut, le 16 Août 1499; & se trouve aussi nommé avec sa mere, dans un dénombrement, ou confrontation d'héritages, du 10 Mai 1508, où est repris le Fief de Prinçay, ancien patrimoine (a). Il rendit aveu au Roi, le 13 Avril 1515, pour son Office de Sergenterie, en la ville & ressort de Saint-Maixent, avec droit de mesures à bled & vins, de 27 sols de rente ès coutumes de Saint-Maixent, de 4 sommes de vendanges de rente, en la dîmerie de Chieffeu & de Poillet, & autres rentes en grains & œufs, le tout tenu de Sa Majesté, à cause de son Chastel de Saint-Maixent, à foi-hommage lige, 25 sols de devoir, & 12 sols 6 deniers de service. Il fournit aussi aveu, à cause de sa femme, à la Chastellenie de Segondigny, le 10 Juillet 1530, pour raison de ses dîmeries de la Roussiere & de Lauriere, qu'il tenoit à foi-hommage lige : &, en exécution de la convocation du ban & arriere-ban, il donna, le 4 Mars 1539, au Sénéchal de Poitou, une déclaration de ses biens assis au Comté de Poitou, consistans, y est-il dit, en ses *Hôtels Nobles*

DES FRANCS. *d'argent, à 2 fasces de sable.*

(a) Originaux.

de Rouvre & de Mallevaut, tenus à hommage plein; en son Fief de la Fraignée, tenu à hommage plein, de la Seigneurie de Quairay; en son *Hôtel Noble* du Bourgneuf-Saint-Gelais, tenu à hommage lige; son Fief du Cloudis, Paroisse St.-Gelais, tenu à hommage plein; en son *Hôtel Noble* de la Piquaisiere, Paroisse Saint-Christophe sur Roc, tenu à hommage plein *; & en ses dîmes de Cherveux: & le Procureur & Clerc des Fiefs, en Poitou, attesta le bail de cette déclaration, par acte du 6 Septembre 1540 (*a*). Il déclara aussi à *François*, Seigneur de Puy-de-Fou, Chevalier, Commissaire du Roi pour la montre des Nobles du ban & arriere-ban, qu'il tenoit *noblement*, à cause de sa femme, la Seigneurie de Rouvre, suivant le Certificat qui lui en fut délivré le 17 Avril 1542: avoit été reçu pour servir en qualité d'*Homme d'Armes*, à la revue du ban & arriere-ban, suivant une autre attestation du 8 Juin 1552; & avoit fait une nouvelle déclaration à la montre générale du ban & arriere-ban, qu'il tenoit *Noblement* 30 liv. de revenus, selon un autre Certificat du 26 Avril 1555 (*b*). Il fut présent au contrat de mariage de son fils, en 1556; & mourut avant le 4 Avril 1558.

(*a*) Originaux.

(*b*) Originaux.

Il avoit épousé, par contrat du . . ¶ . . 1522, JEANNE des Francs, Dame de Rouvre & de la Piquaisiere, fille aînée & principale héritiere de défunt *Jean* des Francs, Ecuyer, Seigneur de la Piquaisiere, de Rouvre, &c., & de *Renée* Rousseau (*c*). Elle est nommée, avec son mari, dans l'aveu & dénombrement ci-dessus, du 10 Juillet 1530, & dans le Certificat du Commissaire du Roi, pour la montre des Nobles, du 17 Avril 1542; elle ne vivoit plus, lors du mariage de son fils, en 1556. Leurs enfans furent:

(*c*) Original.

---

* L'hommage plein, ou lige, qui est la même chose, emporte, ou contient promesse, par le Vassal, de servir son Seigneur à la guerre, & de le défendre envers & contre tous.

¶ La date du Mois est détruite dans l'acte.

1 LOUIS

1 LOUIS CHASTEIGNER, IIe du nom, Seigneur de Rouvre & de Mallevaut, qui suit.

2 ANNE CHASTEIGNER, fut mariée, par contrat du 7 Décembre 1552, à CLAUDE Marquis, Ecuyer, Seigneur de la Roche, suivant une Sentence de maintenue de Noblesse, de 1699.

3 RENÉE CHASTEIGNER fut mariée, par contrat du 5 Novembre 1558, à FRANÇOIS de Bellabre, Ecuyer, Seigneur de Guidiers, Paroisse de Coustures, près de Saint-Fragne, suivant la même Sentence de maintenue, de 1699 (*a*).

(*a*) Hist. de Chast. page 573.

4 MARIE CHASTEIGNER, est dite fille de défunts *Geoffroy* Chasteigner & de *Jeanne* des Francs, & veuve d'ANTOINE Chedreau, dans le partage qu'elle fit avec *Cesar* Chasteigner, son neveu, le 28 Novembre 1592 (*b*).

(*b*) Original.

XIV.

TURPIN, *d'azur, à 3 besans d'or.*

LOUIS CHASTEIGNER, IIe du nom, Ecuyer, Seigneur de Rouvre, de Mallevaut, du Bourgneuf-Saint-Gelais, de Quairay en Partie, du Grand-Bouricail, Paroisse de Cherveux, de la Grange-des-Francs, dite aussi la Motte-du-Breuil, que *Marie* des Francs, sa tante, lui donna, lors de son mariage en 1556, fit la déclaration de ses biens, le 4 Avril 1558, à la montre du ban & arriere-ban de Poitou, auquel il contribua pour sa part, suivant une quittance du 25 du même mois d'Avril (*c*). Il rendit la foi-hommage, pour son Hôtel & Maison Noble de Rouvre, par acte du 20 Mai 1562; & fournit aveu pour son Fief de la Fragnée, Paroisse Saint-

(*c*) Originaux.

(a) Originaux.

Gelais, le 10 Juillet 1563 (*a*). Défendant courageusement le Château de la ville de Poitiers, assiégé par l'Amiral de Chastillon, en 1569, il fut blessé d'un coup de canonade, dont il mourut le 15 Août; & fut inhumé en l'Eglise de Saint-Didier de Poitiers, où on voit son Epitaphe, ainsi conçue:

Icy gist Noble Homme LOUIS CHASTEIGNER, *Ecuyer,*
vivant, Seigneur de Rouvre & de Malevault;
lequel fut tué d'une canonade, étant aux
deffenses du Chasteau de cette ville, durant
le siege; de laquelle blessure il mourut
le quinzieme jour d'Aoust 1569.

Pour maintenir la foy,
Le service de son Roy,
Et sa Patrie,
A fini honorablement sa vie.

Frere AMBROISE CHASTEIGNER, *Chevalier de*
l'Ordre de Saint Jean de Hierusalem,
Commandeur de Saint Remy, fils puisné
du susdit LOUIS, *a fait faire ce Tableau,*
le quinzieme Aoust 1594 (*b*).

(b) Hist. de Chast. ...ditions de la page 4.

Il avoit épousé, par contrat du 21 Novembre 1556, MARIE Turpin, fille de *Jean* Turpin, Ecuyer, Seigneur de Jouhé, & de *Françoise* Turpin (*c*). Etant veuve, elle fit, le 9 Juillet 1571, la foi-hommage, comme tutrice naturelle de ses enfans, pour son Fief du Grand-Bouricail, assis à Cherveux, à *Louis* de Saint-Gelais, Seigneur Châtelain de Cherveux; & fut représentée au contrat de mariage de son fils, en 1581, par *Jean* Turpin, Ecuyer, Seigneur de la Bataille, qu'elle avoit

(c) Original.

fondé de son pouvoir, par Lettres du 2 Septembre de la même année (*a*). Elle laissa de son mariage :

(*a*) Originaux.

1 CESAR CHASTEIGNER, Seigneur de Rouvre & de Mallevaut, qui suit.

2 AMBROISE CHASTEIGNER, Chevalier de l'Ordre de Saint-Jean de Jerusalem, est nommé avec son frere, sa sœur & leur mere, dans la foi-hommage du 9 Juillet 1571, touchant le Fief du Grand-Bouricail : fut reçu *Chevalier de Malte*, le 23 Septembre 1580, après avoir fait ses preuves ; & eut depuis, la *Commanderie de Saint-Remy, en Gastine.* Il fit dresser, en 1594, l'Epitaphe de *Louis* Chasteigner, son pere, rapportée ci-déssus.

3 FRANÇOISE CHASTEIGNER, nommée aussi avec ses freres, dans la foi-hommage du 9 Juillet 1571, fut mariée à JEAN de Ponthieu, Seigneur de Gazon, puîné de la Maison du Breuil-de-Chives (*b*). Il assista le 13 Septembre 1581, au contrat de mariage de *Cesar* Chasteigner, son beau-frere.

(*b*) Hist. de Chast. page 574.

XV.

CESAR CHASTEIGNER, Ecuyer, Seigneur de Rouvre, de Mallevaut, du Cloudis, du Plessis-d'Anché, du Plessis-Bellencontre, de la Grange-des-Francs, de la Piquaisiere, &c. est repris, comme mineur, dans la foi-hommage que *Marie* Turpin, sa mere, fit au Seigneur de Cherveux, le 9 Juillet 1571, pour le Fief du Grand-Bouricail, assis à Cherveux : & comme proche parent, dans la Sentence de tutelle de *Nicolas* Chasteigner, Seigneur de la Blouere, du 5 Décembre 1588 ;

DE LA GREZE. *d'argent, à 3 fasce de gueules ; une band d'azur chargée de fleurs-de-lys d'or brochant sur le tout.*

ainsi que dans le Jugement, touchant son émancipation, du 27 Avril 1590 (a). Il fit partage, le 28 Novembre 1592, des biens de *Geoffroy* Chasteigner & de *Jeanne* des Francs, ses ayeuls paternels, & de ceux de *Marie* des Francs, sœur de *Jeanne* des Francs, avec *Marie* Chasteigner, sa tante, veuve d'*Antoine* Chedreau; reçut quittance pour sa contribution au ban & arriere-ban, le 10 Avril 1601 (b); & ne vivoit plus le 30 Novembre 1617.

(a) Originaux.

(b) Originaux.

Il avoit épousé, par contrat du 13 Septembre 1581, RENÉE de la Greze, Dame du Plessis-d'Anché, sœur consanguine de *Jerôme* de la Greze, Ecuyer; fille de *Gabriel* de la Greze, Ecuyer, Seigneur de Traversay, & de défunte *Marie* d'Anché, Dame de Boiscoursier, sa seconde femme (c); & arriere petite-fille d'*Hector* de la Greze, Chevalier, Seigneur de la Greze, & d'Amberact en Quercy, & de *Madeleine* de Pardaillan, fille du Baron de Pardaillan, qu'il avoit épousé, par contrat de l'an 1450 (d). Etant veuve, elle transigea avec ses enfans, par acte du 30 Novembre 1617, au sujet de ses droits dotaux, qu'il fut convenu qu'elle prendroit sur les Maisons du Plessis-d'Anché & du Plessis-Bellencontre, & touchant son douaire assigné sur la Terre de Rouvre: est nommée dans le contrat de mariage de *Jean* Chasteigner, son fils aîné, du 21 Novembre 1629; & fut maintenue avec lui, dans sa noblesse, le 28 Juin 1634 (e). Elle eut pour enfans:

(c) Original.

(d) Hist. de Chast. [...]tions de la page

(e) Originaux.

1 JEAN CHASTEIGNER, IVe du nom de sa ligne, Seigneur de Rouvre & de Mallevaut, qui suit.

2 RENÉ CHASTEIGNER, Chevalier de Saint-Jean de Jerusalem, étoit allé à Malte, lors du partage ci-dessus énoncé, du 30 Novembre 1617, où il est nommé;

& fut tué par les Turcs, en un combat sur mer, l'an 1620 (a).

(a) Martyrologe des Chevaliers de Malte, par Mathieu de Goussencourt, Celestin.

3 FRANÇOIS CHASTEIGNER mourut à Blois, en 1630, revenant de la guerre d'Italie (b).

(b) Hist. de Chast. page 574.

4 CLAUDE CHASTEIGNER, fit partage avec ses freres & sœurs, le 30 Novembre 1617. C'est sans doute celle que Duchêne (c) nomme ANNE, & qu'il dit avoir été femme du Seigneur de la Chaslotiere, près de la Rochepozay.

(c) *Ibid.*

5 MARIE CHASTEIGNER stipula aussi au partage du 30 Novembre 1617.

6 FRANÇOISE CHASTEIGNER, mentionnée au partage de 1617, fut depuis Religieuse Ursuline.

7 EMERIE CHASTEIGNER, nommée au même partage du 30 Novembre 1617, fut aussi Religieuse Ursuline.

XVI.

JEAN CHASTEIGNER, IVe du nom de sa ligne, Ecuyer, Seigneur de Rouvre, de Mallevaut, du Cloudis, &c. transigea avec ses freres & sœurs, & *Renée* de la Greze, leur mere, par acte du 30 Novembre 1617, au sujet des droits dotaux, & du douaire de cette derniere, ainsi que du partage des autres (d). Confirmé dans sa Noblesse, par Sentence des Elus de Poitou, du 28 Juin 1634, il fut ensuite dispensé, à cause de ses incommodités, le 26 Juillet 1635, par le Comte de Parabere, Gouverneur & Lieutenant-Général pour le Roi en Poitou,

DE BRILLAC. *d'azur, au chevron d'argent, chargé de 5 roses de gueules, & accompagnées de 3 molettes d'or.*

PASTUREAU. *d'azur, au chevron d'argent, chargé de 7 aiglons de sable, & accompagné d'une gerbe d'or en pointe.*

(d) Original.

de se trouver au rendez-vous, à Saint-Maixent, ayant fourni à sa place, un Gentilhomme nommé *Moïse* Louban, Ecuyer, Seigneur de Chalusson, en état & équipage de service : & le même Comte de Parabere, par un Certificat du 13 Novembre suivant, attesta que le sieur de Chalusson s'étoit en effet trouvé, dès le commencement du mois d'Août précédent, en équipages requis d'armes & chevaux, & avoit servi, sans discontinuation, jusqu'à la revue faite à Vicq, le 11 Novembre de la même année 1635 (*a*). Il ne vivoit plus lors du mariage de *Jean* Chasteigner, son fils, en 1659.

(*a*) Originaux.

Il avoit épousé, 1° N. . . . . de Brillac, veuve du Seigneur de Saint-Basely, puîné de la Maison d'Aubanie ; de laquelle il n'eut point d'enfans (*b*).

(*b*) Hist. de Chast. page 574.

Il avoit épousé, 2°, par contrat du 21 Novembre 1629, (où il est encore dit fils de *Cesar* Chasteigner, Ecuyer, Seigneur de Rouvre, & de *Renée* de la Greze) MADELEINE Pastureau, fille de défunt *Guillaume* Pastureau, Ecuyer, Seigneur de Vaulindeau, & de *Marie* Martin, sœur de Noble *Odet* Martin, Seigneur de Thorigné ; & niece de *Philippe* Pastureau, Ecuyer, Seigneur de la Buscherie (*c*). Elle fut représentée au contrat de mariage de *Jean* Chasteigner, son fils, du 5 Novembre 1659, par *René* d'Aubaneau, Ecuyer, Seigneur de Villenone, qu'elle avoit fondé de pouvoir, par Lettres du 25 Octobre précédent (*d*). Leurs enfans furent :

(*c*) Original.

(*d*) Original.

1 CESAR CHASTEIGNER, IIe du nom, Seigneur du Plessis & de Rouvre, né en 1631, qui se trouve compris au Rôle des Gentilshommes du Poitou, dressé lors de l'Assemblée des Etats tenus à Poitiers, les 3 & 4 Juillet 1651 (*e*). Il mourut sans doute, sans postérité, avant le traité de mariage, en 1659, de *Jean* Chasteigner, son

(*e*) Original.

frere, qui y est dit *fils aîné* de défunt *Jean* Chasteigner.

2 JEAN CHASTEIGNER, Ve du nom, Seigneur de Rouvre & de Mallevaut, qui suit.

3 JOSEPH CHASTEIGNER, Ier du nom, Seigneur du Plessis-d'Anché, partagea avec *Jean* Chasteigner, Ecuyer, les biens de la succession d'autre *Jean* Chasteigner, leur pere, par acte du 27 Mai 1662, relaté en une Sentence de maintenue de noblesse, de 1699 (*a*). (*a*) Original.

On ignore le nom de sa femme ; mais il eut pour enfans :

1 JOSEPH CHASTEIGNER, IIe du nom, Seigneur du Plessis-d'Anché, qui laissa de son mariage, avec N. . . . . Plisson : PLISSON.

1 N. . . . . . CHASTEIGNER, garçon, mort sans alliance.

2 N. . . . . . . CHASTEIGNER, Dame du Plessis-d'Anché, &c. morte sans enfans, de N. . . . . de Thianges.

3 LOUISE CHASTEIGNER, Dame du Plessis-de-Rouvre, fut mariée avec CHARLES le Cocq, Ecuyer, Seigneur de Saint-Vertunien ; dont vint :

1 MARIE-RADEGONDE le Cocq, mariée en 1761, à CHARLES Ague, Ecuyer, Seigneur de la Voute, Saint-Coutant, &c. mort en 1778, laissant de son mariage :

1 CHARLES-RENÉ Ague, né le 3 Juillet 1762, Officier au Régiment de Saintonge, Infanterie.

2 CHARLES-FRANÇOIS Ague, né le 13 Mars 1767, est au service.

3 CHARLES-JOSEPH Ague, né le 5 Octobre 1768.

4. 5. 6. Trois autres garçons.

7 MARIE-LOUISE-CHARLOTTE Ague, née le 8 Septembre 1763.

4 N. . . . . CHASTEIGNER, morte Religieuse Carmelite à Poitiers, en 1767.

5 N. . . . . CHASTEIGNER, morte fille.

XVII.

SOCHET. [...]gent, à trois [...]lettes de sable.

JEAN CHASTEIGNER, Ve du nom, Chevalier, Seigneur de Rouvre, de Mallevaut, du Plessis, du Bouricail, &c. Commandant d'un Escadron de Gentilshommes du Poitou, puis Capitaine d'une Compagnie Franche de Dragons, est compris au rang des Gentilshommes de Poitou, dans les Procès-verbaux de l'Assemblée des Etats tenus à Poitiers, les 3 & 4 Juillet 1651 (a). Il a le titre de *Haut & Puissant*, dans le dénombrement qu'il rendit le 2 Mai 1661, à *Charles* de Saint-Gelais-de-Luzignem, Seigneur Châtelain de Cherveux, pour raison de son Fief du Bouricail, tenu à hommage plein,

(a) Original.

plein, de la Chastelenie de Cherveux; & celui de *Capitaine, Commandant les Gentilshommes de Poitou*, de l'Election de Nyort, dans une Ordonnance rendue par le Duc de la Vieuville, Gouverneur & Lieutenant-Général pour le Roi, en haut & bas Poitou, le 22 Mai 1674, pour l'enregistrement de ces Gentilshommes, par les Capitaines établis pour les commander (*a*). Le Duc de la Vieuville, en lui envoyant des imprimés pour rendre ses Ordres publics, lui manda, le 27 du même mois de Mai, « qu'il avoit résolu de tenir » toujours deux Escadrons de Gentilshommes aux Sables, & » de les y faire servir, huit jours entiers, tour-à-tour; & le » pria de se rendre aux Sables, avec son Escadron, à son » tour (*b*) ». Il étoit, en 1676, *Capitaine d'une Compagnie Franche de Dragons*; & vivoit encore le 16 Septembre 1691, qu'il fut présent au contrat de mariage de son fils.

(*a*) Originaux.

(*b*) Original.

Il avoit épousé, par contrat du 5 Novembre 1659 (où il est dit *fils aîné* de défunt *Jean* Chasteigner, Chevelier, Seigneur de Rouvre, & de *Madeleine* Pastureau) JEANNE Sochet, fille de défunt *Louis* Sochet, Ecuyer, Seigneur de Villebonin, & de *Marie* Serizier, assistée de *René* Sochet, Ecuyer, Seigneur de la Chareduliere, Prieur du Prieuré de la Grande-Boussiere, son oncle paternel, & de *Jacques* de Bertelin, Chevalier, Seigneur de Romagne & du Cluzeau, son oncle maternel (*c*). Ils laisserent de leur mariage :

(*c*) Original.

1 RENÉ CHASTEIGNER, Seigneur de Rouvre, qui suit.

2 MARIE CHASTEIGNER, mariée dans la Maison de Barbeziere.

XVIII.

HEVALEAU-
-BOISRAGON.
ur, à 3 roses d'argent.

RENÉ CHASTEIGNER, Chevalier, Seigneur de Rouvre, de la Brette, de la Chevalerie, de la Vaumarez, &c. Lieutenant d'un Eſcadron de Gentilshommes du Poitou, avoit obtenu, le 14 Décembre 1676, une Commiſſion de *Cornette*, en la Compagnie Franche des Dragons *du Seigneur de Rouvre*, ſon pere; & ſervoit, au mois de Juillet 1693, en l'*Eſcadron des Gentilshommes du haut Poitou*, ſuivant le Certificat du Maréchal d'Eſtrées, Commandant en cette Province; & en qualité de *Lieutenant en l'Eſcadron des Gentilshommes de* *TENNESSUE* *, le 20 Août 1702, ſuivant le Certificat du Marquis de Verac, Lieutenant-Général en Poitou (*a*). Il avoit été maintenu dans ſa nobleſſe, par Sentence de l'Intendant de la Généralité de Poitiers, du 17 Janvier 1699 (*b*); & fut préſent, le 4 Juillet 1716, au contrat de mariage de ſon fils aîné.

(*a*) Originaux.

(*b*) Original.

Il avoit épouſé, par contrat du 16 Septembre 1691 (où il eſt dit fils aîné & principal héritier de *Jean* Chaſteigner, Chevalier, Seigneur de Rouvre, & de *Jeanne* Sochet) CATHERINE Chevaleau-de-Boiſragon ¶, fille de défunt *Jean* Chevaleau, Chevalier, Seigneur de Boiſragon & de *Catherine* de Marconnay; & niece à la mode de Bretagne, de *Louis* de Marconnay, Chevalier, Seigneur de Lugny (*c*). Elle mourut

(*c*) Original.

* *Jean* Chaſteigner, Seigneur de Tenneſſue.

¶ On trouve *Orfrede* de Montleon (*de Montcleonis*) Damoiſelle, veuve de *Guillaume* Chevaleau, & remariée à *Guillaume* de Valois, Ecuyer, en 1422 (Regiſtres du Parlement, Poitiers, de 1418 à 1429; f° 165 v°.)

avant le mariage de son fils, du 4 Juillet 1716; laissant pour enfans:

1 JEAN-RENÉ CHASTEIGNER, Seigneur de Rouvre, qui suit.

2 LOUIS CHASTEIGNER, dit l'*Abbé de Rouvre*, fut Abbé des Chastelliers, près de Saint-Maixent, en Poitou.

3 PIERRE CHASTEIGNER, Mousquetaire du Roi, comparut au contrat de mariage de son frere aîné, en 1716; & mourut sans alliance.

4 GABRIEL CHASTEIGNER, ancien Capitaine de Cavalerie au Régiment du Roi, Chevalier de l'Ordre Royal & Militaire de Saint-Louis, avoit aussi été présent au mariage de son frere aîné, en 1716. S'étant retiré du service, il se maria à Tournus, en Bourgogne, & n'a point laissé de postérité.

5 JOSEPH CHASTEIGNER, présent au mariage de son frere aîné, en 1716, mourut sans alliance.

6 FRANÇOIS CHASTEIGNER, nommé aussi dans le contrat de mariage de son frere aîné, du 4 Juillet 1716; a épousé en 1744, N. . . . . de Verteuil; de laquelle il a eu: DE VERTEUIL.

1 ARMANDE CHASTEIGNER, mariée à N. . . . . de Saint-Mandé-de-Longueville; duquel elle a eu plusieurs enfans.

7 CATHERINE-CELESTE CHASTEIGNER, comparut,

avec ſes freres, au mariage de leur frere aîné, en 1716; & fut mariée en 1743, à N. . . . . . Grellier-du-Puy-Bernier, Seigneur de la Jouſſeliniere, près de Thiré, en bas Poitou.

8 MARIE-ANNE CHASTEIGNER ne fut point mariée.

9 SUSANNE CHASTEIGNER, dite *Mademoiſelle de Nezay*, vit encore ſans alliance, en 1779.

XIX.

GUISCHARD-D'ORFEUIL. *d'argent, à 3 têtes de Léopard de ſable, lampaſſées & couronnées de gueules.*

JEAN-RENÉ CHASTEIGNER, Chevalier, Seigneur de Rouvre, de la Grolliere, &c. Commandant en ſecond d'un Eſcadron des Gentilshommes de Poitou, avoit ſervi en qualité de *Mouſquetaire* de la ſeconde Compagnie du Roi, depuis cinq ans, neuf mois, le 13 Mai 1714, que le Marquis de Vins, Capitaine-Lieutenant de cette Compagnie, lui en délivra un Certificat (*a*). Il fit la foi-hommage pour ſa Terre & Seigneurie de Rouvre, par acte du 17 Mai 1741; comparut au contrat de mariage de *Jean-Henri* Chaſteigner, ſon fils, du 10 Octobre ſuivant (*b*); & fut élu *Commandant en ſecond de la Nobleſſe du Poitou, de l'Eſcadron* DE *VILLEBON*, lors du Ban du haut Poitou, convoqué, ſous le Regne de LOUIS XV, le 15 Juin 1758 (*c*). Il mourut le 7 Juin 1779, âgé de 85 ans.

(*a*) Original.

(*b*) Originaux.

(*c*) Rôle imprimé.

Il avoit épouſé, par contrat du 4 Juillet 1716 (dans lequel il eſt dit fils de *René* Chaſteigner, Chevalier, Seigneur de Rouvre, & de feûe *Catherine* Chevaleau). MARIE-GABRIELLE Guiſchard-d'Orfeuil *, Dame de la Grolliere, fille émancipée

* Maiſon Noble & ancienne du Poitou. Voyez les Tables Généalogiques inſérées à la fin de cette Hiſtoire, pour connoître ſon illuſtration, par ſes Aſcendances.

de défunt *Charles* Guischard, Chevalier, Seigneur d'Orfeuil, de Gourgé, de la Grange, de Balbatre, de la Grolliere, &c. & d'*Anne-Marie* Piniot, sa veuve, alors remariée à *Jean-François* de Lastic, Chevalier, Seigneur de Saint-Jal; & petite-fille, du côté maternel, de défunt *Jacob* Piniot, Chevalier, Seigneur de Puichenin, & de *Claude* d'Anglier-Aymer, sa veuve, comparante (*a*). Elle mourut en couches, en 1724, & laissa de son mariage:

(*a*) Original.

1 JEAN-HENRI CHASTEIGNER, Seigneur de Rouvre & de la Grolliere, qui suit.

2 ROCH CHASTEIGNER, Lieutenant-Colonel du Corps des Carabiniers du Roi, avec Brevet de Colonel, Chevalier de l'Ordre Royal & Militaire de Saint-Louis, né en 1723, a épousé, en 1774, N. . . . . du Chilleau; de laquelle il n'a point d'enfans.

3 ANNE-RENÉ-GEORGES CHASTEIGNER, né en 1724, Chevalier de l'Ordre de Saint-Jean de Jerusalem, fit ses preuves pour Malte, en 1736; & mourut en 1750.

4 MARIE-GABRIELLE CHASTEIGNER, dite *Mademoiselle de Chasteigner*, née en 1717.

5 CELESTE-CATHERINE CHASTEIGNER, dite *Mademoiselle de Rouvre*, née en 1720, mourut sans alliance, le 24 Mars 1779, sept jours après sa sœur cadette.

6 LOUISE-CHARLOTTE CHASTEIGNER, dite *Mademoiselle de la Grolliere*, née en 1722, mourut aussi sans alliance, le 17 Mars 1779.

XX.

CHASTEIGNER-DE-SAINT-GEORGES. ...r, au lion posé sinople, armé & ...passé de gueules.

JEAN-HENRI CHASTEIGNER, Chevalier, Seigneur de Rouvre, de la Grolliere, de Touffou, de la Melleraye, de la Motte-Saint-Michel-le-Cloux, de Saint-Michel-le-Cloux, &c., dit *le Marquis de Chasteigner*, né le 10 Mai 1718, fut pourvu, le 1er Août 1743, d'une Compagnie de Chevaux Legers de nouvelle levée, sous l'autorité du Marquis de Clermont-Tonnerre, Mestre-de-Camp Général (*a*) : se trouva à la bataille d'Ettinghen, en la même année 1743 : étoit Capitaine au Régiment de Gramont, Cavalerie, lorsqu'il fut fait Chevalier de l'Ordre Royal & Militaire de Saint-Louis, par Lettre-de-Cachet du Roi, du 30 Septembre 1746, & reçu, en cette qualité, le 18 Octobre suivant (*b*). Il fut nommé PREMIER COMMANDANT EN CHEF *de la Noblesse de Poitou*, assemblée le 15 Juin 1758, en vertu de la convocation du bas & haut Poitou, sous le Regne de LOUIS XV. (*c*) : & le Maréchal de Senneterre lui écrivit, le 27 du même mois de Juin, au sujet du choix que la Noblesse du haut Poitou avoit fait de lui, pour la commander, & relativement à la discipline des Escadrons, qui en seroient formés. Ce Maréchal, par une autre Lettre du 6 Juillet suivant, le pria aussi de recommander aux Gentilshommes assemblés à Saint-Jean-d'Angely, de se tenir prêts à marcher, au premier Ordre ; & lui adressa encore une autre Dépêche, le 24 Octobre de la même année 1758, pour congedier la Noblesse qu'il commandoit, & la remercier de son zèle, de son courage & de sa fidélité (*d*). Il fit aussi la foi-hommage au Roi, le 27 Août 1763, pour ses Fiefs & Seigneuries de la Melleraye, de la Motte-Saint-Michel-le-Cloux, & de Saint-Michel-le-Cloux.

(*a*) Original.

(*b*) Originaux.

(*c*) Rôle imprimé.

(*d*) Originaux.

Il avoit épousé, par contrat du 10 Octobre 1741, MARIE-ELEONORE-ARMANDE Chasteigner de Saint-Georges *, Dame de Touffou, de la Melleraye, de Saint-Michel-le-Cloux, &c. fille & héritiere d'*Eutrope-Alexis* Chasteigner, Chevalier, Seigneur de Saint-Georges, de Touffou, &c. & d'*Eleonore* de Mesgriny (*a*); de laquelle il a eu pour enfans: (*a*) Original.

1 JEAN-RENÉ-HENRY CHASTEIGNER, dit le *Comte de Chasteigner*, qui suit.

2 LOUIS-GABRIEL CHASTEIGNER, né le 19 Juillet 1748, Capitaine au Régiment d'Autichamp, depuis la Rochefoucauld, Dragons, & fait Capitaine d'une Compagnie de Chasseurs, en 1779.

3 ROCH-HENRI CHASTEIGNER, né le 22 Février 1750, fut reçu Chevalier de l'Ordre de Saint-Jean de Jerusalem, après avoir prouvé sa Noblesse, au grand Prieuré d'Aquitaine, en 1769; fut fait Officier au Corps des Carabiners du Roi; & mourut le 30 Octobre 1771.

4 CHARLES-LOUIS CHASTEIGNER, né & ondoyé le 9 Avril 1751, fut aussi reçu Chevalier de l'Ordre de Saint-Jean de Jerusalem, au grand Prieuré d'Aquitaine, en 1769; fait ensuite Garde de la Marine; servit, en 1774, en qualité de Lieutenant, dans le Corps des Carabiniers du Roi; fut nommé, en la même année, Capitaine à la suite de la Cavalerie; & a obtenu en 1779, une réforme au Régiment de la Reine, Cavalerie.

5 JEANNE-HENRIETTE CHASTEIGNER, née le 6 Décembre 1743, mourut le 29 Janvier 1755, au Couvent de Châteauroux, en Berry.

* Voyez pour son Illustration, par ses Ascendances Paternelles & Maternelles, les Tables Généalogiques VI & VII, insérées à la fin de cette Histoire.

6 ELEONORE-SOPHIE-EUTROPE CHASTEIGNER, née le 17 Novembre 1745, Religieuſe à l'Encloître, près de Poitiers.

7 ARMANDE-ELEONORE CHASTEIGNER, née le 29 Octobre 1752, fut mariée, par contrat du 15 Octobre 1770, à ARMAND de Laiſtre, Chevalier, Seigneur de Lorry; duquel elle a eu:

1 CLAUDE-ARMAND de Laiſtre, né le 11 Novembre 1776.

2 AGATHE de Laiſtre, née au mois de Janvier 1779.

8 GABRIELLE-HENRIETTE CHASTEIGNER, dite *Mademoiſelle de Rouvre*, née le 1er Mars 1754.

9 MARIE-JEANNE CHASTEIGNER, dite *Mademoiſelle de Chaſteigner*, née le 17 Septembre 1755.

XXI.

DE HARVILLE-DES-URSINS. *de gueules, à la croix d'argent, chargée de 5 coquilles de ſable, qui eſt* DE HARVILLE. *Et ſur la coquille du centre un écuſſon bandé d'argent & de gueules, au chef d'argent chargé d'une roſe de gueules, ſoutenue d'une diviſe d'or, chargée d'une biſſe d'azur, ondée & poſée en faſce, qui eſt* JOUVENEL-DES-URSINS.

JEAN-RENÉ-HENRI CHASTEIGNER, Chevalier, dit *le Comte de Chaſteigner*, né le 6 Octobre 1746, fut d'abord Officier au Régiment du Roi, Infanterie; fait enſuite Enſeigne, puis Souſlieutenant de Gendarmerie des Gendarmes d'Artois, Meſtre-de-Camp de Cavalerie.

Il a épouſé, par contrat du 6 Février 1774, ſigné du Roi & de toute la Famille Royale, MARIE-LOUISE-MADELEINE-GABRIELLE de Harville-des-Urſins, fille de *Claude-Conſtant-Juvenal* de Harville-des-Urſins, Marquis de Trainel, Seigneur de Villers-au-Tertre, Beugnicourt, &c. Lieutenant-Général des Armées du Roi, & de défunte *Marie-Antoinette* de Goyon-Matignon, Marquiſe de Trainel. Ils ont eu de leur mariage:

1 JUVENAL-ARMAND CHASTEIGNER, né le 6 Janvier 1775, mourut en 1778.

2 N. . . . CHASTEIGNER, née le 16 Décembre 1777.

§. XVI.

§. XVI.

SEIGNEURS DE BOUGON, ET DE LA BERLAIRE.

V.

GUILLAUME CHASTEIGNER, Ier du nom, Chevalier, Seigneur du Breuil-de-Chalans, &c. (troisieme fils de *Thibaut* Chasteigner, Ier du nom, Seigneur de la Chasteigneraye, mentioné ci-devant, sous le IV. Degré) fut, en l'an 1215, l'un des témoins de deux donations faites, par *Guillaume* d'Aspremont, Seigneur de Peiroux & de Rié, & *Ermengarde* sa femme, à l'Abbaye de Bois-Groland, en bas Poitou; ainsi que d'un autre don qu'ils firent aussi, en 1219, à l'Abbaye de Notre-Dame de Fontenelles (*a*).

(*a*) Hist. de Chast. page 537, Preuves, page 168.

On ingnore le nom de sa femme; mais il eut pour fils :

1 THIBAUT CHASTEIGNER, Seigneur du Breuil-de-Chalans, qui suit.

VI.

DE DAMPIERRE.

THIBAUT CHASTEIGNER, Chevalier, Seigneur du Breuil-de-Chalans, &c. se trouva, suivant une enquête de l'an 1258, avec ses deux fils, à Saint-Maixent, tenant le parti du Roi SAINT-LOUIS, & d'ALPHONSE, Comte de Poitou, en la guerre que ces Princes soutinrent, en 1242, contre *Hugues*

Ff

de Lezignem, Comte de la Marche. Il aſſigna, en l'an 1251, à l'Abbaye de Bois-Groland, un quarteau de froment à prendre, chaque année, en ſa Grange du Breuil, au lieu d'une certaine rente, en deniers, ſur la Terre des Erables, que *Jean* de Dampierre, pere de ſa femme, avoit leguée à ces Religieux, par ſon teſtament : & il paroît être le même THIBAUT Chaſteigner, auquel le Comte de Poitou donna, en 1261, main-levée de la Terre de Heriſſon, ſaiſie ſur lui & ſes autres co-partageans, faute d'hommage & devoirs rendus (*a*).

(*a*) Hiſt. de Chaſt. pages 538 & 539, & aux additions, Preuv. pages 168 & 169.

Il avoit épouſé EUSTACHE de Dampierre, fille de *Jean*, Seigneur de Dampierre, près de la Roche-ſur-Yon. Elle eſt nommée avec ſon pere & ſon mari, dans l'acte de 1251, ci-deſſus énoncé; & laiſſa de ſon mariage :

1 HUBELIN CHASTEIGNER, Ier du nom, Seigneur de Bougon & de la Berlaire, qui ſuit.

2 GUILLAUME CHASTEIGNER, IIe du nom, Seigneur du Breuil-de-Chalans, &c. a formé la Branche des *SEIGNEURS DU BREUEIL-DE-CHALANS*, qui ſeront ci-après rapportés, avec lui, au §. XVII.

VII.

HUBELIN CHASTEIGNER, Ier du nom, Seigneur de Bougon, & de la Berlaire, &c. floriſſoit en 1242, 1258 & 1270 (*b*).

(*b*) *Ibid.* page 540.

De ſa femme, dont le nom eſt ignoré, il laiſſa :

1 HUBELIN CHASTEIGNER, IIe du nom, Seigneur de Bougon & de la Berlaire, qui suit.

VIII.

DE FAYAC.

HUBELIN CHASTEIGNER, IIe du nom, Seigneur de Bougon & de la Berlaire, &c. plaidoit au Parlement de Paris, conjointement avec sa femme, en 1345, suivant deux Arrêts du 12 Avril (*a*); ainsi qu'en 1346, contre *Aimery-Loerii* (Loier, ou Lovier), Chevalier (*b*). Ils y plaidoient encore, en 1347, suivant deux Arrêts de cette année, l'un du 2 Février, & l'autre du 16 Avril (*c*); & en 1349, selon d'Autres Arrêts du 15 Juillet & 14 Avril de cette année (*d*). Tous ces actes ont été inconnus à M. Duchêne, qui a traité l'Histoire de la Maison de Chasteigner.

(*a*) Regist. du Parl. jugés 9, f° 439, v° & 440 r°.

(*b*) *Ibid.* Regist. dit Gilbert, vol. 2, f° 296.

(*c*) *Ibid.* Jugés 11, f° 90, v° & 194, v°.

(*d*) *Ibid.* Jugés 10, f° 269, v° & jugés 11, f° 371, v°.

Il avoit épousé MARQUISE de Fayac, veuve de *Jean Loerii* (nommé aussi *Lovier*) Ecuyer. Elle est rappellée ainsi, avec son second mari, dans plusieurs des Arrêts cités ci-dessus; & laissa entre autres enfans :

1 JEAN CHASTEIGNER, Seigneur de Bougon & de la Berlaire, qui suit.

2 PIERRE CHASTEIGNER, Damoiseau, plaidoit au Parlement, contre *Guillaume* Chasteigner, son frere, le 30 Mai 1375, qu'intervinrent deux Arrêts entr'eux; l'un touchant des fruits & levées, qu'ils reclamoient; & l'autre concernant une succession en Ligne collatérale (*e*).

(*e*) *Ibid.* Jugés 23, f° 64, v°. Conseil 2, f° 148, v°.

3 GUILLAUME CHASTEIGNER, Damoiseau, mentionné dans les Arrêts ci-dessus, du 30 Mai 1375, est sans doute celui qui, suivant Duchêne (*a*), épousa AGNÈS Gaynard; de laquelle il eut:

(*a*) Hist. de Chast. page 541.

1 HUBELIN CHASTEIGNER, pere d'autre HUBELIN Chasteigner; qui eut pour fils, JEAN Chasteigner.

2 PIERRE CHASTEIGNER, plaidoit, conjointement avec *Jean* Chasteigner, son frere, pour une Maison assise à Saint-Maixent, contre *Heliot* Viguier, Ecuyer, & *Marguerite* Quentin, Damoiselle, sa femme, le 1er Février 1381, qu'intervint Arrêt entr'eux (*b*). Il laissa pour enfans:

(*b*) Regist. du Parl. jugés 30, f° 104.

1 IMBERT CHASTEIGNER, mort sans enfans.

2 LOUISE CHASTEIGNER, Dame du Breuil, Paroisse de Cintray, près de Champdenier, fut mariée, 1° à PIERRE Girard, Seigneur de la Place; 2° à JEAN Ancelon, Ecuyer, Seigneur de Bloue & du Breuil. Elle rendit aveu de sa Terre du Breuil, au Seigneur de Puypapin, le 28 Mai 1441; & un second aveu pour la même Terre, le 14 Juin Suivant, étant veuve de son second mari. Elle avoit eu du premier:

1 JEAN Girard, Ecuyer, Seigneur de Bloue & du Breuil, rendit aveu pour le Breuil, le 22 Juin 1450. Duchêne, Histoire de Chasteigner, page 541, parle de l'Alliance de *Louise* Chastei-

gner ; avec *Pierre* Girard ; mais aux additions de la page 578, il sembleroit le confondre avec *Jean* Girard, son fils.

3 AIMERY CHASTEIGNER, dont on ne trouve que le nom.

4 JEAN CHASTEIGNER, mentionné avec son frere *Pierre*, dans l'Arrêt ci-dessus énoncé, du 1er Février 1381.

5. 6. 7. DENISE. JEANNE. & ISABEAU CHASTEIGNER, dont on ne sçait que les noms (*a*).

(*a*) Hist. de Chast. page 541.

IX.

JEAN CHASTEIGNER, Seigneur de Bougon & de la Berlaire, &c. n'est pas autrement connu, sinon qu'il fut le même JEAN DES CHASTEIGNERS, Ecuyer, nommé dans deux Arrêts du Parlement, l'un de 1343, & l'autre de l'an 1346 (*b*). Ce qui d'ailleurs confirmeroit cette opinion, est que *Hubelin* Chasteigner, son pere, dans les Arrêts ci-dessus, du 12 Avril 1345, où sa femme est également énoncée, est appellé, dans le premier, DES CHASTEIGNERS, & dans le second, simplement CHASTEIGNER. Quoi qu'il en soit il fut pere de :

(*b*) Regist. du Parl. dit Gilbert, vol. 1er f° 1 & 10, & vol. 2, f° 294, v°.

1 HUBELIN CHASTEIGNER, IIIe du nom, Seigneur de Bougon & de la Berlaire, qui suit.

X.

HUBELIN CHASTEIGNER, IIIe du nom, Seigneur de Bougon & de la Berlaire, est mentionné dans l'Histoire de Bretagne de Dom Morice (*a*), sous l'an 1398.

(*a*) Tome 1, page 687.

On ignore le nom de sa femme; mais il eut entre autres enfans :

1 HUBELIN CHASTEIGNER, IVe du nom, Seigneur de Bougon & de la Berlaire, qui suit.

XI.

GIFFART.

HUBELIN CHASTEIGNER, IVe du nom, Seigneur de Bougon & de la Berlaire, vivoit en 1453, & encore en 1463, qu'il fut fait curateur de *Gilles* Chasteigner, IIe du nom, Seigneur de la Grolliere (*b*).

(*b*) Hist. de Chast. page 540.

Il avoit épousé CLAUDE Giffart; de laquelle il laissa pour enfans :

1 JACQUES CHASTEIGNER, Seigneur de Bougon & de la Berlaire, qui suit.

2 ANNE CHASTEIGNER, fut mariée à JEAN Chasteigner, Ecuyer, Seigneur de Gué, puis de la Grolliere, (fils de *Gilles* Chasteigner, IIe du nom, Seigneur de la Grolliere)

dont elle fut la 1re femme ; & transigea, par acte du 15 Octobre 1484, autorisée de *Jean* Chasteigner, son mari, ainsi que *Jacques* Chasteigner, Seigneur de Bougon & de la Berlaire, son frere, avec le même *Gilles* Chasteigner II, Seigneur de Grolliere, pere de son mari, dont *Hubelin* Chasteigner, Seigneur de Bougon, pere d'*Anne* & de *Jacques* Chasteigner, contractans, avoit eu la curatelle, en 1463 (*a*). Elle laissa de son mariage :

(*a*) Hist. de Chast. Preuv. p. 169 & 170.

1 FRANÇOISE CHASTEIGNER, dont il sera encore parlé ci-après, fut mariée en 1484, à RENÉ Gordeau, Ecuyer, Seigneur de la Grolle (*b*).

(*b*) Original.

XII.

JACQUES CHASTEIGNER, Seigneur de Bougon, de la Berlaire, &c. stipula avec sa sœur, dans la transaction ci-dessus énoncée, faite le 15 Octobre 1484, avec *Gilles* Chasteigner II, Seigneur de la Grolliere (*c*).

(*c*) Hist. de Chast. page 541.

Le nom de sa femme est ignoré. Il eut entre autres énfans :

1 RENÉ CHASTEIGNER, Seigneur de Bougon & de la Berlaire, qui suit.

XIII.

RENÉ CHASTEIGNER, Seigneur de Bougon, de la Berlaire, &c. vivoit encore en 1532 (*d*).

(*d*) *Ibid.*

De ſa femme, dont le nom n'eſt pas connu, il laiſſa :

1 FRANÇOISE CHASTEIGNER, qui ſuit.

XIV.

DE LA LANDE-DE-MACHECOU; *d'argent, à trois chevrons de gueules.*

FRANÇOISE CHASTEIGNER, Dame de Bougon, de la Berlaire, &c. fut mariée à JEAN de la Lande, dit de Machecou, Seigneur de Vieillevigne, fils de *François* de la Lande, dit de Machecou, Seigneur de Vieillevigne, & de *Jeanne* de Maleſtroit. Ils laiſſerent poſtérité de leur mariage (*a*).

(*a*) Hiſt. de Chaſt. pages 541 & 542.

§. XVII.

§. XVII.

SEIGNEURS DU BREUIL-DE-CHALANS, DE LA JARRIE ET DE SAINT-FULGENT.

VII.

GUILLAUME CHASTEIGNER, IIe du nom, Seigneur du Breuil-de-Chalans, de la Grolliere, &c. (second fils de *Thibaut* Chasteigner, Seigneur du Breuil, & d'*Eustache* de Dampierre, dont on a parlé ci-devant, au §. XVI.) fut en 1242, avec son pere, & son frere, en la guerre du Roi SAINT-LOUIS, contre le Comte de la Marche, suivant une enquête de l'an 1258; pour raison de quoi le Comte de Poitou (ALFONSE) lui fit restituer ce qui avoit été mal levé des revenus de la Terre d'Angy, qui lui appartenoit. Un Registre des hommages rendus au même ALFONSE, Comte de Poitou, en 1259 & 1260, en rapporte un de GUILLAUME Chasteigner, Chevalier, qui florissoit encore en 1270 (*a*).

(*a*) Hist. de Chast. page 544, & aux additions; Preuves, page 169.

De sa femme, dont le nom est ignoré, il eut vraisemblablement pour fils :

1 GUILLAUME CHASTEIGNER, IIIe du nom, Seigneur du Breuil-de-Chalans, qui suit.

VIII.

GUILLAUME CHASTEIGNER, IIIe du nom, Seigneur du Breuil-de-Chalans, de la Grolliere, &c. est sans doute le même, connu dans les Regiſtres du Parlement de Paris, de l'an 1338 (*a*). GUILLAUME Chaſteigner, Ecuyer, y plaidoit auſſi, en 1342, qu'il obtint Arrêt, contre les héritiers de *Jean* Moſnereau (*b*); & peut être le même GUILLAUME Chaſteigner, que l'on retrouve encore dans un Arrêt du Parlement, de l'an 1348 (*c*).

(*a*) Regiſtres, dits Gilbert, vol. 1, f° 49.

(*b*) Regiſtres du Parlement, jugés 5, f° 146, v°.

(*c*) Hiſt. de Chaſt. Preuves, page 176.

Le nom de ſa femme eſt inconnu; mais il doit avoir eu pour fils :

1 JEAN CHASTEIGNER, Ier du nom, Seigneur du Breuil-de-Chalans, qui ſuit.

IX.

JEAN CHASTEIGNER, Ier du nom, Seigneur du Breuil-de-Chalans, & de la Grolliere, floriſſoit ſous le regne de CHARLES VI : ce qui montre qu'il étoit né vers 1350 (*d*).

(*d*) Hiſt. de Chaſt. page 545.

On ignore le nom de ſa femme; mais il eut pour enfans :

1 JEAN CHASTEIGNER, IIe du nom, Seigneur du Breuil-de-Chalans, qui ſuit.

2 GILLES CHASTEIGNER, Ier du nom, Seigneur de la Grolliere, Tige des *SEIGNEURS DE LA GROLLIERE*, qui ſeront rapportés ci-après, avec lui, au §. XVIII.

3 NICOLAS CHASTEIGNER, Religieux de l'Abbaye de Saint-Maixent, nommé dans un Arrêt du Parlement du mois de Septembre 1420 (*e*), eſt cru fils de *Jean* Chaſteigner.

(*e*) Regiſtres du Parlement, Poitiers, vol. 1er, f° 460.

X.

JEAN CHASTEIGNER, IIe du nom, Ecuyer, Seigneur du Breuil-de-Chalans, &c. florissoit sous le regne du Roi CHARLES VII; vivoit encore en 1454, qu'il étoit curateur de *Gilles* Chasteigner II, Seigneur de la Grolliere, son neveu, avec lequel il transigea aussi pour fait de partage, par acte du 15 Février de la même année; & mourut avant le 10 Février 1463, que *Hubelin* Chasteigner, Seigneur de Bougon, avoit la curatelle du même *Gilles* Chasteigner (*a*). GUEBAUD.

(*a*) Hist. de Chast. page 546. Preuves, pages 169 & 170.

Il avoit épousé, vers l'an 1420, MARGUERITE Guebaud, veuve de deux maris. Elle vivoit encore avec son troisieme, en 1454; & laissa pour enfans:

1 JEAN CHASTEIGNER, Seigneur du Breuil-de-Chalans, &c. transigea, par acte du 10 Février 1463, avec *Gilles* Chasteigner, Seigneur de la Grolliere, son cousin-germain, au sujet du partage fait en 1454, entre ce dernier, & *Jean* Chasteigner, pere de JEAN Chasteigner, contractant. Il vivoit encore avec sa femme, en 1470, qu'elle lui fit don de tous ses acquêts & conquêts; mais quelques temps après, il mourut sans postérité.

Il avoit épousé, par contrat, fait en présence de ses pere & mere, le 23 Septembre 1450, GILLETTE Foucher, Dame de l'Aubouiniere, Paroisse de Chaillé, fille de *Georges* Foucher, Seigneur des Herbiers, & de *Marie* Buor (*b*).

(*b*) *Ibid.*

2 NICOLAS CHASTEIGNER, Seigneur du Breuil-de-Chalans, qui suit.

XI.

MACAIRE. NICOLAS CHASTEIGNER, Seigneur de la Motte-Foucran, puis du Breuil-de-Chalans, après la mort de son frere aîné, &c., est nommé avec lui, & GILLETTE Foucher, sa belle-sœur, dans l'acte du mois de Mars 1470, par lequel celle-ci voulut, en cas de mort, sans enfans, de *Jean* Chasteigner, son mari, que ses acquêts & conquêts qu'elle lui donnoit, tournassent, sauf l'usufruit, à NICOLAS Chasteigner, son beau-frere. Il composa avec *Pierre* Voussard, Ecuyer, Seigneur du Breuil-Baudet, & *Alain* de la Tousche, Ecuyer, Seigneur des Planches, par contrat du 3 Juillet 1508, touchant les droits de ceux-ci, en la succession de *Marguerite* Guebaud, leur ayeule commune, & mere de NICOLAS Chasteigner (*a*).

(*a*) Hist. de Chast. page 547.

Il avoit épousé, suivant un autre acte du 2 Mai 1508, CATHERINE Macaire; de laquelle il laissa, entre autres enfans:

1 JEAN CHASTEIGNER, IIIe du nom, Seigneur du Breuil-de-Chalans, qui suit.

XII.

DE REZAY. JEAN CHASTEIGNER, IIIe du nom, Seigneur du Breuil-de-Chalans, de la Motte-Foucran, de la Blanchiere, &c. reçut en don de ses pere & mere, par contrat du 2 Mai 1508, tous leurs acquêts & conquêts immeubles, & la moitié de leurs meubles: fit partage, du chef de sa femme, avec les sœurs de celle-ci, de la succession de *Guyon* de Rezay, du consentement de *Jacquette* de Sainte-Flaive, leurs pere & mere, & des biens de *Jean* de Rezay, leur frere, ainsi que de ceux de *Gabriel* de Rezay, leur oncle, par acte du 11 Septembre 1520; & mourut quelque temps après (*a*).

(*a*) Hist. de Chast. pages 548 & 549.

Il avoit épousé MICHELLE de Rezay *, Dame de Saint-Fulgent, de la Jarrie & de la Merlatiere, fille aînée de *Guyon* de Rezay, Chevalier, Seigneur des mêmes Terres, & de *Jacquette* de Sainte-Flaive. Etant restée veuve, elle se remaria, par contrat du 6 Juillet 1527, à *Gilles* de la Clartiere, Ecuyer, Seigneur de Saint-Denis, fils de *François* de la Clartiere, Seigneur du même lieu, & de N. . . . . . Grimaut; & laissa de son premier mariage:

1 JACQUES CHASTEIGNER, Seigneur du Breuil-de-Chalans, qui suit.

2 GUYON CHASTEIGNER, Chevalier, Seigneur de l'Ouvrardiere, suivant un acte de 1549, paroît être le même que GUYON Chasteigner, Chevalier de Malte, tué en l'an 1556, dans un combat contre les Turcs, Commandant alors les deux Galeres de *François* de Lorraine, Grand-Prieur de France (*b*).

(*b*) Martirologe des Chevaliers de Malte, par Matthieu de Goussencourt.

XIII.

JACQUES CHASTEIGNER, Seigneur du Breuil-de-Chalans, de la Jarrie, de la Merlatiere, de la Motte-

MAUCLERC.

* Elle descendoit d'une très-ancienne Maison de Chevalerie, issue de *Sauvestre* de Rezay, Chevalier, Seigneur de Rezay, vivant vers la fin du XIVe siecle. (Histoire de Chasteigner, page 548 & suivantes.)

Foucran, &c. fit un second partage de la succession de *Guyon* de Rezay, son ayeul, avec sa mere, & leurs autres co-héritiers, par acte du 11 Octobre 1532 : stipula, avec sa femme, au traité de mariage de *René* Chasteigner, leur fils aîné, conclu en 1546 : fit aussi partage avec *Guyon* Chasteigner, son frere, des biens de leurs pere & mere, le 22 Mars 1549 ; & mourut peu après (*a*).

(*a*) Hist. de Chast. page 552.

Il avoit épousé, par traité du 10 Juillet 1527, NICOLE Mauclerc, Dame du Verger-d'Aspremont, & de Roche-Querie, fille d'*Antoine* Mauclerc, Seigneur de la Brossardiere, de Saint-Maixent-sur-Vie, &c., & de *Marie* de la Muce, Dame du Verger-d'Aspremont & de la Roche-Querie (*b*). Elle fut présente, avec son mari, au contrat de mariage de leur fils, en 1556 ; & laissa pour enfans :

(*b*) *Ibid.* Preuves, page 170.

1 RENÉ CHASTEIGNER, Seigneur du Breuil-de-Chalans qui suit.

DE LA NOUHE.

2 GILLES CHASTEIGNER, Seigneur de Saint-Fulgent & de la Chousliere, transigea avec son frere aîné, touchant leurs droits en la Seigneurie de Saint-Fulgent, par acte du 11 Janvier 1556 : fut élu curateur des enfans de ce dernier, le 17 Octobre 1558 : assista, tant en son nom, qu'en cette qualité, au Procès-verbal de la réformation de la Coutume de Poitou, en 1559 ; & mourut en 1564 (*c*).

(*c*) *Ibid.* p. 563.

Il avoit épousé, par traité du 28 Janvier 1555, GABRIELLE de la Nouhe, fille de *Jean* de la Nouhe, Seigneur de la Roussellière & de la Besse, & de *Jeanne* Prevost. Elle transigea, étant encore veuve & tutrice de ses enfans, par acte du 28 Août 1575, avec *François* de Beaumont, & *Nicolle* Chasteigner, Dame du Breuil-de-Chalans, sa femme; & eut de son mariage :

1 CHARLOTTE CHASTEIGNER, Dame de Saint-Fulgent, &c. mariée en 1579, à CHRISTOPHE Bertrand, Seigneur du Chastenay, fils de *Roland* Bertrand, Seigneur du Chastenay, & de *Robinette* Maignen ; d'où vinrent :

1 JACQUES Bertrand, Seigneur de Saint-Fulgent, par partage avec *René* Aubert, Seigneur de Garnault & ses co-héritiers, représentans *Jeanne* Chasteigner, leur mere, du 2 Mars 1624.

Avoit épousé, par contrat du 14 Septembre 1613, JEANNE d'Urcot, fille aînée de *Pierre* d'Urcot, Gentilhomme ordinaire de la Chambre du Roi, Seigneur de la Roussiere, de la Gréve, de Saint-Denis, de la Chevace, &c., & de *Jeanne* Chasteigner.

2 PAUL Bertrand, Ecuyer, Seigneur de la Meraudiere & du Plessis, épousa RENÉE Bruneau, fille de *Jacques* Bruneau, Ecuyer, Seigneur de la Roche, de Puy-Rousseau, &c., & de N. . . . de Puy-du-Fou, Dame de Ramberge.

3 ANNE Bertrand, mariée à BENJAMIN Tinguy, Seigneur de Nesmy & des Audairies.

4 N. . . . . Bertrand, morte sans postérité, avoit été mariée à CHARLES Bodin, Seigneur de la Rolandiere & de la Nouziere.

2 JEANNE CHASTEIGNER fut mariée à RENÉ Aubert, Seigneur de Garnault & du Bois-Pothuyau, fils aîné de *Jacques* Aubert, Seigneur des mêmes Terres; & laissa de son mariage :

1 RENÉ Aubert, IIe du nom, Chevalier, Seigneur de Garnault, partagea, pour lui & ses co-héritiers, par l'acte ci-dessus énoncé, du 2 Mars 1624.

2 ETIENNE Aubert, Ecuyer.

3 LEA Aubert, mariée à ANNE d'Argence, Seigneur de la Jarrie.

4 RENÉE Aubert, Dame de la Roulliere, dont on ne voit que le nom (a).

(a) Hist. de Chast. page 561 & suiv.

3 GUY CHASTEIGNER, mort sans enfans.

4 JEAN CHASTEIGNER, Seigneur de la Chouliere, vivoit encore en 1558, qu'il comparut à l'assemblée de parens, touchant la curatelle de ses neveux, mourut aussi, sans postérité, de CHARLOTTE Mauclerc, sa femme, avant l'an 1564.

5 MICHELLE CHASTEIGNER eut pour époux MAURICE Savary, Seigneur de la Tartaudiere.

6 PERRETTE CHASTEIGNER fut mariée à FRANÇOIS Ortye, Seigneur de la Barre-de-Comequiers. Il fut chargé de la curatelle de *Gilles* Chasteigner, son neveu, en 1564.

7 JULIENNE

7 JULIENNE CHASTEIGNER, femme de GEOFFROY Barbastre, Seigneur de Puyrousseau.

8 MARIE CHASTEIGNER, vivoit encore en 1558, qu'elle fut aussi présente à l'assemblée de parens, pour la curatelle de ses neveux (*a*).

(*a*) Hist. de Chast. page 553.

XIV.

FAGUELIN.

RENÉ CHASTEIGNER, Seigneur du Breuil-de-Chalans, de la Jarrie, de la Motte-Foucran, de la Merlatiere, du Ligneron, du Fief Taveau, près de la Ganache, &c. transigea, par acte du 2 Janvier 1556, avec *Gilles* Chasteigner, Seigneur de Saint-Fulgent, son frere, auquel il céda les droits qu'il prétendoit en la Seigneurie de Saint-Fulgent, & en la succession de *Bonaventure* de Rezay, Dame de Saint-Fulgent, leur grand-tante, par représentation de *Jacques* Chasteigner, leur pere : & en indemnité, *Gilles* Chasteigner lui remit les droits qu'il avoit au Fief des Landes, assis en la Paroisse de Soullans. Il avoit fait son testament, étant malade, dès le jour de la Pentecôte 1554, par lequel il voulut, entre autres choses, que sa femme, qu'il survecut cependant, eut la tutelle de leurs enfans; & mourut en 1558 (*b*).

(*b*) *Ibid.* page 554

Il avoit épousé, par traité du 28 Juillet 1546, fait en présence de ses pere & mere, FRANÇOISE Faguelin, sœur puînée de *Catherine* Faguelin, femme de N. . . . Chabot, Seigneur de la Chaboterie, & fille de feû *Jean* Faguelin, Ecuyer, Seigneur de la Fagueliniere, & de *Marie* Gourdeau. Elle est nommée dans le testament de son mari, du 13 Mai 1554; mourut avant lui; & laissa de son mariage :

1 GILLES CHASTEIGNER, Seigneur du-Breuil-de-Chalans, de la Jarrie, de la Motte-Foucran, de la Merlatiere, la Fagueliniere, &c. demeura d'abord ſous la curatelle de *Gilles* Chaſteigner, Seigneur de Saint-Fulgent, ſon oncle, par Sentence du Sénéchal de Comequiers, précédé d'avis de parens, rendue le 17 Octobre 1558; & enſuite ſous celle de *François* Ortye, Seigneur de la Barre-de-Comequiers, ſon oncle, à cauſe de *Perrette* Chaſteigner, ſa femme, le 20 Juin 1564. Devenu enfin majeur, il fit partage, avec *Nicolle* Chaſteigner, ſa ſœur, & leurs co-héritiers, des biens de *Françoiſe* Faguelin, leur mere, par acte du 15 Octobre 1571. Etant enſuite allé en Italie, il mourut de maladie à Bologne, ſans poſtérité, en 1572, ayant inſtitué *Nicolle* Chaſteigner, ſa ſœur, pour héritiere univerſelle (*a*).

(*a*) Hiſt. de Chaſt. page 555.

2 NICOLLE CHASTEIGNER, Dame du Breuil-de-Chalans & de la Jarrie, qui ſuit.

XV.

DE BEAUMONT-DE-BRESSUIRE. *de gueules, à une aigle d'or, à l'orle de chauſſetrapes de même.*

NICOLLE CHASTEIGNER, Dame du Breuil-de-Chalans, de la Jarrie, de la Motte-Foucran, de la Merlatiere, de la Faguelinere, la Raſliere, la Roche-Querie, du Verger-d'Aſpremont, du Fief-Taveau, &c. fut, avec ſon frere, en 1558, ſous la curatelle de *Gilles* Chaſteigner, Seigneur de Saint-Fulgent, leur oncle; lequel lui rendit compte de ſa geſtion, par contrat du 1er Novembre 1563: ſuccéda en tous les biens de *Gilles* Chaſteigner, ſon frere, en 1572; & vivoit encore, avec ſon mari, en 1601, qu'ils ſtipulerent au mariage de leur fils (*b*).

(*b*) *Ibid.* page 559.

Elle avoit été mariée à FRANÇOIS de Beaumont, Seigneur des Dorides & de la Macairiere, Chevalier de l'Ordre du Roi, fils de *Philippe* de Beaumont, Chevalier, Seigneur des Dorides, issue de l'ancienne Maison de Beaumont-de-Bressuire.

Ils eurent de leur mariage :

1 JACQUES de Beaumont, Seigneur de la Jarrie, &c. mourut sans postérité.

Il avoit épousé, par contrat du 1er Août 1601, fait en présence de ses pere & mere, FRANÇOISE d'Appelvoisin, fille aînée de *Charles* Tiercelin-d'Appelvoisin, Chevalier, Seigneur d'Appelvoisin, de la Roche-du-Maine, de Thiors, &c., & de *Claude* de Chastillon. Etant restée veuve, sans enfans, elle se remaria à RENÉ de Saint-Offange, Seigneur de la Frapiniere (*a*).

(*a*) Hist. de Chast. page 559.

2 SUSANNE de Beaumont, Dame des Dorides, de la Jarrie, &c. qui suit.

XVI.

DE LA ROCHEFOUCAULD. *burelé d'argent & d'azur, à 3 chevrons de gueules brochant sur le tout, le 1er chevron écimé.*

SUSANNE de Beaumont, Dame des Dorides, de la Jarrie, de la Motte-Foucran, de la Macairiere, &c. après la mort de son frere, testa, conjointement avec son mari, le 7 Novembre 1621.

Elle avoit été mariée, par contrat du 13 Décembre 1594, à LOUIS de la Rochefoucauld, IIe du nom, Seigneur de Bayers, de la Bergerie, de la Forest, &c. Chevalier de l'Ordre du Roi, Gentilhomme ordinaire de sa Chambre, fils de *Louis* de la Rochefoucauld, Ier du nom, Seigneur de Bayers, de la Bergerie, &c., & d'*Angelique* Gillier-de-Puygareau. Ils laisserent de leur mariage, entre autres enfans:

1 LOUIS de la Rochefoucauld, IIIe du nom, Seigneur de Bayers, de la Bergerie, de la Jarrie, &c. Gentilhomme ordinaire de la Chambre du Roi, Mestre-de-Camp au Régiment de Piémont, vivant encore en 1651; & qui laissa plusieurs enfans de MARIE Bouhier-des-Granges, qu'il avoit épousé, par contrat du 13 Décembre 1625 (*a*).

(*a*) Hist. de Chast. page 560. Hist. des gr. Off. de la Couronne, tom. IV, pag. 454.

§. XVIII.

SEIGNEURS DE LA GROLIERE.

X.

GILLES CHASTEIGNER, Ier du nom, Seigneur de la Groliere, près de Rochecerviere, &c. (second fils de *Jean* Chasteigner I, Seigneur du Breuil-de-Chalans, mentionné ci-devant, au §. XVII.) mourut avant l'an 1454, que *Gilles* Chasteigner, son fils, étoit sous la tutelle de *Jean* Chasteigner II, Seigneur du Breuil, son oncle (*a*).

(*a*) Hist. de Chast. pages 564 & 565.

De sa femme, dont le nom est resté inconnu, il laissa entre autres enfans :

1 GILLES CHASTEIGNER, IIe du nom, Seigneur de la Groliere, qui suit.

2 FRANÇOISE CHASTEIGNER fut mariée à N. . . . . Enjorrant, Seigneur de la Groisardiere. Duchêne, en l'Histoire de Chasteigner (page 566) l'a confondue avec *Françoise* Chasteigner, sa niece.

XI.

GILLES CHASTEIGNER, IIe du nom, Seigneur de la Grolliere, &c. resta d'abord sous la curatelle de *Jean* Chasteigner II, Seigneur du Breuil-de-Chalans, son oncle, avec lequel il transigea pour fait de partage, le 15 Février 1454; & eut ensuite pour curateur *Hubelin* Chasteigner, Seigneur de Bougon, suivant une autre transaction faite, de son autorité, le 10 Février 1463, relativement à ce partage de 1454, avec autre *Jean* Chasteigner, Seigneur du Breuil, son cousin-germain, fils de son premier curateur. Il transigea enfin de nouveau, par acte du 15 Octobre 1484, avec *Jacques* Chasteigner, Seigneur de Bougon, fils d'*Hubelin* Chasteigner, son second curateur, & *Anne* Chasteigner, fille du même *Hubelin* Chasteigner, femme alors de *Jean* Chasteigner, Seigneur du Gué, fils aîné de *Gilles* Chasteigner, Seigneur de la Groliere, contractant (*a*). Cette filiation ou Généalogie, ne paroît pas avoir été bien entendue dans l'Histoire de Chasteigner.

(*a*) Hist. de Chast. Preuves, pag. 169 & 170.

Le nom de sa femme est ignoré; mais il eut pour enfans:

1 JEAN CHASTEIGNER, IIe du nom, Seigneur de la Groliere, qui suit.

2 GUYON CHASTEIGNER, dont on ne trouve que le nom.

3 JEANNE CHASTEIGNER, femme de GUILLAUME Meschin, Seigneur de la Rochette.

XII.

CHASTEIGNER. *d'or, au lion posé de sinople, armé & lampassé de gueules.*

CATHUS.

JEAN CHASTEIGNER, IIe du nom, Seigneur du Gué, puis de la Groliere, &c. est nommé avec *Anne* Chasteigner, sa premiere femme, dans la transaction ci-dessus, du 15 Octobre 1484; & stipula avec elle, au traité, ou promesse de mariage faire, le 23 Janvier suivant, que l'on disoit encore 1484, entre *Françoise* Chasteigner, leur fille, avec *René* Gordeau, Ecuyer, Seigneur de la Grolle; JEAN Chasteigner est qualifié dans ce dernier acte, *Seigneur du Gué;* & y est lui-même autorisé par *Gilles* Chasteigner, son pere (*a*).

(*a*) Original.

Il avoit épousé, 1° ANNE Chasteigner, fille de *Hubelin* Chasteigner IV, Seigneur de Bougon & de la Berlaire; & de *Claude* Giffart; de laquelle il eut:

1 FRANÇOISE CHASTEIGNER, Dame du Gué, fut promise en mariage par ses pere & mere, & du consentement de *Gilles* Chasteigner, son ayeul paternel, dès le 23 Janvier 1484, à RENÉ Gordeau (*aliàs* Gourdeau) Ecuyer, Seigneur de la Grolle, fils de *Jean* Gordeau, Ecuyer, Seigneur de la Veyrine, & de défunte *Catherine* Lover, Damoiselle. Elle apporta en mariage, par ce traité, l'Hôtel noble, Terre & Seigneurie du Gué, & autres biens, dont *Jean* Chasteigner, son pere, lui fit don, pour en jouir après lui (*b*).

(*b*) Original.

Il épousa, 2° ISABEAU Cathus; de laquelle il laissa:

1 GILLES CHASTEIGNER, IIIe du nom, Seigneur de la Grolliere, qui suit.

2 ARTUS CHASTEIGNER, dont le nom seul est connu.

XIII.

GILLES CHASTEIGNER, IIIe du nom, Seigneur de la Groliere, &c.

BUOR.

Epousa MATHURINE Buor ; de laquelle il eut pour enfans :

1 JEAN CHASTEIGNER, IIIe du nom, Seigneur de la Groliere, qui suit.

2 NICOLAS CHASTEIGNER, peut être le même qui étoit encore Chanoine de l'Eglise Cathedrale de Luçon, en 1558. (Hist. de Chasteigner, page 579.)

3 RENÉE CHASTEIGNER, femme de JACQUES Vanne-reau, Seigneur de la Vannerie.

4 JEANNE CHASTEIGNER, mariée à LAURENT Crochet, Seigneur de la Jourdiniere (*a*).

(*a*) Hist. de Chast. pages 566 & 567.

XIV.

BURLUET.

JEAN CHASTEIGNER, IIIe du nom, Seigneur de la Groliere, &c.

Epousa MARIE Burluet, qui le rendit pere de :

1 MATHURIN CHASTEIGNER, Seigneur de la Groliere, mort sans enfans, avant l'an 1558, de JEANNE Buhet, sa femme, laquelle se remaria à *Pierre* Chasteigner, Seigneur de la Durantiere.

2 JACQUES CHASTEIGNER, Seigneur de la Groliere, qui suit.

3 CLAUDE CHASTEIGNER, femme de GILLES Lover, Ecuyer (*b*).

(*b*) *Ibid.* page 567.

XV.

XV.

JACQUES CHASTEIGNER, Seigneur de la Groliere, &c. fut l'un des parens assemblés en 1568, pour raison de la curatelle des enfans mineurs de *René* Chasteigner, Seigneur du Breuil-de-Chalans. BARBASTRE.

Il avoit épousé BARBE Barbastre, de la Maison de la Grange-Barbastre, nommée avec son mari, dans la Sentence de curatelle, énoncée ci-dessus, du 17 Octobre 1558 (*a*); de laquelle il eut:

(*a*) Hist. de Chast. pages 557 & 567.

1 JEAN CHASTEIGNER, IVe du nom, Seigneur de la Groliere, qui suit.

2 MARGUERITE CHASTEIGNER, femme de LOUIS du Puy, Ecuyer, Seigneur de la Bourdiniere, fils de JACQUES du Puy, Ecuyer, & de *Marie* Durant; laissa de son mariage:

1 JEAN du Puy, Ecuyer, Seigneur de la Pistiere, vivant en 1634.

3 RENÉE CHASTEIGNER, mariée à PIERRE Minaud; duquel elle eut:

1 JEANNE Minaud, femme de RENÉ de Goulaines, Seigneur de la Ville-du-Bois (*b*).

(*b*) *Ibid.* Additions de la page 567.

XVI.

JEAN CHASTEIGNER, IVe du nom, Seigneur de la Groliere, &c.

DE LA LANDE-DE-MACHECOU. *d'argent, à trois chevrons de gueules.*

Epousa MARGUERITE de la Lande-de-Machecou, Dame de Lardrere, fille de *Jean* de la Lande, dit de Machecou, Seigneur de Vieille-Vigne, & de *Jeanne* de Hanlayz, Dame de Lardrere (*a*); & eut entre autres enfans :

(*a*) Hist. de Chast. page 567.

1 DAVID CHASTEIGNER, Seigneur de la Groliere, qui suit.

XVII.

DE VANDEL.

DAVID CHASTEIGNER, Seigneur de la Groliere, &c.

MAISTRE.

Avoit épousé, 1° JACQUELINE de Vandel, fille de *Philippe* de Vandel, Chevalier, Seigneur de la Roche-Maurepas, de la Secherie, &c., & de *Marguerite* Barbastre; de laquelle il eut :

1 CHARLES CHASTEIGNER, Seigneur de la Groliere, qui suit.

2 GABRIEL CHASTEIGNER.

3 DAVID CHASTEIGNER.

4 GABRIELLE CHASTEIGNER, femme de N. . . . . Seigneur de la Vergne-Chauviniere.

5 JACQUELINE CHASTEIGNER.

Il avoit épousé 2° JACQUETTE Maistre, sœur de N. . . . Maistre, Seigneur de Bonnefons-d'Aisenay & de la Papiniere, en Talmondois; de laquelle il laissa aussi pour enfans :

1 RENÉE CHASTEIGNER.

2 SUSANNE CHASTEIGNER.

3 ANTOINETTE CHASTEIGNER, dont on ne voit que les noms *(a)*.

(a) Hist. de Chast. pages 567 & 568, & aux additions.

XVIII.

DE MACHCOU. *d'argent, à trois chevrons de gueules.*

CHARLES CHASTEIGNER, Seigneur de la Groliere, de Lardrere, &c. vivant en 1634.

Avoit épousé ANNE de Machecou, sa parente, fille d'*Isaac* de Machecou, Seigneur de Saint-Etienne, près de Rochecerviere, & de *Marthe* Chabot; de laquelle il laissa :

1 GABRIELLE CHASTEIGNER, Dame de la Groliere, qui suit.

XIX.

GABRIELLE CHASTEIGNER, Dame de la Groliere, &c.

GUISCHARD. *d'argent à 3 têtes de Leopard, de sable, lampassées & couronnées de gueules.*

Fut mariée à JACOB Guischard, Chevalier, Seigneur d'Orfeuil, &c. fils de *Samuel* Guischard, Seigneur d'Orfeuil, & de *Renée* de Neuport; & petit-fils de *Jean* Guischard, Seigneur d'Orfeuil, & de *Marie* de Bourbon-de-Lavedan. Elle eut de son mariage, entre autres enfans :

1 CHARLES Guischard, Seigneur d'Orfeuil & de la Groliere, qui suit.

2 GABRIELLE Guischard, fut mariée, par contrat du 15 Mai 1688, à JEAN Chasteigner, Chevalier, Seigneur de Tennessue, la Blouere, &c. dont la postérité a été ci-devant rapportée, au §. XIII, sous le Degré XIX, p. 199 & suivantes.

XX.

PINIOT.

CHARLES Guiſchard, Chevalier, Seigneur d'Orfeuil, de la Groliere, de Gourge, de la Grange-Barbaſtre, &c. mourut avant le mariage de ſa fille, en 1716.

Il avoit épouſé ANNE-MARIE Piniot, fille de *Jacob* Piniot, Chevalier, Seigneur de Puychenin, & de *Claude* d'Anglier-Aymer. Elle étoit remariée, lors du mariage de ſa fille, en 1716, à *Jean-François* de Laſtic, Chevalier, Seigneur de Saint-Jal; ayant eu de ſon premier Lit:

1 MARIE-GABRIELLE Guiſchard-d'Orfeuil, Dame de la Grolliere, &c. mariée, par contrat fait, en préſence de ſa mere, le 4 Juillet 1716, à JEAN-RENÉ Chaſteigner, Chevalier, Seigneur de Rouvre, &c. (a); duquel elle laiſſa une poſtérité, qui a été rapportée ci-devant, au §. XV, ſous le Degré XIX, page 221 & ſuivantes.

(a) Original.

FIN.

TABLE DES ALLIANCES DE MM. CHASTEIGNER.

Table des Alliances de MM. de Chasteigner.

TABLE DES ALLIANCES DES DEMOISELLES CHASTEIGNER.

Table des Alliances des Demoiſelles Chaſteigner.

TABLE I.

Henri I
Roi de Fran
† 1060,
ép.
Anne de Ru

Hugues de Fra
Comte
de Vermand
de Valois,
† 1102.

Mahau

Raoul I, S

Lancelin III,
1156

Ali

Jean I, Sei
vivant 11

Elisab

Jean II, Se
vivant enco

Mahaud

Simon II,
vivant 12

Ami

Amicie

Philippe de
viva

Renoul de
vi

N. .

Briant de
Seigneur

Isabeau de Gourville,
Dame de Lindois.

, Seigneur
e,
† 1393.

Moreau de Magné, Chevalier,
Seigneur de Magné, d'Eschiré,
de Saint-Maxire, &c.

Isabeau Mignot,
Demoiselle.

Jeanne de Magné,
Dame de Magné, &c.

Jeanne Chasteigner,
Dame de la Melleray, &c.
† 1461.

TABLE I.

§. I. DEGRÉ XII, *page* 48.

QUARTIERS PATERNELS ET MATERNELS,
DE JEANNE DE VAREZE,
Femme de PIERRE CHASTEIGNER, Seigneur de la Rochepozay, &c.
Montrant l'illustration de cette Alliance,
par ses Ascendances;
& la Parenté de la Maison de CHASTEIGNER,
avec
les *PRINCES SOUVERAINS* de l'Europe.

enri I, de France, † 1060, ép. ...c de Ruffie.

Herbert IV, Comte de Vermandois, vivant encore 1076, ép. *Adelle*, Comtesse de Valois.

...s de France, Comte ...ermandois, Valois, &c. † 1102.

Adelle, Comtesse de Vermandois.

Mahaud de Vermandois, ép. 1090, *...oul I*, Seigneur de Beaugency, † vers 1130.

...celin III, Seigneur de Beaugency, 1156, † vers 1186, ép. *Alix* . . . .

...an I, Seigneur de Beaugency, vivant 1186, † vers l'an 1200, ép. *Elisabeth* . . . .

...ean II, Seigneur de Beaugency, ...vant encore 1215, † avant 1218, ép. *Mahaud*, Dame de Mehun.

...mon II, Seigneur de Beaugency, vivant 1279, † avant 1292, ép. *Amicie* de la Brosse.

Amicie de Beaugency, ép. *...hilippe* de Vareze, Chevalier, vivant 1292, 1306.

...enoul de Vareze, Chevalier, vivant 1310, ép. N. . . . .

...riant de Vareze, Chevalier, Seigneur de Châteautison. — N. . . . .

Philippe de Mons, Chevalier, Seigneur de Mons, 1366, 1370. — N. . . . .

Jean Chasteigner II, Seigneur, de Saint-Géorges-de-Rexe, &c. vivant 1328 & 1378. — *Isabeau* de Gourville, Dame de Lindois.

Moreau de Magné, Chevalier, Seigneur de Magné, d'Eschiré, de Saint-Maxire, &c. — *Isabeau* Mignot, Demoiselle.

Guy de Vareze, Chevalier, Seigneur de Châteautison, &c. testa 1390.

Andrée de Mons, Dame de Mons.

Simon Chasteigner II, Seigneur de la Melleraye, vivant encore 1388, † 1393.

Jeanne de Magné, Dame de Magné, &c.

Jean de Vareze, Chevalier, Seigneur de Châteautison, &c. Capitaine de Civray, Chambellan du Roi, † 1419.

Jeanne Chasteigner, Dame de la Melleray, &c. † 1441.

Jeanne de Vareze, Dame la melleraye, &c. ép. 1443, *Pierre* Chasteigner, Seigneur de la Rochepozay, Saint-Georges-de-Rexe, &c.

Guy Chasteigner, Seigneur de la Rochepozay, St-Georges-de-Rexe, &c. ép. 1480, *Madeleine* du Puy.

V. TABLE II.

TABLE II.

§. I. DEGRÉ XIII. *page 56.*

QUARTIERS PATERNELS ET MATERNELS DE MADELEINE DU PUY,

Femme de GUY CHASTEIGNER, *Seigneur de la Rochepozay, &c.*

Montrant l'illustration de cette Alliance, par ses Ascendances ; & la Parenté de la Maison de CHASTEIGNER, avec les *PRINCES SOUVERAINS* de l'Europe.

Philippe I, Roi de France, † 1108, ép. *Berthe* de Hollande.

Humbert II, Comte de Maurienne & de Savoye, † 1103, ép. *Gisle* de Bourgogne.

Louis VI, Roi de France, † 1137.

Adelais de Maurienne, ou de Savoye, mariée en 1115.

Pierre de France, † avant 1183, ép. *Elisabeth*, Dame de Courtenay.

Clemence de Courtenay, ép. avant 1185, *Guy V*, Vicomte de Thiern.

Guy VI, Vicomte de Thiern, vivant encore 1236, ép. *Marquise* de Forest.

Chatard, Vicomte de Thiern, † 1259, ép. *Brunissend*.......

Guy VII, Vicomte de Thiern, &c. vivant encore 1298, † avant 1301. ép. *Marguerite*.........

Louis de Thiern, Sgr. de Volore, &c. vivant encore 1337, ép. 1301. *Isabeau* Damas.

Guillaume de Thiern, Seigneur de Volore, testa 1350, ép. *Agnès* de Rochefort-d'Aurose.

Marguerite de Thiern, Dame de Volore, ép. *Pierre* de Besse, Seigneur de Bellefaye, & de Peyrac.

Hiacinette de Besse, Dame de Bellefaye.

Alfonse VIII, Roi de Castille, † 1157, ép. *Berangere* de Barcelone.

Mahaud, Reine d'Angleterre, † 1167, ép. 1127, *Geoffroy*, Comte d'Anjou, † 1150.

Sanche II, Roi de Castille, † 1158, ép. *Blanche* de Navarre.

Henri II, Roi d'Angleterre, † 1189, ép. 1152, *Alienor*, Duchesse de Guyenne.

Alfonse IX, Roi de Castille, † 1214.

Alienor d'Angleterre, mariée en 1170.

Berangere de Castille, ép. *Alfonse IX*, Roi de Leon & de Galice.

Berangere de Castille & de Leon, ép. 1222, *Jean* de Brienne, Roi de Jerusalem, Empereur de Constantinople, † 1237.

Louis de Brienne, Vicomte de Beaumont, &c. vivant encore 1255, ép. avant 1254, *Agnès*, Vicomtesse de Beaumont.

Jean I, Vicomte de Beaumont, vivant encore 1305, ép. *Jeanne*, Dame de la Guierche.

Robert, Vicomte de Beaumont, &c. † 1327, ép. 1303, *Marie* de Craon.

Jeanne de Beaumont-Brienne, ép. 1337, *Jean* d'Amboise, Sgr. de Chaumont-sur-Loire, &c. Chr. tué à Crecy 1346.

Hugues d'Amboise II, Seigneur de Chaumont, Chr. Chamb. du Roi, † 1415, ép. *Marguerite* de Joinville.

Hugues d'Amboise III, Seigneur de Chaumont, &c. Chambellan du Roi, tué à Azincourt, 1415.

Louis VI, Roi de France, † 1137, ép. 1115, *Adelais* de Savoye.

Pierre de France, Seigneur de Courtenay, † avant 1183, ép. *Elisabeth*, Dame de Courtenay.

Alix de Courtenay, ép. *Aimar I*, Comte d'Angoulême, † 1218.

Isabelle, Comtesse d'Angoulême, ép. 1217 *Hugues X*, Sire de Lezignem, Comte de la Marche, † 1249.

Geoffroy de Lezignem, Sire de Jarnac, &c. † avant 1263.

Louis VI[I], Roi de Fran[ce], † 1180, ép. 1160, *A*[...] de Champag[ne]

Alix de Fra[nce], ép. 1195 [...] *Guillaume* [...] Comte de Ponthie[u], † 1225.

Marie, Com[tesse] de Ponthie[u], † 1251, ép. *S*[...] de Damart[in], Comte d'Au[...], † 1239.

Agathe de Damart[in], ép. *Jean* dit *Ai*[...] Vicomte de Châtelle[rault]

Jeanne Vicom[tesse] de Châteller[ault], Dame de l'Isleb[...]

Eustache de Lezignem, Dame d[e] Hermine, ép. avant 1276, *Dr*[...] de Mello III, Seigneur de l'O[...] & de Châteauchinon, † 13[...]

Jeanne de Mello, ép. avant 13[...] *Hugues IV*, Seigneur de St.-V[...] vivant encore 1320.

Jeanne de S. Verain, Dame de S. V[...] ép. 1304, *Hugues* d'Amboise, [...] de Chaumont, &c. vivant encor[e]

Hugues d'Amboise, Seigne[ur] de la Maisonfort, testa 137[...] ép. *Isabeau* de Bucy.

Annette d'Amboise, Dam[e] de la Maisonfort, ép. *Guill*[...] Guenant, Seigneur des Bor[des]

Jeanne Guenant, Dame des Bordes.

Perrin du Puy II, Seigneur des Dames, en Berry, &c.

Jeanne du Four, Dame des Places, près de Romorentin.

Jean de Pierrebuffiere, Seigneur de Pierrebuffiere & de Châteauneuf, en Limosin.

Jean de Prie, Seigneur de Prie, Busançois, &c. Chevalier, Chamb. du Roi, vivoit encore en 1399.

Isabeau de Chanac.

Madeleine d'Amboise.

Godefroy du Puy, Seigneur, du Coudray-Monin, &c. Chambellan du Roi CHARLES VI, † 1421.

Jeanne de Pierrebuffiere, Dame de Bellefaye, &c. mariée en 1397.

Antoine de Prie, Seigneur de Busançois, Grand Queux de France, vivoit encore en 1481.

Louis du Puy, Seigneur du Coudray-Monin, de Dames, Baron de Bellefaye, &c. Sénéchal de la Marche.

Catherine de Prie-Busançois, mariée en 1455.

MADELEINE du Puy, ép. 1480, *GUY* Chasteigner, Seigneur de la Rochepozay, Saint-Georges-de Reze, &c. (rappellé TABLE I.)

JEAN Chasteigner III, Seigneur de la Rochepozay, &c. ép. 1519, *CLAUDE* de Monleon.

Godefroy Chasteigner, Seigneur de Lindois, auteur des Seigneurs de Lindois.

V. TABLE III.

V. TABLE VIII.

TABLE III.

§. I. DEGRÉ XIV. *page 63.*

QUARTIERS PATERNELS ET MATERNELS
DE CLAUDE DE MONLEON,
Femme de JEAN CHASTEIGNER III, Seigneur de la Rochepozay, Saint-Georges-de-Rexe, &c.
Montrant l'illustration de cette Alliance,
par ses Ascendances ;
& la Parenté de la Maison de CHASTEIGNER,
avec
les *PRINCES SOUVERAINS* de l'Europe.

Guillaume IX, Duc de Guyenne, Comte de Poitou, † 1126.

Mahaud, Comtesse de Toulouse.

Agnès de Poitiers, ép. *Aimery V*, Vicomte de Thouars, 1126, † avant 1135.

Guillaume, Vicomte de Thouars, en 1139.

Hugues VII, Sire de Lezignem, vivant encore 1151, ép. *Sarrazine* . . . .

Aimée de Lezignem.

Aimery VII, Vicomte de Thouars, vivant encore 1225, † vers 1226, ép. *Marie* . . . .

Aimery de Thouars, Sgr. de la Chaise-le-Vicomte, 1214, 1229. ép. *Beatrix* de Machecou, Dame de la Roche-sur-Yon.

Jeanne de Thouars, Dame de la Roche-sur-Yon, ép. *Hardouin IV*, Baron de Maillé, Sénéchal de Poitou, en 1233.

Hardouin V, Baron de Maillé, vivant en 1248, & encore 1285, ép. *Jeanne* de Baugay.

Hardouin VI, Baron de Maillé, † 1340.

Robert de France, Comte de Dreux, (fils de *Louis VI.*) † 1188, ép. 1152, *Agnès* de Baudement.

Robert II, Comte de Dreux, † 1219, ép. 1184, *Ioland* de Coucy.

Robert III, Comte de Dreux, † 1233.

Jean I, Comte de Ponthieu, † 1191, ép. *Beatrix* de Saint-Paul.

Adelle de Ponthieu, ép. *Thomas*, Sgr. de St.-Vallery, &c. vivant encore 1214.

Œnor de Saint Vallery, mariée vers 1220.

Robert de Dreux I, Sgr. de Beu, † 1264, ép. 1263, *Isabelle* de Villebeon.

Robert de Dreux II, Sgr. de Beu, vivant encore 1303, ép. *Ioland* de Vendôme.

Marie de Dreux-Beu, ép. *Barthelemi*, Seigneur de Montbazon.

Jeanne de Montbazon, vivoit encore veuve 1353.

Jean de Maillé, Seigneur de la Rochebourdeuil, &c. ép. *Louise* de la Rochebourdeuil.

Jean de Maillé, Seigneur de la Rochebourdeuil, Crevant, &c. vivant encore 1414, ép. *Perrette* Dame de Negron.

Moreau de Maillé, Sgr. de Crevant, Negron, &c. tué à Verneuil 1424, ép. *Marguerite* le Roux.

…aud de Monleon II, …de Touffou, d'Abain, &c. …t 1387, & encore 1454.

Marie de Couhé.

Jacques de Maillé, Sgr. de Crevant, la Rochebourdeuil, Negron, &c. vivant 1450 & 1455.

Blanche Bellier.

René de Monleon III, Seigneur de Touffou, &c. vivant en 1458.

Guillelmine de Maillé.

Louis de Monleon, Seigneur de Touffou, d'Abain, &c. vivant en 1494.

Jean Chappron, Seigneur de Bernay, & de Sonniéres.

Jeanne de Varennes, Dame de la Fauchardiere, en Anjou.

N. . . . . de Vieux.

Mathurine Choisy, Dame de Monfaucon.

Jean Chappron, Seigneur de Bernay, de la Fauchardiere, &c.

Marguerite de Vieux, Dame de Montfaucon.

Sibille Chappron, Dame de Bernay & de Montfaucon.

CLAUDE de Monleon, Dame de Touffou, d'Abain, &c. ép. 1519, *JEAN* Chasteigner III. Sgr. de la Rochepozay, Saint-Georges-de-Rexe, &c. (Rappellé TABLE II.)

LOUIS Chasteigner, Seigneur d'Abain, de la Rochepozay, &c. Chevalier des Ordres du Roi, ép. 1567, *CLAUDE* du Puy.

V. TABLE IV.

JEANNET Chasteigner, Seigneur de Saint-Georges-de-Rexe, &c. ép. 1567, *JEANNE* de Villers.

V. TABLE VI.

TABLE IV.

§. I. DEGRÉ XV, *page 90.*

QUARTIERS PATERNELS ET MATERNELS,

DE CLAUDE DU PUY,

Femme de LOUIS CHASTEIGNER, Seigneur d'Abain, de la Rochepozay, &c.

Montrant l'illustration de cette Alliance, par ses Ascendances; & la Parenté de la Maison de CHASTEIGNER, avec les *PRINCES SOUVERAINS* de l'Europe.

Guigues II, Comte de Lyon & de Forest, † vers 1226. ép. *Guillemette* ....

Guigues III, Comte de Forest, † 1203, ép. *Alix* ....

Marquise de Forest, ép. *Guy VI*, Vicomte de Thiern, vivant encore 1136.

Chatard Vicomte de Thiern, † 1259, ép. *Bramiffend* ....

Guy VII, Vicomte de Thiern, 1298, † avant 1301. ép. *Marguerite* ......

Louis de Thiern, Sgr. de Volore, &c. vivant encore 1337, ép. 1301, *Isabeau* Daunas.

Guillaume de Thiern, Seigneur de Volore, testa 1350. ép. *Agnès* de Rochefort-d'Aurose.

Marguerite de Thiern, Dame de Volore, ép *Pierre* de Besse, Sgr. de Belle-Faye, &c.

Hiacinette de Besse, Dame de Belle-Faye, ép. *Jean*, Seigneur de Pierrebuffiere & de Châteauneuf, en Limosin.

Jeanne de Pierrebuffiere, Dame de Belle-Faye, ép. 1397, *Godefroy* du Puy, Seigneur du Coudray-Monin, † 1421.

Louis du Puy, Seigneur du Couldray-Monin, en Berry, Baron de Belle-Faye, Sénéchal de la Marche.

Pierre de France, (fils de Louis VI.) † avant 1183, ép. *Elisabeth*, Dame de Courtenay.

Alix de Courtenay, ép. *Aimar I*, Comte d'Angoulême, † 1218.

Elisabeth, Comtesse d'Angoulême, ép. 1217, *Hugues X*, Sire de Lazignem, Comte de la Marche, † 1249.

Isabelle de Lazignem, † 1299, ép. *Maurice V*, Sire de Craon, Sénéchal d'Anjou, † 1282.

Maurice VI, Sire de Craon, &c. † 1292, ép. 1277, *Mahaud* de Malines.

Marie de Craon, ép. 1303, *Robert* de Brienne, Vicomte de Beaumont, † 1327.

Jeanne de Brienne-Beaumont, ép. 1337, *Jean* d'Amboise, Sgr. de Chaumont, tué à Crecy 1346.

Hugues d'Amboise II, Seigneur de Chaumont, † 1415, ép. *Marguerite* de Joinville.

Hugues d'Amboise III, Seigneur de Chaumont, tué à Azincourt 1415, ép. *Jeanne* Guenant, Dame des Bordes.

Madeleine d'Amboise, ép. *Antoine* de Prie, Sgr. de Busançois, Grand-Queux de France, vivant encore 1481.

Catherine de Prie-de-Busançois, mariée en 1455.

Jean du Puy, Seigneur du Couldray-Monin, Baron de Belle-Faye, &c.

Antoine de Baissey, Seigneur de Longecourt, Bailly de Dijon, Colonel des Suisses & Lansquenets.

Jeanne de Lenoncourt.

Philippe de Baissey.

Georges du Puy, Chevalier, Seigneur du Coudray, Baron de Belle-Faye, &c.

Armand Raffin, Seigneur de Pericaud, &c.

Jeanne de la Tour, Dame de Pecalvary, en Agenois.

Gaston de la Lande, Seigneur de Taftes, en Medoc.

Marie d'Esco[illegible] de la Maison de [illegible] en Perigo[illegible]

Antoine Raffin, dit *Potou*, Seigneur de Pecalvary, Beaucaire, &c. Sénéchal d'Agenois, Capitaine de cent Archers de la Garde du Roi, &c.

Jeanne de la Lande.

Jeanne Raffin.

Claude du Puy, Dame de la Forêt, &c. ép. 1567. *LOUIS* Chasteigner, Seigneur d'Abain, de la Rochepozay, &c. Chr. des Ordres du Roi, (rappellé TABLE III.)

JEAN Chasteigner IV, Seigneur de la Rochepozay, &c. ép. 1603, *DIANE* de Fonseque.

HENRI-LOUIS Chasteigner, Évêque de Poitiers, † en 1651.

V. TABLE V.

TABLE V.

§. I. DEGRÉ XVI, *page 95.*

QUARTIERS PATERNELS ET MATERNELS
DE DIANE DE FONSEQUE,
Femme de JEAN CHASTEIGNER IV,
Seigneur de la Rochepozay, &c.
Montrant l'Illustration de cette Alliance,
par ses Ascendances;
& la Parenté de la Maison de CHASTEIGNER,
avec
les *PRINCES SOUVERAINS* de l'Europe.

Thomas de Savoye, Comte de Maurienne, de Flandres & de Hainaut, † 1259, ép. 1244, *Beatrix* de Fiesque.

Amé V, dit *le Grand*, Comte de Savoye, † 1323, ép. 1272, *Sibille*, Dame de Baugé.

Léonore de Savoye, ép. 1292, *Guillaume* de Châlon I, Comte d'Auxerre & de Tonnerre, † 1304.

Jean de Châlon II, Comte d'Auxerre & de Tonnerre, † 1346, ép. *Alix* de Bourgogne.

Beatrix de Châlon, ép. 1342, *Humbert VI*, Seigneur de Thoire, de Villars, &c.

Eléonore de Thoire-Villars, ép. 1372, *Philippe* de Levis III, Vicomte de Lautrec, testa 1380.

Philippe de Levis IV, Vicomte de Lautrec, Comte de Villars, &c. † 1440, ép. 1395, *Antoinette* d'Auduze.

Antoine de Levis, Comte de Villars, &c., testa 1454, ép. 1425, *Isabel* de Chartres.

Catherine de Levis, ép. *Antoine* de Clermont, Baron de Surgeres, vivant encore 1451.

Louise de Clermont, Barone de Surgeres, ép. *Roderic* de Fonseque, Chr. Espagnol.

Emond de Fonseque, Chevalier, Baron de Surgeres, &c.

Thibaut VI, Roi de Navarre, Comte de Champagne, † 1253, ép. *Agnès* de Beaujeu.

Blanche de Champagne, ép. 1255, *Jean I*, Duc de Bretagne, † 1286.

Henri III, Roi d'Angleterre, † 1272, ép. 1236, *Eléonore* de Provence.

Jean II, Duc de Bretagne, † 1305.

Beatrix d'Angleterre, mariée en 1259.

Marie de Bretagne, † 1339, ép. 1292, *Guy* de Chastillon III, Comte de Saint-Paul.

Beatrix de Chastillon, ép. 1311, *Jean* de Flandres, Seigneur de Crevecœur, &c.

Marie de Flandres, ép. *Ingerger I*, Seigneur d'Amboise, &c. † 1373.

Marguerite d'Amboise, ép. *Pierre* de Sainte-Maure II, Seigneur de Montgauger, vivant encore 1372.

Jean de Ste.-Maure, Chev. Comte de Benon, Seigneur de Montgauger, † vers 1425, ép. *Jeanne* des Roches.

Charlotte de Sainte-Maure, † 1485, ép. *Guy* de Laval II, Seigneur de Loué, † 1484.

Pierre de Laval, Chevalier, Seigneur de Loué, † 1528, ép. *Philippe* de Beaumont-Bressuire.

Hardouine de Laval.

René de Fonseque, Baron de Surgeres, &c.

René de Cossé, Chevalier, Seigneur de Brissac, Panetier de France, vivant encore 1532.

Robert de France, (Fils de *Louis VI.*) Comte de Dreux, † 1188, ép. *Havoise* d'Evreux, † 1152.

Alix de Dreux, ép. *Raoul* de Nesle III, Comte de Soissons, † 1236.

Eléonore de Soissons, ép. *Etienne* de Sancerre, Seigneur de Chastillon-sur-Loing, Bouteiller de France, 1218, 1236.

Comtesse de Sancerre, vivante encore 1275, ép. *Adam III*, Vicomte de Melun, &c. † 1250.

Adam IV, Vicomte de Melun, vivant encore 1304, ép. avant 1280, *Jeanne* de Sully.

Jean de Melun I, Vicomte de Melun, &c. † 1350, ép. 1327, *Isabel*, Dame d'Antoing.

Hugues de Melun I, Seigneur d'Antoing, &c. vivant 1371, ép. *Beatrix* de Beaussart, Dame de Croisilles.

Philippe de Melun, Dame de Croisilles, ép. 1399, *Jacques*, Sgr. de Montmorency, &c. † 1414.

Jean II, Sgr. de Montmorency, &c. Grand Chambellan de France, † 1477, ép. *Marguerite* d'Orgemont.

Philippe de Montmorency, ép. 1472, *Guillaume* Gouffier, Seigneur de Boisy, &c.

Charlotte Gouffier, Gouvernante des enfans de France, fut mariée en 1503.

Anne de Cossé.

Ferdinand III, Roi de Castille & de Leon, † 1252, ép. 1238, *Jeanne*, Comtesse de Ponthieu & d'Aumale.

Ferdinand de Castille, Comte d'Aumale, † avant 1264, ép. *Laure* de Montfort.

Jean de Ponthieu, Comte d'Aumale, &c. tué à Courtray 1302, ép. *Ide* de Meulent, † 1324.

Laure de Ponthieu, ép. *Guy* de Mauvoisin IV, Seigneur de Rosny, vivant 1303, 1332.

Guy de Mauvoisin V, Sgr. de Rosny, ép. *Roberte*, Dame de Beaumez, Châtelaine de Bapaume.

Laure de Rosny, Dame de Beaumez, ép. *Robert* de Beaussart, Sgr. de Wingles, Conétable de Flandres.

Beatrix de Beaussart, Dame de Croisilles, ép. *Hugues* de Melun I, Seigneur d'Antoing, &c. vivant 1371.

Jean de Melun I, Sgr. d'Antoing & d'Epinoy, Vicomte de Gand, Chr. de la Toison d'Or, † 1484, ép. 1421, *Jeanne* d'Abbeville, † 1480.

Philippe de Melun, ép. 1441, *Thibaut* de Luxembourg, Seigneur de Fiennes, † 1477.

Marguerite de Luxembourg, ép. 1485, *Jacques* Chabot, Chevalier, Seigneur de Jarnac, &c.

Charles Chabot, Sgr. de Jarnac, Chevalier de l'Ordre du Roi, vivant encore 1556.

Madeleine de Puyguion.

Charles Chabot, Seigneur de Sainte-Foy, † avant 1573.

François Joubert, Seigneur de Lanerey, &c.

Perenelle Caré, Damoiselle.

Françoise Joubert.

Esther Chabot, Dame d'Andilly, &c.

Charles de Fonseque, Baron de Surgeres, Chevalier de l'Ordre du Roi.

Diane de Fonseque, ép. 1603, *Jean* Chasteigner IV, Seigneur de la Rochepozay, Abain, Touffou, &c. (rapp. l'A TABLE IV.)

Leur Postérité Masculine s'éteignit en *Charles* Chasteigner, Marquis de la Rochepozay, leur fils.

TABLE VI.

§. II. DEGRÉ XV. *page* 104.

QUARTIERS PATERNELS ET MATERNELS DE *JEANNE DE VILLERS, DAME DE VILLERS,*

Femme de JEAN CHASTEIGNER, *Seigneur de Saint-Georges-de-Rexe, &c.*

Montrant l'illustration de cette Alliance, par ses Ascendances.

Alix de France (fille de Louis VII.) ép. 1195, *Guillaume II*, Comte de Ponthieu, † 1225.

Marie Comtesse de Ponthieu, † 1251, ép. *Simon* de Damartin, Comte d'Aumale, † 1239.

Agathe de Damartin, ép. *Jean* dit *Aimery*, Vicomte de Châtellerault.

Jeanne Vicomtesse de Châtellerault, ép. *Jean II*, Sire de Harcourt, † 1301.

Jean III, Sire de Harcourt, † 1326, ép. *Alix* de Brabant.

Blanche de Harcourt, ép. *Hugues* Quieret, Sgr. de Tours, Amiral de France, Capitaine de Tournay, Sénéchal de Beaucaire, † 1340.

Robert Quieret, Seigneur de Ramecourt 1339, 1340. ép. *Marie* . . . .

Jeanne Quieret, ép. *Edmond* de Hallencourt; lesquels eurent pour petit-fils :

Jean de Hallencourt, Seigneur de Dromesnil, ép. *Isobeau* de Boulainvilliers.

Antoinette de Hallencourt, mariée en 1488.

Robert de Saveuse, Seigneur de Saveuse, 1235, ép. *Agnès* d'Ailly.

Enguerand, Sgr. de Saveuse, 1242, ép. *Marie* de Croy.

Philibert, Seigneur de Saveuse, ép. *Henriette* de Renty.

Guillaume, Seigneur de Saveuse Chevalier, Capitaine-Général de Picardie, 1369, ép. *Jeanne* Quieret.

Morlet de Saveuse, Sgr. de Saveuse Chambellan du Roi, † 1405, ép. *Marguerite* de Brouilly.

Bon de Saveuse, Seigneur de Saveuse, 1413, 1436, ép. *Elisabeth* de Tilly.

Robert de Saveuse, Seigneur de Lonvinghien, Capitaine d'Amiens ép. *Beatrix* de la Fosse.

Helene de Saveuse.

Christophe de Carmonne, Chr. Sgr. de Mareuil, Président au Parlement, † 1507.

Jeanne de Carmonne, Dame de Mareuil-la-Guyon.

Guillaume dit *Antoine* de Belloy, Sgr. de Belloy, Rouviller, &c. ép. *Marguerite* de la Chapelle, Dᵉ d'Amy.

Guy de Belloy I, Seigneur de Belloy, d'Amy, Rouviller, &c.

Guy de Belloy II, Sgr. de Belloy, d'Amy, de Mareuil-la-Guyon, &c. vivant encore en 1539.

Helene de Belloy.

N. . . de Villers. N. . . . .

Philippe de Villers, Seigneur de Verderonne, Villers-Saint-Paul, &c.

N. . . . . de Bosqueaux. N. . . . .

Antoinette de Bosqueaux

Antoine de Villers, Seigneur de Villers-Saint-Paul, de Verderonne, &c.

Jeanne de Villers, Dame de Villers, &c. ép. 1567, *Jean* Chasteigner, Sgr. de Saint-Georges-de-Rexe. (rappellé TABLE III.)

François Chasteigner, Seigneur de Saint-Georges, ép. 1605, *Louise* de Foulebon.

Roch-François Chasteigner, Seigneur de Saint-Georges, &c. ép. 1629, *Gabrielle* Regnand.

Joseph-Roch Chasteigner, Sgr. de Saint-Georges, &c. ép. 1665, *Anne* Guinaudeau-de-Montigny.

Eutrope-Alexis Chasteigner, Seigneur de Saint-Georges, &c. ép. 1712, *Eléonore* de Mesgrigny.

Marie-Eléonore-Armande Chasteigner, Dame de Saint-Georges, &c. ép. 1741, *Jean-Henri* Chasteigner, Seigneur de Rouvre, &c.

Voyez TABLE VII.

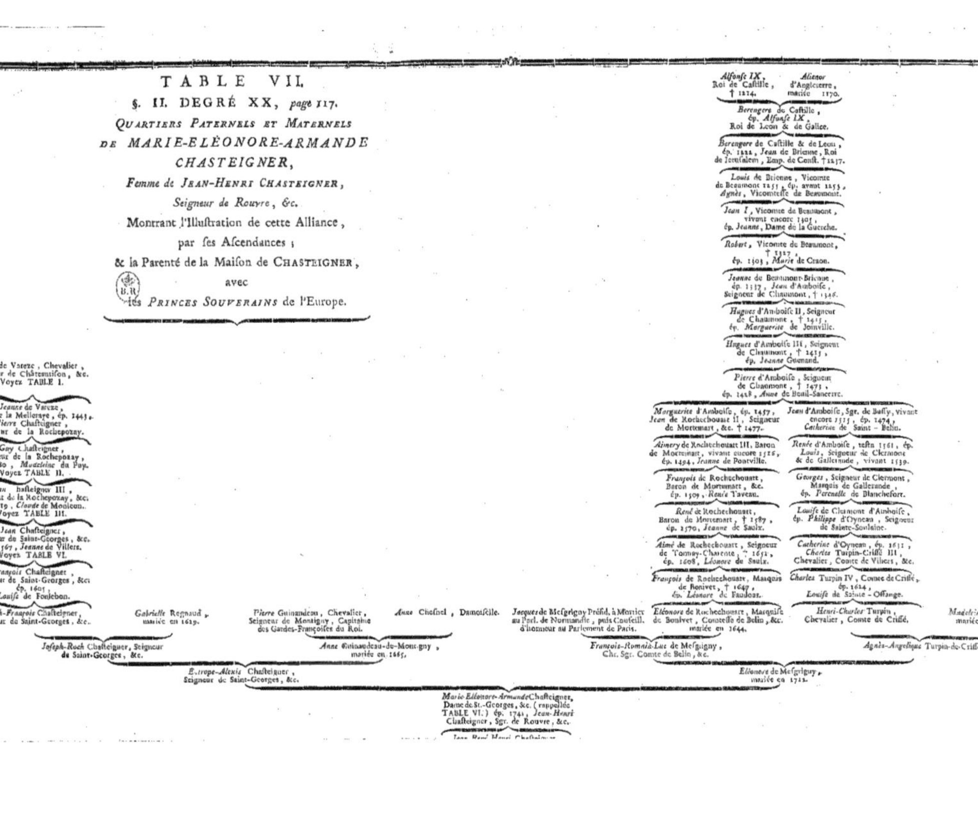
TABLE VII.
§. II. DEGRÉ XX, page 117.
QUARTIERS PATERNELS ET MATERNELS
DE MARIE-ELÉONORE-ARMANDE CHASTEIGNER,
Femme de JEAN-HENRI CHASTEIGNER, Seigneur de Rouvre, &c.
Montrant l'Illustration de cette Alliance, par ses Ascendances ;
& la Parenté de la Maison de CHASTEIGNER, avec les PRINCES SOUVERAINS de l'Europe.
Jean de Vareze, Chevalier, Seigneur de Châtemtison, &c. Voyez TABLE I.
Jeanne de Vareze, Dame de la Melleraye, ép. 1443. Pierre Chasteigner, Seigneur de la Rochepozay.
Guy Chasteigner, Seigneur de la Rochepozay, ép. 1480, Madeleine du Puy. Voyez TABLE II.
Jean Chasteigner III, Seigneur de la Rochepozay, &c. ép. 1519, Claude de Monleon. Voyez TABLE III.
Jean Chasteigner, Seigneur de Saint-Georges, &c. ép. 1567, Jeanne de Villers. Voyez TABLE VI.
François Chasteigner, Seigneur de Saint-Georges, &c. ép. 1605, Louise de Fonlebon.
Roch-François Chasteigner, Seigneur de Saint-Georges, &c.
Gabrielle Regnaud, mariée en 1629.
Pierre Guinaudeau, Chevalier, Seigneur de Montigny, Capitaine des Gardes-Françoises du Roi.
Anne Chesnel, Damoiselle.
Jacques de Mesgrigny Présid. à Mortier au Parl. de Normandie, puis Conseill. d'honneur au Parlement de Paris.
Alfonse IX, Roi de Castille, † 1214.
Alienor d'Angleterre, mariée 1170.
Berengere de Castille, ép. Alfonse IX, Roi de Leon & de Galice.
Berengere de Castille & de Leon, ép. 1222, Jean de Brienne, Roi de Jerusalem, Emp. de Const. † 1237.
Louis de Brienne, Vicomte de Beaumont 1253, ép. avant 1253, Agnès, Vicomtesse de Beaumont.
Jean I, Vicomte de Beaumont, vivant encore 1305, ép. Jeanne, Dame de la Guerche.
Robert, Vicomte de Beaumont, † 1327, ép. 1303, Marie de Craon.
Jeanne de Beaumont-Brienne, ép. 1337, Jean d'Amboise, Seigneur de Chaumont, † 1346.
Hugues d'Amboise II, Seigneur de Chaumont, † 1415, ép. Marguerite de Joinville.
Hugues d'Amboise III, Seigneur de Chaumont, † 1415, ép. Jeanne Guenand.
Pierre d'Amboise, Seigneur de Chaumont, † 1473, ép. 1428, Anne de Beuil-Sancerre.
Marguerite d'Amboise, ép. 1457, Jean de Rochechouart II, Seigneur de Mortemart, &c. † 1477.
Jean d'Amboise, Sgr. de Bussy, vivant encore 1515, ép. 1474, Catherine de Saint-Belin.
Aimery de Rochechouart III, Baron de Mortemart, vivant encore 1516, ép. 1494, Jeanne de Pontville.
Renée d'Amboise, testa 1561, ép. Louis, Seigneur de Clermont & de Gallerande, vivant 1539.
François de Rochechouart, Baron de Mortemart, &c. ép. 1509, Renée Taveau.
Georges, Seigneur de Clermont, Marquis de Gallerande, ép. Peronelle de Blanchefort.
René de Rochechouart, Baron de Mortemart, † 1587, ép. 1570, Jeanne de Saulx.
Louise de Clermont d'Amboise, ép. Philippe d'Oyneau, Seigneur de Sainte-Soulaine.
Aimé de Rochechouart, Seigneur de Tonnay-Charente, † 1651, ép. 1608, Léonore de Saulx.
Catherine d'Oyneau, ép. 1631, Charles Turpin-Crissé III, Chevalier, Comte de Vihers, &c.
François de Rochechouart, Marquis de Bonivet, † 1647, ép. Léonore de Faudoas.
Charles Turpin IV, Comte de Crissé, ép. 1624, Louise de Sainte-Offange.
Eléonore de Rochechouart, Marquise de Bonivet, Comtesse de Belin, &c. mariée en 1644.
Henri-Charles Turpin, Chevalier, Comte de Crissé.
Madeleine Laurent, mariée en 1652.
Joseph-Roch Chasteigner, Seigneur de Saint-Georges, &c.
Anne Guinaudeau-de-Montigny, mariée en 1665.
François-Romain-Luc de Mesgrigny, Chr. Sgr. Comte de Belin, &c.
Agnès-Angelique Turpin-de-Crissé.
Eutrope-Alexis Chasteigner, Seigneur de Saint-Georges, &c.
Eléonore de Mesgrigny, mariée en 1712.
Marie-Eléonore-Armande Chasteigner, Dame de St.-Georges, &c. (rappellée TABLE VI.) ép. 1741, Jean-Henri Chasteigner, Sgr. de Rouvre, &c.

TABLE VIII.

§. III. DEGRÉ XVII, *page* 125.

QUARTIERS PATERNELS ET MATERNELS, *DE PONCE CHASTEIGNER*,

Seigneur de Lindois, &c.

Montrant, par les Ascendances, l'Illustration de la Branche de Lindois, & sa Parenté, avec les *PRINCES SOUVERAINS* de l'Europe.

Raimond VII, Comte de Toulouse, † 1222, (fils de *Raimond VI*, & de *Constance* de France, fille de Louis VI, Roi de France.) ép. *Beatrix* de Beziers.

Judith de Toulouse, ép. 1226, *Bernard II*, Baron de l'Isle-Jourdain, qui testa en 1227.

Jourdain IV, Baron de l'Isle-Jourdain, ép. *Faydide*, Dame de Casaubon.

Indie de l'Isle-Jourdain, ép. *Bertrand*, Seigneur de Caumont, vivant 1294 & 1296.

Guilhem III, Seigneur de Caumont, testa 1357, ép. *Meraude* de Mauleon.

Guilhem-Raimond, Seigneur de Caumont, testa 1365, ép. *Esclarmonde* des Pins.

Nompar, Seigneur de Caumont, testa 1400, ép. 1368, *Magne* de Castelnau.

Guilhem-Raimond II, Seigneur de Caumont, &c. † 1426, ép. *Jeanne* de Cardaillac.

Brandelis de Caumont, Seigneur de Castelnau, vivant encore 1463, ép. 1444, *Marguerite*, légitimée de Bretagne-Penthievre.

Jeanne de Caumont, ép. 1461, *Antoine* de Salagnac, Seigneur de Salagnac, &c.

Raimond de Salagnac, ép. N. . . . Dame de Rochefort.

Geraud de Salagnac, Seigneur de Rochefort, Gouverneur de HENRI IV. — *Isabeau* de Pierrebuffiere.

Claude de Salagnac, mariée en 1563.

Philippe, le Hardy, Roi de France, † 1285, ép. 1262. *Isabelle* d'Arragon.

Charles de France, Comte de Valois, † 1325, ép. 1308, *Mahaud* de Chastillon-Saint-Paul.

Isabelle de Valois, ép. 1336, *Pierre I*, Duc de Bourbon, † 1356.

Marguerite de Bourbon, ép. 1368, *Arnoud Amanjeu* d'Albret, Vicomte de Tartas, † 1401.

Marguerite d'Albret, ép. 1410, *Gaston* de Foix I, Captal de Buch, &c.

Isabelle de Foix, ép. 1415, *Jacques*, Sire de Pons, vivant encore 1472.

Guy, Sire de Pons, † vers 1510, ép. 1461, *Jeanne* de Châteauneuf-du-Lau.

François I, Sire de Pons, † avant son pere 1504.

Charles VI, Roi de France, † 1422, ép. 1385, *Isabeau* de Baviere.

Charles VII, Roi de France, † 1461, eut d'*Agnès* Soreau :

Marguerite Batarde de France, ép. *Olivier* de Coëtivy, † 1480.

Marguerite de Coëtivy, mariée en 1483.

François II, Sire de Pons, † vers 1527, ép. *Catherine* de Ferrieres.

Charles de Pons, Seigneur du Bourg-de-Charente, de Brosse, &c. — *Bonne* de Martel.

Ponce de Pons, Chevalier, Seigneur du Bourg-de-Charente, &c.

Henri III, Roi d'Angleterre, † 1272, ép. 1236, *Léonore* de Provence.

Beatrix d'Angleterre, ép. 1259, *Jean II*, Duc de Bretagne, † 1305.

Artus II, Duc de Bretagne, † 1312, ép. 1294, *Ioland* de Dreux.

Alix de Bretagne, ép. 1320, *Bouchard VI*, Comte de Vendôme, † 1353.

Eléonore de Vendôme, ép. *Roger-Bernard*, Comte de Perigord, vivant encore 1363.

Eléonore de Perigord, ép. *Gaillard II*, Sgr. de Duras, &c. vivant 1363 & 1380.

Gaillard de Durfort III, Seigneur de Duras, &c. Sénéchal de Guyenne en 1412, ép. 1390, *Jeanne* de Lomagne.

Jean-Gaillard de Durfort, Seigneur de Duras, &c. † avant 1425, ép. *Indie* de la Lande.

Gaillard de Durfort IV, Seigneur de Duras, &c. † 1487, ép. *Anne* de Suffolck.

Jean de Durfort, Seigneur de Duras, &c. † 1520, ép. 1478, *Jeanne* Angevin, Dame de Rosan, &c.

Jean de Durfort, Seigneur de Civrac, † 1535, ép. 1524, *Louise*, Dame de Castelhayac.

Jean-Claude de Durfort, Baron de Civrac, Chevalier de l'Ordre du Roi, † 1579. — *Madeleine* d'Aydie-de-Guit[illegible], † 1626, fut mariée en 1553.

Cecile de Durfort, mariée en 1592.

Voyez TABLE I.

Jeanne de Vareze, ép. 1443, *Pierre* Chasteigner, Seigneur de la Rocheposay.

Guy Chasteigner, Seigneur de la Rocheposay, &c.

Voyez TABLE II.

Louis du Puy, Sénéchal de la Marche, ép. 1455, *Catherine* de Prie.

Madeleine du Puy, mariée en 1480.

Godefroy Chasteigner, Seigneur de Lindois, &c. — *Madeleine* de Fonteny, Dame de Fonteny-Neronde.

René Chasteigner, Seigneur de Lindois, &c. † 1605.

Isaac Chasteigner, Seigneur de Lindois, &c. † 1670.

Madeleine de Pons, mariée en 1614.

Ponce Chasteigner, Seigneur de Lindois, &c. ép. 1610, *Charlotte* de Nesmond.

Jean Chasteigner, Sgr. de Lindois, &c. a continué la Postérité, encore subsistante, des SEIGNEURS DE LINDOIS.

TABLE IX.

§. XIII. DEGRÉ XIX. *page* 199.

QUARTIERS PATERNELS ET MATERNELS DE GABRIELLE GUISCHARD,

Femme de JEAN CHASTEIGNER, Chevalier, Seigneur de Tenneſſue, &c.

Montrant l'Illuſtration de cette Alliance, par ſes Aſcendances, & la Parenté de la Maiſon de CHASTEIGNER, avec les *PRINCES SOUVERAINS* de l'Europe.

Hugues IX, Sire de Lezignem, Comte de la Marche, † vers 1108. — *Mahaud* d'Angoulême, Comteſſe de la Marche. — *Aimar I*, Comte d'Angoulême, † 1218. — *Alix* de Courtenay, mariée 1180. — *Jean* de Brienne, Roi de Jeruſalem, Emp. de Conſtant. † 1237. — *Berengere* de Caſtille, mariée en 1222. — *Raoul* de Lezignem, Comte d'Eu, vivant encore 1240. — *Iolahd* de Dreux, † avant 1240.

Hugues X, Seigneur de Lezignem, Comte de la Marche, † 1249. — *Eliſabeth*, Comteſſe d'Angoulême, mariée en 1217. — *Alfonſe* de Brienne, dit d'*Acre*, Chambrier de France, † 1270. — *Marie* de Lezignem, Comteſſe d'Eu.

Marguerite de Lezignem, ép. *Aimery VIII*, Vicomte de Thouars, † 1269.

Guy II, Vicomte de Thouars, † 1308, ép. *Marguerite* de Brienne.

Hugues de Thouars, Seigneur de Pouzauges, † 1324, ép. *Jeanne* de Bauçay.

Alienor de Thouars, † 1363, ép. *Gerard* de Machecou, Sire de Benaſte, † 1343.

Jean de Machecou, Seigneur de Vieillevigne, &c. ép. *Eſchive* de Vivonne.

Miles de Machecou, Seigneur de Vieillevigne, ép. *Jeanne* Gaſtinel, † 1387.

Marguerite de Machecou, Dame de Vieillevigne, &c. ép. *Jean* de la Lande, qui prit le nom de *Machecou*.

François de Machecou, Seigneur de Vieillevigne, ép. *Jeanne* de Maleſtroit.

Jean de Machecou, Seigneur de Vieillevigne, &c. ép. *Françoiſe* Chaſteigner-de-Bougon.

Jean de Machecou, Seigneur de Vieillevigne, &c. ép. *Bonaventure* d'Avaugour.

Jean de Machecou, Seigneur de Vieillevigne, &c. ép. *Jeanne* de Halayz, Dame de Lardrere.

Marguerite de Machecou, Dame de Lardrere, ép. *Jean* Chaſteigner, Seigneur de la Grolliere, &c.

Davin Chaſteigner, Seigneur de la Grolliere, Lardrere, &c. — *Jacqueline* de Vandel.

Jean de Brienne I, Comte d'Eu, † 1294, ép. *Beatrix* de Chaſtillon-Saint-Paul, † 1304.

Marguerite de Brienne-Eu, † 1310, ép. *Guy II*, Vicomte de Thouars, † 1308.

Hugues de Thouars, Seigneur de Pouzauges, † 1324, ép. *Jeanne* de Bauçay.

Alienor de Thouars, † 1363, ép. *Gerard* de Machecou, Sire de Benaſte, † 1343.

Jean de Machecou, Seigneur de Vieillevigne, &c. ép. *Eſchive* de Vivonne.

Miles de Machecou, Seigneur de Vieillevigne, ép. *Jeanne* Gaſtinel, † 1387.

Marguerite de Machecou, Dame de Vieillevigne, &c. ép. *Jean* de la Lande, qui prit le nom de *Machecou*.

François de Machecou, Seigneur de Vieillevigne, &c. ép. *Jeanne* de Maleſtroit.

Jean de Machecou, Seigneur de Vieillevigne, &c. ép. *Françoiſe* Chaſteigner-de-Bougon.

Jean de Machecou, Seigneur de Vieillevigne, &c. ép. *Bonaventure* d'Avaugour.

Gilles de Machecou, Seigneur du Saint-Etienne, &c. ép. *Perrette* Barbaſte.

Iſaac de Machecou, Seigneur de Saint-Etienne, &c. — *Marthe* Chal

Jean, Roi de France, † 1364, ép. 1332, *Bonne* de Luxembourg.

Jeanne de France, † 1373, ép. 1351, *Charles II*, Roi de Navarre, Comte d'Evreux, † 1386.

Jeanne de Navarre, † 1437, ép. 1386, *Jean V*, Duc de Bretagne, &c. † 1399.

Marie de Bretagne, † 1428, ép. 1407, *Alain IX*, Vicomte de Rohan & de Leon, † 1461.

Catherine de Rohan, ép. *Jean* d'Albret, Vicomte de Tartas, † 1467.

Louiſe d'Albret, Dame d'Eſtouteville, † 1494, ent de *Jean II*, Duc de Bourbon, Pair & Conétable de France, † 1488.

Charles de Bourbon, Batard de Bourbon, Baron de Malauſe, &c. Sénéchal de Toulouſe & Bourbonois, † 1502, ép. avant 1462, *Louiſe* du Lion.

Jean de Bourbon, Vicomte de Lavedan, † 1549, ép. 1539, *Françoiſe* de Silly.

Jean Guiſchard, Seigneur d'Orfeuil, &c. — *Marie* de Bourbon-de-Lavedan, mariée en 1568. — N. . . . . de Neuport. — N. . . . .

Samuel Guiſchard, Chevalier, Seigneur d'Orfeuil, &c. — *Renée* de Neuport, Damoiſelle. — *Charles* Chaſteigner, Seigneur de la Grolliere, &c. vivant en 1634. — *Anne* de Machecou.

Jacob Guiſchard, Chevalier, Seigneur d'Orfeuil, &c. — *Gabrielle* Chaſteigner, Dame de la Grolliere.

Gabrielle Guiſchard, ép. 1688, *Jean* Chaſteigner, Chevalier, Seigneur de Tenneſſue, &c.

Jean-Charles Chaſteigner, Chevalier, Seigneur de Tenneſſue, ép. 1712, *Marie-Henriette* Theronneau.

Jean-Gabriel-Leandre Chaſteigner, Chevalier, Seigneur de Tenneſſue, &c. vivant ſans alliance, en 1779. — *Alexandre-Henri-Roch* Chaſteigner, Aide-Maréchal-Général-des-Logis des Armées, Chr. de St.-Louis, Commend. pour le Roi à St.-Malo, depuis 1778.

TABLE X.

§. XV. DEGRÉ XIX, *page* 220.

QUARTIERS PATERNELS ET MATERNELS
DE JEAN-HENRI CHASTEIGNER,
Seigneur de Rouvre, la Grolliere, &c.
Montrant son Illustration,
par les Ascendances, & sa Parenté
avec
les *PRINCES SOUVERAINS* de l'Europe.

Jean de Brienne, Roi de Jerusalem, Empereur de Constantinople, † 1237.

Berengere de Castille, mariée en 1222.

Henri II, Duc de Brabant, † 1247.

Marie de Suabe, mariée 1207.

Alfonse de Brienne, dit d'*Acre* Chambrier de France, † 1270, ép. *Marie* de Lezignem.

Mahaud de Brabant, † 1288, ép. *Guy* de Chastillon, Comte de Blois & de Saint-Paul, † 1289.

Jean de Brienne I, Comte d'Eu, † 1294.

Beatrix de Chastillion-Saint-Paul, † 1304.

Maguerite de Brienne-Eu, † 1310, ép. *Guy II*, Vicomte de Thouars, † 1308.

Hugues de Thouars, Seigneur de Pousauger, † 1314, ép. *Jeanne* de Bauçay.

Alienor de Thouars, ép. *Gerard* de Machecou, Sire de Benaste, † 1343.

Jean de Machecou, Seigneur de Vieillevigne, &c. ép. *Eschive* de Vivonne.

Jean, Roi de France, † 1364, ép. 1332, *Bonne* de Luxembourg.

Miles de Machecou, Seigneur de Vieillevigne, ép. *Jeanne* Gastinel, † 1387.

Jeanne de France, † 1373, ép. 1351, *Charles II*, Roi de Navarre, † 1386.

Morguerite de Machecou, Dame de Vieillevigne, ép. *Jean* de la Lande, qui prit le nom de *Machecou*.

Jeanne de Navarre, † 1437, ép. 1386, *Jean V*, Duc de Bretagne, † 1399.

François de Machecou de la Lande, Seigneur de Vieillevigne, &c. ép. *Jeanne* de Malestroit.

Marie de Bretagne, † 1418, ép. 1407, *Alain IX* Vicomte de Rohan & de Leon, † 1461.

Jean de Machecou-la-Lande, Sgr. de Vieillevigne, &c. ép. *Françoise* Chasteigner-de-Bougon.

Catherine de Rohan, ép. *Jean* d'Albret, Vicomte de Tartas, † 1467.

Jean de Machecou-de-la-Lande, Seigneur de Vieillevigne, &c. ép. *Bonaventure* d'Avaugour.

Louise d'Albret, Dame d'Estouteville, † 1494, eut de *Jean II*, Duc de Bourbon, Pair & Connétable de France, † 1488.

Jean de Machecou, Sgr. de Vieillevigne, &c. ép. *Jeanne* de Haloyz.

Gilles de Machecou, Seigneur de Saint-Brienne, &c. ép. *Perrette* Barbaste.

Charles de Bourbon, Batard de Bourbon, Baron de Malause, &c. † 1502, ép. avant 1462, *Louise* du Lion.

Marguerite de Machecou, Dame de Lordrere, ép. *Jean* Chasteigner, Sgr. de la Grolliere, &c.

Isaac de Machecou, Seigneur de Saint-Etienne, &c. ép. *Marthe* Chabot.

Jean de Bourbon, Vicomte de Lavedan, † 1549, ép. 1539, *Françoise* de Silly.

David Chasteigner, Sgr. de la Grolliere, Lordrere, &c. ép. *Jaqueline* de Vandel.

Marie de Bourbon-Lavedan, ép. 1568, *Jean* Guischard, Seigneur d'Orfeuil, du Peré, &c.

Charles Chasteigner, Sgr. de la Grolliere, &c.

Anne de Machecou.

Samuel Guischard, Chevalier, Seigneur d'Orfeuil, &c. ép. *Renée* de Neuport.

Gabrielle Chasteigner, Dame de la Grolliere, † avant 1688.

Jean Chasteigner, Chevalier, Seigneur de Rouvre, Mallevaut, &c.

Jeanne Sochet, Damoiselle, mariée en 1659.

Jean Chevaleau, Chevalier, Seigneur de Boisragon, &c.

Catherine de Maconnay.

Jacob Guischard, Chevalier, Seigneur d'Orfeuil, &c.

Jacob Piniot, Chevalier, Seigneur de Puichenin, &c.

Claude d'Anglier-Aymer, Damoiselle.

René Chasteigner, Chevalier, Seigneur de Rouvre, &c.

Catherine Chevaleau-de-Boisragon, mariée en 1691.

Charles Guischard, Chevalier, Seigneur d'Orfeuil, la Grolliere, &c. † avant 1716.

Anne-Marie Piniot.

Jean-René Chasteigner, Chevalier, Seigneur de Rouvre, &c. † 1779.

Marie-Gabrielle Guischard d'Orfeuil, Dame de la Grolliere, mariée en 1716.

Jean-Henri Chasteigner, Seigneur de Rouvre, la Grolliere, &c. ép. 1741, *Marie-Eléonore-Armande* Chasteigner-de-Saint-Georges, (rapportée TABLE VII.)

Jean-René-Henri Chasteigner, Mestre-de-Camp de Caval. Sous-Lieutenant des Gendarmes, ép. 1774, *Marie-Louise-Madeleine-Gabrielle* de Harville-des-Ursins.

TABLEAU GÉNÉALOGIQUE DE LA MAISON DE CHASTEIGNER, EN POITOU;

Montrant la division, ou séparation de toutes les Branches de cette Maison, tant subsistantes, qu'éteintes, & les divers §. où Elles sont détaillées.

1779.

I.

GISLEBERT Chasteigner I, vivant 1068, ép. N. . . . .

II.

FOUCAUD Chasteigner, vivant encore 1115, ép. N. . . . . .

III.

HELIE Chasteigner I, floriffant en 1115, ép. N. . . . . .

ARNAUD Chasteigner, vivant 1115.

PIERRE Chasteigner, vivoit 1115.

IV.

AUTEURS DES SEIGNEURS DE LA CHASTEIGNERAYE, page 2 & suiv.

THIBAUT Chasteigner I, Seigneur de la Chasteigneraye, 1140, 1160, ép. N. . . . .

GUILLAUME Chasteigner, 1140.

PIERRE Chasteigner, vivant vers 1168, est cru l'Auteur des SEIGNEURS DE HAUT-CASTEL, en Quercy.

V.

SUITE DES SEIGNEURS DE LA CHASTEIGNERAYE.

THIBAUT Chasteigner II, Seigneur de la Chasteigneraye, floriffant 1186, ép. N. . . . .

SEIGNEURS DE REAUMUR, DE LA MELLERAYE, &c. §. I. p. 19.

JEAN Chasteigner I, Seigneur de Reaumur 1107, 1120, ép. ARSENT, Dame de Reaumur.

GUILLAUME Chasteigner I, Seigneur du Breuil, &c. 1215, 1219, ép. N. . . . . .

VI.

THIBAUT Chasteigner III, Seigneur de la Chasteigneraye vers 1225, † avant 1246, ép. N. . . . .

GUILLAUME Chasteigner, Chevalier, 1214, 1246.

JEAN & GISLEBERT Chasteigner, 1187.

JEAN Chasteigner, Chevalier, pere d'autre JEAN Chasteigner, † sans postérité.

GISLEBERT Chasteigner II, Seigneur de la Melleraye, 1246, 1269, ép. N. . . . Dame de la Laudiere.

THIBAUT Chastigner, Seigneur du Breuil, &c. 1242, 1251, 1261, ép. EUSTACHE de Dampiere.

VII.

THIBAUT Chasteigner IV, a continué les SEIGNEURS DE LA CHASTEIGNERAYE, rapportés depuis la p. 2, jusqu'à la p. 18.

JEAN. GISLEBERT. ARSENT & ÆNOR Chasteignet, vivans 1244.

GISLEBERT Chasteigner III, Seigneur de la Melleraye, † avant 1318, ép. JEANNE Barrabin, Dame de Saint-Georges-de-Rexe.

GUILLAUME Chasteigner I, vivant 1258, ép. N. . . . . .

HUBELIN Chasteigner, Auteur des SEIGNEURS DE BOUGON, rapportés avec ses Ancêtres, au §. XVI, page 225.

GUILLAUME Chasteigner II, Seigneur du Breuil, &c. floriffant encore 1270, ép. N. . . . . .

VIII.

SIMON Chasteigner I, Sgr. de la Melleraye, St.-Georges-de-Rexe, &c. † 1327, ép. LETICE de la Guierche.

GUILLAUME Chasteigner II, vivant 1312, & encore 1345, ép. N. . . . .

GUILLAUME Chasteigner III, Sgr. du Breuil, vivant encore 1338 & 1348, ép. N. . . . .

IX.

JEAN Chasteigner II, Sgr. de St.-Georges, &c. 1328, 1378, ép. ISABEAU de Gourville, Dame de Lindois.

SIMON Chasteigner II, Auteur des SEIGNEURS DE REAUMUR, rapportés au §. XII, page 165.

JEAN Chasteigner II, vivant 1335 & 1361, ép. N. . . . . .

JEAN Chasteigner I, Seigneur du Breuil & de la Grolliere, né vers 1350, ép. N. . . . .

X.

HELIE Chasteigner II, Seigneur de Saint-Georges, &c. 1384, † 1395, ép. PHILIPPE de la Rochefaton.

SIMON Chasteigner, Auteur des SEIGNEURS DE LA MELLERAYE, mentionés au §. XI, page 159.

JEAN Chasteigner III, Seigneur de Prinçay & de Quetay en Partie, vivant encore 1410, † vers 1425, ép. JEANNE Beauffay, Dame de Mallevaut.

JEAN Chasteigner II, Sgr. du Breuil, a continué les SEIGNEURS DU BREUIL-DE-CHALANS, mentionnés aves ses Ancêtres, au §. XVII, p. 233.

GILLES Chasteigner, Auteur des SEIGNEURS DE LA GROLLIERE, rapportés au §. XVIII, page 245.

XI.

GEOFFROY Chasteigner, Sgr. de St.-Georges, &c. 1396, † 1424, ép. LOUISE de Preuilly, Dame de la Rochepozay.

HELIE Chasteigner III, Auteur des SEIGNEURS D'AVAUX, rapportés au §. X, page 155.

LOUIS Chasteigner, Sgr. de Mallevaut, &c. † fort âgé vers 1483, ép. CATHERINE de Saint-Aubin, Dame de la Blouere.

XII.

PIERRE Chasteigner, Seigneur de la Rochepozay, &c. 1431, 1476, ép. 1443, JEANNE de Vareze.

JACQUES Chasteigner I, Seigneur du Verger, &c. 1465, 1503, ép. JEANNE Gueriner.

PIERRE Chasteigner, Auteur des SEIGNEURS DE LA BLOUERE ET DE TENNESSUE, rapportés, avec leurs Auteurs, au §. XIII, p. 173; & des SEIGNEURS DE LA CHAIGNELAYE, mentionnés au §. XIV, page 203.

ANTOINE Chasteigner, Auteur des SEIGNEURS DE MALLEVAUT, ET DE ROUVRE, mentionnés au §. XV, page 205.

XIII.

GUY Chasteigner, Sgr. de la Rochepozay, &c. 1474, 1502, ép. 1480, MADELEINE du Puy.

AIMAR Chasteigner, a continué les SEIGNEURS DU VERGER ET D'IEZURE, rapportés au §. VI, page 135.

FRANÇOIS Chasteigner I, Seigneur d'Audonville, &c. 1525, † avant 1551, ép. RENÉE Jedouin.

XIV.

JEAN Chasteigner III, Sgr. de la Rochepozay, &c. 1514, † 1567, ép. 1519, CLAUDE de Monleon, Dame de Touffou, &c.

GODEFROY Chasteigner, Seigneur de Lindois, &c. vivant encore 1564, ép. MADELEINE de Fontenay.

RENÉ Chasteigner, a continué les SEIGNEURS D'ANDONVILLE, mentionnés au §. VII, page 145.

FRANÇOIS Chasteigner II, Seigneur de la Gabillere, &c. ép. CATHERINE d'Argence.

XV.

LOUIS Chasteigneur, a continué les SEIGNEURS DE LA ROCHEPOZAY, rapportés, avec les SEIGNEURS DE REAUMUR, DE LA MELLERAYE & DE ST.-GEORGES, ses Auteurs, au §. I, pag. 19 & suivantes.

JEAN Chasteigner, Auteur des SEIGNEURS DE SAINT-GEORGES, rapportés au §. II, page 105.

RENÉ Chasteigner, Auteur des SEIGNEURS DE LINDOIS, rapportés au §. III, page 119, & des SEIGNEURS DE SAUVAGNAC, mentionnés au §. IV, page 131.

PIERRE Chasteigner, Auteur des SEIGNEURS DES ETANGS, mentionnés au §. V, page 133.

FRANÇOIS Chasteigner III, a continué les SEIGNEURS DE LA GABILLERE, rapportés au §. VIII, page 151.

ANTOINE Chasteigner, Auteur des SEIGNEURS DES TOUCHES, mentionnés au §. IX, page 153.

www.ingramcontent.com/pod-product-compliance
Ingram Content Group UK Ltd.
Pitfield, Milton Keynes, MK11 3LW, UK
UKHW020206250726
13967UKWH00003B/1300

9 782012 869875